领导干部
应急管理六讲

黄明 著

中共中央党校出版社

图书在版编目（CIP）数据

领导干部应急管理六讲 / 黄明著 . -- 北京：中共
中央党校出版社，2023.6（2025.8 重印）
ISBN 978-7-5035-7529-7

Ⅰ.①领…　Ⅱ.①黄…　Ⅲ.①突发事件－公共管理－
中国－干部教育－学习参考资料　Ⅳ.① D63

中国国家版本馆 CIP 数据核字（2023）第 087152 号

领导干部应急管理六讲

策划统筹	冯　研
责任编辑	李俊可
责任印制	陈梦楠
责任校对	王　微
出版发行	中共中央党校出版社
地　　址	北京市海淀区长春桥路 6 号
电　　话	（010）68922815（总编室）　　（010）68929899（发行部）
传　　真	（010）68922814
经　　销	全国新华书店
印　　刷	北京盛通印刷股份有限公司
开　　本	710 毫米 ×1000 毫米　1/16
字　　数	211 千字
印　　张	20
版　　次	2023 年 6 月第 1 版　　2025 年 8 月第 3 次印刷
定　　价	56.00 元

微 信 ID：中共中央党校出版社　　　　邮　　箱：zydxcbs2018@163.com

目 录

第六讲 突发事件信息发布和舆论引导

第 一 讲

坚持底线思维　防范风险挑战

我国发展进入战略机遇和风险挑战并存、不确定难预料因素增多的时期，各种"黑天鹅""灰犀牛"事件随时可能发生。我们必须增强忧患意识，坚持底线思维，做到居安思危、未雨绸缪，准备经受风高浪急甚至惊涛骇浪的重大考验。

——2022 年 10 月 16 日习近平在中国共产党
第二十次全国代表大会上的报告

本讲着重就学习领会习近平总书记关于坚持底线思维、防范风险挑战、应对突发事件的重要论述，从两个方面展开：一是为什么要坚持底线思维？二是领导干部如何坚持底线思维？

一、为什么要坚持底线思维

增强忧患意识、防范风险挑战是我们党治国理政的鲜明特征。实践证明，我们党和国家之所以能取得今天的发展成就，成功应对重大挑战、抵御重大风险、克服重大阻力、解决重大矛盾，与我们党的风险意识是分不开的。毛泽东、邓小平、江泽民、胡锦涛同志对这个问题都高度重视并提出明确要求。1945 年 5 月，毛泽东同志在党的七大上作的"结论"中，面对抗战即将胜利的大好形势，郑重提醒全党要"准备吃亏"，在看到"光明"的同时"更要准备困难"，强调"要在最坏的可能性上建立我们的政策"，他还一口气列举了可能遭遇的"17 条困难"，如"准备被他们占去几大块根据地""被他们消灭若干万军队""爆发内战""天灾流行，赤地千里""经济困难"等 ①；在 1955 年 3 月党的全国代表会议上说，"从最坏的可能性着想，总不吃亏。不论任何工作，我们都要从最坏的可能性来想，来部署"。邓小平同志曾强调，"我们要把工作的基点放在出现较大的风险上，准备好对策。这样，即使出

---

① 《毛泽东文集》第 3 卷，人民出版社 1996 年版，第 388 页。

现了大的风险，天也不会塌下来"①。

　　坚持底线思维，是党的十八大以来，习近平总书记反复强调的一种防范风险挑战的思维方法和工作方法。面对波谲云诡的国际形势、复杂敏感的周边环境、艰巨繁重的改革发展稳定任务，以习近平同志为核心的党中央坚持底线思维，增强忧患意识，提高防控能力，着力防范化解重大风险，保持了经济持续健康发展和社会大局稳定。习近平总书记围绕防范风险挑战、应对突发事件发表了一系列重要论述，对这个重大的理论和实际问题进行了全面系统科学的回答，对什么是底线思维，习近平总书记提出："凡事要从坏处准备，努力争取最好的结果，做到有备无患。"②对为什么要坚持底线思维，习近平总书记指出："党的十八大以来，我多次强调坚持底线思维，就是要告诫全党时刻牢记'安而不忘危，存而不忘亡，治而不忘乱'。"③对如何坚持底线思维、防范风险挑战，习近平总书记为我们划出三条底线：一是不能发生全局性风险，"各种风险都要防控，但重点要防控那些可能迟滞或中断中华民族伟大复兴进程的全局性风险，这是我一直强调底线思维的根本含义"④。二是不能发生系统性风险，"我们必须标本兼治、对症下药，建立健全化解各类风险体制机制，通过延长处理时间

---

① 《邓小平文选》第 3 卷，人民出版社 2001 年版，第 267 页。
② 《习近平关于防范风险挑战、应对突发事件论述摘编》，中央文献出版社 2020 年版，第 5 页。
③ 《习近平关于防范风险挑战、应对突发事件论述摘编》，中央文献出版社 2020 年版，第 18 页。
④ 《习近平关于防范风险挑战、应对突发事件论述摘编》，中央文献出版社 2020 年版，第 16 页。

减少一次性风险冲击力度，如果有发生系统性风险的威胁，就要果断采取外科手术式的方法进行处理"①。同时要求工商金融等系统"坚守住不发生系统性风险的底线"。三是各行各业都要守住不能发生重大风险的底线，"当前和今后的一个时期，我们在国际国内面临的矛盾风险挑战都不少，决不能掉以轻心。各种矛盾风险挑战源、各类矛盾风险挑战点是相互交织、相互作用的。如果防范不及、应对不力，就会传导、叠加、演变、升级，使小的矛盾风险挑战发展成大的矛盾风险挑战，局部的矛盾风险挑战发展成系统的矛盾风险挑战，国际上的矛盾风险挑战演变成为国内的矛盾风险挑战，经济、社会、文化、生态领域的矛盾风险挑战转化为政治矛盾风险挑战，最终危及党的执政地位、危及国家安全"②。

学习习近平总书记的一系列重要论述，使我们更加清醒认识到，当前我们所面临的国家安全问题的复杂程度、艰巨程度明显加大，实现中华民族伟大复兴的光明前景和各种重大风险挑战同时存在；两种趋势、两种可能并存，要求我们同时推进伟大事业和防控重大风险，同时提高全面发展能力和防控重大风险的能力，正是党的二十大报告强调的，我国发展进入战略机遇和风险挑战并存、不确定难预料因素增多的时期，各种"黑天鹅""灰犀牛"事件随时可能发生。我们必须增强忧患意识，坚持底线思维，做到居安思危、未雨绸缪，准备经受风高浪急甚至惊涛骇浪的重大

---

① 《习近平关于防范风险挑战、应对突发事件论述摘编》，中央文献出版社 2020 年版，第 51、52 页。

② 《习近平关于防范风险挑战、应对突发事件论述摘编》，中央文献出版社 2020 年版，第 8 页。

考验。可以说，坚持底线思维，防范化解重大风险，关系到中国人民的根本利益能否保障、中国特色社会主义能否长治久安、中国式现代化和中华民族伟大复兴的中国梦能否实现的重大问题，我们广大党员干部特别是各级领导干部必须坚决扛起这个重大政治责任。下面，我就结合工作实际对为什么要坚持底线思维谈三个方面的认识：面临的风险挑战更大，存在的短板问题更多，使命目标要求更高，这些都决定了我们必须坚持底线思维。

(一) 面临的风险挑战更大

当今世界进入新的动荡变革期，百年变局和世纪疫情交织叠加，不稳定性不确定性显著上升，我国正处于"战略承压期"和"风险集中显露期"。我国发展所处的历史阶段、我国社会主义制度性质、我国的基本国情等，都决定了我们面临的风险挑战更大。

从国际看，世界正经历百年未有之大变局，国际环境日趋复杂，新冠疫情影响广泛深远，全球气候变化加速，经济全球化遭遇逆流，世界进入动荡变革期，单边主义、保护主义、霸权主义对世界和平与发展构成威胁，地缘政治冲突和局部战争此起彼伏。世界经济格局的变化推动政治格局演化，大国间博弈和战略竞争加剧。2010 年中国经济总量首次超过日本跃升至全球第二，中美经济总量之比已由 2010 年的 41% 上升到 2021 年的 77%；二战以来，还没有任何其他国家的经济总量同美国如此接近。美国前总统特朗普执政期间，2018 年 1 月 19 日美国国防部公布的《2018 美国国防战略报告》首次将中国列为美国的"主要战略竞争对手"；

拜登执政后，2022 年 3 月 28 日美国国防部发布的《2022 年美国国防战略》继续强调中国是美国"最重要的战略竞争对手"，强化对中国围堵、遏制之势。

中美之间持久的战略竞争将是双边关系的新常态，这决定了我们面临的挑战更加艰巨，比历史上曾经当过"老二"的国家曾经遇到的压制都要更加艰难、更加严峻。习近平总书记深刻指出："中华民族伟大复兴绝不是轻轻松松、顺顺当当就能实现的，我们越发展壮大，遇到的阻力和压力就会越大，面临的外部风险就会越多。这是我国由大向强发展进程中无法回避的挑战，是实现中华民族伟大复兴绕不过的门槛。"①

从国内看，新时代我国发展不平衡不充分问题仍然突出，粮食、能源、金融、产业链供应链等安全风险的不确定性增加，极端天气气候事件频发，生态环境的脆弱性加剧，自然灾害风险增加，保民生保安全保稳定的任务越来越重。习近平总书记 2018 年 1 月 5 日在新进中央委员会的委员、候补委员和省部级主要领导干部研讨班开班式上，从政治安全、经济发展、社会稳定、自然灾害等 8 个方面列举了 16 个需要高度重视的风险；2019 年 1 月 21 日在省部级主要领导干部坚持底线思维着力防范化解重大风险专题研讨班开班式上，就防范化解政治、意识形态、经济、科技、社会、外部环境、党的建设等领域重大风险作出深刻分析，提出明确要求。

---

① 《习近平关于防范风险挑战、应对突发事件论述摘编》，中央文献出版社 2020 年版，第 4 页。

习近平总书记特别强调，各种风险往往不是孤立出现的，很可能是相互交织并形成一个风险综合体。例如，2022 年上半年全球大宗商品市场波动加剧，粮食安全、能源安全、产业链供应链安全风险加大，就是受新冠疫情、俄乌冲突、主要经济体货币政策转向以及气候变化导致的高温干旱等多重因素共同影响的结果。

近年来国际国内发生的一些重大风险事件也在不断教育我们，世界百年未有之大变局带来的形势变化之快、矛盾风险挑战之多前所未有，很多都超出了我们的认知和惯性思维。比如俄乌冲突后，美西方国家和一些国际组织宣布了一系列对俄制裁措施，涉及经济、能源、文化等领域，至 2022 年 5 月 8 日共有 7374 项[①]，对俄经济发起"闪电战"，目的是迅速破坏俄金融和经济形势，引发市场恐慌、银行体系崩溃和大规模商品短缺，可以说无所不用其极，启示我们要有极限思维。再比如，2014 年 3 月 8 日，由吉隆坡国际机场飞往北京首都国际机场的马航 MH370 航班离奇失联，机上 227 名乘客全部失踪，至今已过去 9 年，它消失的真正原因还没被调查出来。2022 年 3 月 21 日，由昆明长水机场飞往广州白云国际机场的东航 MU5735 航班在广西藤县境内坠毁，飞机从 8900 米的高空垂直坠落，打破了我国民航安全飞行长达 11 年零 6 个月的安全纪录，事故原因还在调查之中。这两起事故都是航空运输业发生的典型"黑天鹅"事件。

守住人民群众生命安全的底线，很重要的是要有力有效防范应对各类突发事件风险。突发事件涉及自然灾害、事故灾难、公

---

① 张江平：《俄罗斯受的制裁，已到了这个数！》，环球网，2022 年 5 月 8 日。

共卫生事件、社会安全事件等四大类 20 多小类，其中包括金融安全事件、生物安全事件、网络安全事件、恐怖袭击事件、电网安全事件、核泄漏事件等，无论哪一方面发生重大安全风险，扛不住都可能会影响国家安全。这里，我仅从自然灾害、事故灾难应急管理的角度，将面临的重大风险挑战作简要介绍。

一是气候灾害的极端性加大。大量观测资料表明，地球气候正经历一次以全球变暖为主要特征的显著变化，将给人类带来巨大的灾难。其一，海平面上升。南极冰川融化速度是 20 世纪 80 年代的 6 倍。预计到 21 世纪末，东海海平面将上升 22 ~ 40 厘米，影响许多沿海城市。其二，冰川灾害多发。近 50 年来，青藏高原变暖幅度是全球平均值的 2 倍；2021 年印度就接连发生两起冰川灾害，被当地称为"喜马拉雅海啸"，一次死亡 204 人，一次死亡 46 人，两起灾害只相隔两个多月。2018 年 10 月 10 日至 11 月 3 日，我国金沙江、雅鲁藏布江也接连发生了 4 起堰塞湖事件，我们主动牵头有效处置，没有发生人员伤亡。其三，台风更强。随着海洋温度上升，更热的海洋给台风提供更多的能量，21 世纪以来，年均登陆我国大陆的 12 级以上台风 4.1 个，比 20 世纪 90 年代增加了 46%。其四，其他极端天气事件增多。这几年来大家都有很深的直观感受。2021 年 4 月至 6 月，江苏南通、苏州，湖北武汉，黑龙江尚志，内蒙古锡林郭勒等多地发生龙卷风；2021 年 7 月中旬河南遭遇历史罕见特大暴雨，鹤壁单点过程累积降雨量最高达 1122.6 毫米，是常年的 2 ~ 3 倍，郑州出现最大小时降雨量 201.9 毫米，突破我国大陆小时降雨量的历史极值（198.5 毫米），最大日降雨量 624.1 毫米，接近常年全年降水量（640.8 毫米）。2022 年夏天，我国南方地区经历了 1961 年有完整记录以来持续时间最长、影响范围最广、平均强度最大的高温少雨天气，7～8 月间中央气象台连续一个多月发布高温预警；40℃以上的高温天气覆盖我国 150 万平方公里的面积，超过 330 个国家观测站突破最高气温历史极值，重庆北碚气温达到 45℃；长江中下游地区高温日数普遍超过 30 天，较常年同期偏多 15～20 天。持续的高温少雨也引发多地出现气象干旱，受持续高温干旱影响，8 月中下旬重庆接连发生了 20 余起森林火灾，最多的一天发生 7 起[1]。2022 年夏季，全球多地出现高温干旱天气；欧洲经历史上"最热 7 月"，多国气温突破历史极值，葡萄牙一度出现 47℃高温，许多河流几乎完全干涸，欧洲出现 500 年以来最强旱灾；同时，非洲出现有记录以来最恶劣旱灾，美国出现 1200 年以来最严重旱灾。干旱对发电、农业、制造业和旅游业等行业造成了冲击，进一步加剧了本已严重的供应链中断、能源和粮食安全等问题[2]。

从世界经济论坛每年发布的《全球风险报告》所列出的全球重大风险来看，气候变化行动失败、自然（水）资源危机、极端天气事件和重大自然灾害等都一直是全球专家学者和业界领袖高度关注的重大风险，在 2010 年至 2022 年的 13 年间，这 4 类风险分别出现在前十位的次数分别为 12 次、12 次、10 次和 7 次，且排名越来越靠前。联合国减灾办发布的《减少灾害风险全球评估

---

① 《今年我国高温特征、影响及趋势预测》，国家气候中心网，2022 年 8 月 23 日。
② 《世界经济面临极端干旱考验》，参考消息网，2022 年 8 月 23 日。

报告 2022》称，过去 20 年，全球每年发生 350 起到 500 起大中型灾害，比此前 30 年的平均水平高出大约 5 倍；预计到 2030 年，全球每年将发生大约 560 起灾害，平均每天 1.5 起。在全球极端天气事件频发、广发、重发、并发趋势下，过去 50 年极端天气事件带来的经济损失增加了 7 倍。联合国副秘书长阿明娜·穆罕默德在声明中警告说，忽视所面临的巨大风险，"正在让人类陷入自我毁灭的境地"[1]。世界气象组织秘书长彼得里·塔拉斯表示，"气候灾害的数量持续增加，可能会带来粮食减产、贫困、饥饿，并加剧一些地区的不稳定和冲突风险"[2]。不少气候专家发出这样的警示，"今年（2022 年）是有史以来最难熬的一个夏天，却可能是未来 30 年最好的夏天之一"[3]。

二是森林火灾风险加大。我国森林火灾重大风险主要集中在东北内蒙古林区、西南高山林区及其他地区造林绿化工程形成的集中连片人工林区，受林中可燃物积累、险峻的地势、雷击、持续高温干旱大风及人为因素等影响，再加上防火隔离带、消防通道等基础设施建设滞后，我国面临的森林火灾风险日益加大。我国发生森林大火的风险并不小于美国、加拿大、澳大利亚，因为我们的森林与城市连得太紧，林中有城、城中有林的现象十分普遍，全国国家级森林城市已经达到 219 个[4]，现有 3500 多个森林

---

[1] 《减少灾害风险全球评估报告 2022》，联合国减少灾害风险办公室，2022 年 4 月 26 日。

[2] 《携手应对全球气候灾害风险》，人民网，2022 年 8 月 12 日。

[3] 青木、陶短房、刘明等：《高温干旱"烤问"人类应对之策 专家必须带着危机感立即行动》，《环球时报》2022 年 8 月 15 日。

[4] 姚亚奇：《我国国家森林城市增至 219 个 实现"推窗见绿 出门入园"》，《光明日报》2022 年 11 月 4 日。

公园①，大多紧邻城市，一些石油天然气管道、高压线穿越林区，一些加油站、加气站毗邻林区而建，而我们还普遍缺少科学的安全规划和完善的基础设施，一旦发生森林大火，极易造成群死群伤，严重威胁人民群众生命财产安全、城市安全和重点目标安全。比如，2020年3月一场森林大火差点烧掉西昌城，甚至威胁卫星发射基地，当时我们紧急调动8个消防支队保卫西昌。2022年8月下旬山城重庆多地连续发生森林火灾，一半以上森林火灾紧邻城区，严重威胁城市安全，经过消防、武警、志愿者等各路救援队伍的协同努力，火灾全部被扑灭。这些火灾使我们警醒，必须下大气力加快隔离带、防火道、消防栓等安全设施建设，尽快补上历史欠账。

三是地震巨灾风险加大。我国虽然不是世界上大震最多的国家（世界上震级最高的10次大地震，我国一次没有，主要是在环太平洋地震带），但我国是地震灾害损失最为严重的国家之一，因为全世界损失最大的10次地震灾害，有4次发生在我国（华县大地震死亡83万人、海原大地震死亡28.8万人，唐山大地震死亡24.2万人，洪洞大地震死亡20万人）②。近百年来，我国平均每5年发生一次7.5级左右地震，每10年发生一次8级左右地震。比较幸运的是，改革开放40多年来，我国经济发达和人口稠密地区没有发生过大震（汶川地震主要发生在县城和镇村），而历史上这

① 徐晶：《我国森林公园达3505处》，《中国绿色时报》2018年4月23日。
② 《世界10大毁灭性灾难，中国占了4个，唐山大地震位列其中》，唐山信息港网，2018年11月22日。

些地区有记载的大震巨灾也不在少数（我国在人口密集地区发生
7.5～8.0级地震17次，8.0～8.5级地震9次，8.5级以上地震2
次）。现在城市越来越大、人口越来越多、现代化程度越来越高，
特别是高层建筑、高架道路、地铁、地下管网、化工厂及核电站
等危险源众多，脆弱性凸显，一旦发生城市直下型地震，可能造
成数万甚至数十万人员伤亡、千万级别的人群需要紧急安置、重
要基础设施基本瘫痪、次生灾害更为严重、社会功能和产业链严
重受创等，应急救援难度巨大，损失将十分惨重，甚至可能比唐
山大地震、汶川地震还要惨烈。

四是安全生产形势严峻复杂。生产安全事故经过多年下降之
后进入了一个"平台期"，但由于我们安全生产基础薄弱，涉及领
域范围不断扩大，一些老行业领域风险持续积累，新行业领域风
险明显增加，要平稳跨过这个"平台期"，还要经历一个十分艰难
的爬坡过坎过程。一些行业领域的风险持续积累，进入了风险集
中显露期。

其一，城乡房屋建筑方面。我国有约13%的城镇房屋使用年
限超过30年，农房97%为自建房，其中10%以上使用年限超过
40年。近年来，农村自建房改造用于生产经营带来的事故不断，
先后发生福建泉州"3·7"坍塌事故、山西襄汾"8·29"坍塌事
故、湖南长沙"4·29"倒塌事故，前两起事故都造成29人死亡，
后一起事故造成54人死亡，这些都是长期积累隐患集中暴露的典
型事故。据初步统计，全国50多万个行政村有2亿多户农村自建
房；在2022年住建部组织开展的经营性自建房"百日行动"中，

全国共排查经营性自建房 1700 余万栋，初判存在安全隐患的有 60 万栋，反映出全国自建房领域特别是经营性自建房已经形成系统性风险。

其二，化工安全方面。我国化工产能占全球 40% 以上，生产企业入园率不足 30%[①]，隐患点多面广，许多入园企业不符合安全标准。到 2021 年底，我国共有危化品生产经营单位 20 余万家，其中生产企业 1.3 万多家；目前，我国已成为世界第一炼油大国，炼油总产能达 9.2 亿吨 / 年[②]，已建成投用一大批大型油气储存基地，在我国炼油产能和原油储备量大大增加的同时也增加了安全风险。我国危化品行业已形成系统性安全风险，主要表现在几个方面：发展迅猛积累大量风险；重大危险源大量存在，仍有部分处于人口密集区尚未搬迁；安全事故集中爆发，接连发生造成数百人伤亡的事故。我们报请中央出台了《关于全面加强危险化学品安全生产工作的意见》，采取了一系列针对性措施，坚决防范化解重大风险。

其三，燃气安全方面。我国城镇燃气管网总长度已达 105 万公里，其中运行时间超过 20 年的约 7 万公里[③]，10 万公里存在不同程度老化[④]。近三年来，每年平均发生燃气安全事故 800 余起，

---

① 《"企业不愿搬、园区接不了"，化工企业为何"难入园"》，《中国能源报》2020 年 8 月 8 日。

② 张伟：《炼油总产能 9.2 亿吨 / 年　我国已经成为世界第一炼油国》，央视网，2023 年 2 月 16 日。

③ 吕淼：《城市燃气行业新特征与新挑战》，《能源》2022 年第 5 期。

④ 《应急管理部：全国已有近 10 万公里燃气管道不同程度老化》，澎湃新闻，2022 年 1 月 20 日。

导致 80 多人死亡、600 多人受伤，严重影响老百姓的安全感。2021 年 6 月 13 日发生的湖北十堰燃气爆炸事故造成 26 人死亡、138 人受伤，涉事燃气管道建成于 2005 年，使用 16 年，已经锈蚀严重，最薄处只有 0.5 毫米。在随后住房和城乡建设部组织开展的城镇燃气安全隐患排查整治工作中，查出隐患 38.66 万处。

其四，高层建筑方面。我国拥有全世界 40% 的高层建筑，其中 150 米以上的 2395 座，200 米以上的 823 座，300 米以上的 95 座，均居全球第一①。一个时期以来，我国一些城市比着建地标性工程，一个更比一个高。实际上，高层建筑火灾扑救一直是世界性的难题，发展高层建筑还面临许多未知风险，存在高消耗、高成本、高碳排、高风险等问题。不少专家认为，高层建筑可能是中国未来最沉重的社会负担之一，也将成为普遍性的公共安全风险。

其五，城市地下空间方面。2016 ～ 2019 年，全国累计新增地下空间建筑面积达到 10.7 亿立方米，地下轨道交通、综合管廊、地下停车场等地下空间开发每年以 1.5 万亿元投资规模的速度增长②。地下空间的大规模开发利用，增加了内涝、火灾、爆炸、拥挤踩踏等重大安全风险。

此外，交通运输、采矿、建筑施工、商贸制造和农林牧渔等传统高危行业领域安全风险隐患也仍然大量存在。当前，严防疫

---

① 世界高层建筑与都市人居学会（CTBUH）：《2020 高层建筑年度回顾》，2021 年 1 月。

② 中国工程院战略咨询中心、中国岩石力学与工程学会地下空间分会、中国城市规划学会：《2020 中国城市地下空间发展蓝皮书》，2020 年 12 月。

情后事故强劲反弹，是我们面临的重大挑战。以往的规律表明，每次大疫大灾后事故都会大幅反弹，比如"非典"疫情后连续反弹三年，2008 年国际金融危机后反弹两年，而且近 20 年在一次死亡超百人的 12 起事故中，有 10 起发生在这两个时段，其内在的原因，主要是在经济由受冲击转向恢复的过程中，一些企业拼产量、要效益意愿强烈，超能力、超强度组织生产，加上大宗商品价格大幅上涨，进一步刺激了部分企业生产运输，容易造成事故。比如煤矿，2021 年以来，国际能源价格持续攀升，国内煤炭供应紧张，在高额利润驱使下，一些煤炭企业铤而走险，正常矿盲目扩产、停产矿偷着生产、拟关闭矿抢着生产、非法矿违法盗采，这些都带来极大安全风险。再比如民航，受东航航空器飞行事故和疫情叠加冲击，国内航班的上座率一度降到个位数，民航业经营状态"极度困难"，专业人员流失，也给安全生产带来很大压力。

五是新型灾难风险加大。著名物理学家斯蒂芬·霍金在公开演讲和接受媒体采访时曾列举了多个可能给人类带来巨大灾难的风险，不仅有核、基因病毒、外星生命、人工智能，还有一些风险，人类对此仅有初步的认识[1]。比如地球面临的近地小行星撞击风险，据科学家研究，历史上地球发生过 22 次不同程度的生物灭绝，其中至少有 11 次与小行星撞击地球有关。2021 年世界经济论坛发布的《全球风险报告》也列出了一些可能出现的新兴全球风险，如脑机接口技术、人类增强基因编辑技术、神经化学控

---

① 《斯蒂芬·霍金四大惊世预言：1000 年内地球毁灭》，新华网，2015 年 7 月 21 日。

制技术和小规模核武器等被恶意利用，以及自然界发生地球磁极反转、永久冻土融化释放出古老的微生物等[①]。这些灾难，都是人类面临的共同灾难。习近平总书记提出构建人类命运共同体理念，我们要积极参与全球新型风险治理，共同应对全球性危机。

（二）存在的短板问题更多

我国在改革开放 40 多年的时间里走完了西方通常要一二百年才能完成的工业化和信息化转型发展之路，在取得重大历史性成就的同时，不可避免地会出现一些发展不协调、不平衡、不充分等问题，特别是在科技创新、粮食安全、能源安全、重要产业链供应链安全、基层治理和应急体系等方面还存在较大的短板。这里主要就防范风险的短板做些介绍。

这些年来，我国在应对重大安全风险挑战中取得显著成绩，特别是在每次应对重大自然灾害中，创造了一个又一个奇迹，令世人羡慕，充分体现了我们党的领导和社会主义制度优势。但我们在安全风险防范应对方面还存在许多短板和不足，既有对灾害形成的机理和规律的认知不足，也有体系、能力的不足，可概括为"三个短板"。

其一，认知短板。首先是从科研角度讲，我们对灾害形成机理的研究不够，尤其是基础理论和综合研究不够，局限于历史性规律研究、国内外文献资料研究和单一灾种研究比较多，指导防范应对灾害的前瞻性、准确性不强。从实际工作角度讲，我们对

---

① 世界经济论坛：《全球风险报告 2021》(Global Risks Report 2021)，2021 年 1 月。

科学规律的认知也不足，比如我们对人口密度的控制和产业规划布局考虑风险不够，一些不宜发展化工的地区选择化工作为主导产业，一些不宜人居的地震地质灾害易发区人员仍在聚集。还有对形势变化的认知不足，这些年发生的许多事件，都让我们感到超出了自己的认知。虽然气候变化已成为大家普遍关注的问题，但是气候变化带来的影响之大是远远超出我们想象的。2021 年河南、山西、陕西等部分地区遭受特大暴雨灾害，2022 年辽宁、山东、甘肃等部分地区又遭受特大暴雨灾害，许多北方城市"城中看海""农村一片汪洋"，许多北方干部群众长期形成了"旱区思维"，从来没有见过这种情景，不知如何有效应对。2022 年 7 ～ 8 月的高温范围之广、温度之高、时间之长，不仅打破了气象纪录，也大大超出了人们的预期。2022 年长江流域发生了我国有完整气象记录以来最严重的干旱，长江流域累计面雨量 7 月至 8 月较近 3 年同期均值偏少 44%，持续高温少雨，导致长江流域严重枯水，其中 8 月来水量偏少五成多，9 月偏少七成，长江"双肾"鄱阳湖、洞庭湖从 9 月开始基本丧失对长江中下游的补水作用。鄱阳湖 9 月水域面积较最大时缩小九成以上，洞庭湖 11 月上旬水域面积仅为正常情况的 1/7。最严重时多达 10 省份受灾，农作物严重受旱，数百万人饮水困难。但旱灾的渐进性、隐蔽性特征，使得各地普遍存在"重汛轻旱"思想，尤其是南方地区应对大旱的思想准备、物资准备、工程准备普遍严重不足。据《中国气候变化蓝皮书 2022》显示，1961 年以来，我国区域性干旱事件频次呈微弱上升趋势，未来干旱事件增多是一个总的趋势；但目前对特大干旱的研究和应对准备都远远不够。

对认知不足也要做具体分析。有的确实属于认识能力所限,想象不到会发生什么样的"黑天鹅"事件。比如美国"9·11"恐怖事件调查报告认为最大的问题是想象力失败,根本没有想到恐怖分子会驾驶飞机撞击高楼,确实是历史上从来没有出现过,也从来没有预见过、警示过。而我们发生的一些灾害事故,说是未知的、想不到,其实不都是认知问题。就拿郑州特大暴雨灾害来说,我与几位当事的领导干部交流,他们异口同声都说没有想到会下这么大的雨,更没想到会死这么多人,因为郑州常年降雨量才640毫米;但是我们都知道,河南历史上发生过"75·8"特大洪灾,这些年河北发生过"7·19"大暴雨、北京发生过"7·21"大暴雨,这些特大灾害都不遥远,而且国家防总、省防指一再部署,气象部门已发红色预警,我们的干部们仍认识不到面临的巨大风险。只能说,这种"想不到"是"可认知的未认知",是思想麻痹、经验主义蒙蔽了自己的认知能力,根本上还是缺少风险意识、底线思维,更谈不上极限思维。

其二,系统短板。现代化的应急应是常态化与非常态化结合的应急,应当平时尽量以常态化为主、以地方为主,尽可能减少动用举国体制,在突出以防为主应急理念的前提下,做好各层级应急的充分准备,实现应急处突的制度化、体系化、常态化,打有准备之仗,分层分级处置,有力有序应对,以最快的速度、最少的资源、最小的代价实现最大的效益。我国应急管理系统性还不够强,主要表现在:尚未建立健全一整套系统化的制度和能力体系，条块分割的问题仍然比较严重；出了事往往不是在最小范围内有效解决，而是较多地依赖于国家大的体制，靠领导动手，"杀鸡总用宰牛刀"。比如，2021年至2022年，不少城市把静态管理作为防疫的首选措施和常规动作，但一些地方出现食品物资短缺、急重患者就医难、慢性病患者断药、物流中断乃至产业链、供应链中断等一系列问题，后来在优化调整疫情防控措施时又出现退烧药一时严重短缺等问题，反映出迫切需要健全一个常态化专业化、平战转换顺畅的应急系统，还需要健全一套成熟的机制和有效的操作办法。再比如，2021年夏秋之交我国部分地区出现大规模"拉闸限电"现象，2022年夏季川渝高温干旱期间出现的严重缺电现象，看上去是孤立事件，实际上也涉及系统问题、深层次问题，需要加强顶层设计，进行系统治理。

其三，能力短板。主要体现在精准治理能力不强、人的素质不高、科技装备不足三个方面。在精准治理能力方面，我国应急管理总体还比较粗放，2019年以前我们还没有开展过全国统一的自然灾害风险普查，对风险分布情况底数不清，没有统一的数据库，无法数据共享、动态跟踪管理。防震减灾"地下不清楚、地上不结实"的问题突出，比如对已知的495条主要活动断层，我们目前对最主要的100多条进行了探测和地震危险性分析，尚有大量的断层需要探测、分析。这些问题，既反映出我们基础研究能力不足，也反映出我们对风险防控从规划源头严格把关和更大范围的宏观调控不够。人的素质方面，既包括领导干部的素质亟待提高，也包括社会公众的素质亟待提高。很多群众防灾避险自救的意识和能力严重不足，有的过于依赖政府。河南郑州特大暴雨灾害发生当天，面对气象红色预警、罕见极端暴雨，许多人没有采取避险措施。全市因灾死亡失踪的 380 人，大多数是分散性的，遇难时多处于正常活动状态，其中有 20 人在乡村组织转移后又擅自返回而遇难。生产安全领域大量高危行业从业人员安全素质不高，这既是突出问题也是源头性的风险。目前，在我国 2.9 亿农民工中，超过七成为初中及以下文化程度，新生代农民工不愿从事高危行业，50 岁以上农民工占比从 2017 年的 21.3% 上升到 2021 年的 27.3%，而 30 岁及以下年龄段占比从 2017 年的 29.9% 下降到 2021 年的 21.2%[①]。2020 年全国各类事故死亡人员中，初中及以下文化程度占 77.5%。在科技装备方面，我们目前的总体水平也是偏低的。一些企业生产工艺落后、装备超出年限、安全隐患突出；应急救援装备还不能满足"全灾种、大应急"需求，不同行业领域和地区技术装备配备和发展不平衡。比如，这些年先后发生多起高层火灾事故，扑救过程都非常艰难，究其原因，客观上是因为高楼火灾具有火势蔓延快、疏散救援困难等特点，但很重要的是我国现有高楼火灾救援装备手段滞后，不能满足发展需要。

（三）使命目标要求更高

我们党作为百年大党，立志的是千秋伟业。我们党为人民谋幸福、为民族谋复兴，要求我们以更高的标准，牢牢守住安全的

---

① 《2021 年农民工监测调查报告》，国家统计局网站，2022 年 4 月 29 日。

底线。使命目标的高标准要求至少体现在三个方面。

一是为人民生命安全守底线。习近平总书记反复强调人民至上、生命至上，在保护人民生命安全面前可以不惜一切代价。针对生产安全事故防控，强调要坚决破除现阶段事故"不可避免论"，坚决遏制重特大事故，确保把人民生命安全放在第一位落到实处；针对新冠疫情防控，强调保护人民生命安全和身体健康可以不惜一切代价；针对防灾减灾救灾，习近平同志早在 2005 年时任浙江省委书记时就对防台风提出"三个不怕"的指示，即不怕兴师动众、不怕劳民伤财、不怕十防九空，宁听群众一时骂声，不听群众事后哭声，一丝不苟地做好各项防范工作。我们作为发展中国家，在人均 GDP 还不到 1 万美元的时候，习近平同志就划出了这样高的底线，相比资本主义国家包括发达的美国和西方国家，他们是远远做不到的。当然，他们考虑问题的出发点不是人民生命安全，如果说他们有底线的话，那他们始终守护的是不失选票的底线、是资本集团利益的底线。

这里我各举一个美国和中国救援的例子。一个是 2021 年 6 月 24 日美国迈阿密一住宅楼坍塌救援，这起事故造成近 150 人下落不明，主要救援力量在事发后 96 个小时才抵达现场，搞"考古式救援"。持续两周的救援行动不仅没有救出一人，还有多名救援人员感染新冠肺炎[①]。另一个是长沙 2022 年"4·29"自建房倒塌事故救援，习近平总书记要求不惜代价搜救被困人员，全力救

---

① 朱雨博、王钟毅、李家瑞：《国际救援专家很遗憾：美国佛州塌楼搜救"浪费太多时间"》，新华网，2021 年 7 月 18 日。

治受伤人员。这场救援难度极大、风险极高，整栋楼从 8 层直接"坐"到 1 层，层层叠压，废墟下空间极小，两侧的楼房也严重受损，随时有倒塌的可能，严重威胁救援人员的安全。中央派国务委员王勇率领我们工作组到现场指导全过程救援，我们不能像美国那样排除风险再救援，而是必须争分夺秒救人。许多人都想到第一方案，赶紧上大型设备起吊，采用俗称"揭盖子"的方式进行救援，这种方式最节约时间，但是行不通，因为那个"盖子"也就是第六层的水泥顶板，重量高达 250 吨，处于不稳定的平衡状态，一旦上大型设备，必然会造成新的坍塌，给被困人员带来二次伤害。有人提出要先把两边的危楼拆掉或者先炸掉，但专家计算下来，拆楼最少要用一个星期，如果先炸的话，极可能造成更大的震动。唯一能够采取的方法就是掏洞救人，同时加固两侧的危楼。我们中国式救援是为了加快救人，从多个方向掏洞，虽然风险很大，但是我们扛了。消防员冒着生命危险在废墟下挖洞掘进，选 1.6 米左右的精干小伙子，掘出的通道直径只有 40 多厘米，匍匐着往前挖，两侧房屋和废墟随时可能坍塌，就是在这种情况下，以命换命，第一天就救出 5 个人；实行几次全场静默后又相继侦测到 5 个生命体，位置都在底层更深处，每一次救援都非常艰难、危险，在花 26 个小时不停挖掘后前进了 4 米，把 6 号被围者救了出来，8 号与 6 号相隔一个被压扁的冰柜，冰柜压成了铁砣，只能用电磨机磨，又用了 20 个小时才接触到 8 号，但是 8 号的两条腿被大梁压着，左腿开始溃烂，为了保住 8 号的双腿，消防员用工具一点点磨、一点点撑，又用了 8 个小时，才把双腿移出，当把 8 号救出来，4 名连续救援 26 小时的消防员都累得虚脱瘫倒在地不能站立。就这样，过了 72 小时黄金救援期，我们仍然不抛弃、不放弃，第 9 个、第 10 个分别在被困 88 个小时、132 个小时后成功获救，创造了消防救援史上的奇迹。经过 7 天 7 夜一刻不停的连续苦战，最终 10 个存活者全部获救，其他遇难人员的遗体也全部搜救出来并保持完整。医院也传来消息，8 号的双腿保住了，救她的消防员都激动得哭了。这就是中美两国救援方式的比较，也是对待人民生命立场、态度和结果的比较。

二是为中华民族伟大复兴守底线。中国特色社会主义进入新时代，中华民族迎来了从站起来、富起来到强起来的伟大飞跃，迎来了实现伟大复兴的光明前景，但复兴之路绝不是只有鲜花和掌声的坦途，而是遍布荆棘、沟沟坎坎的道路。防范化解重大风险就是守底线，守的是不发生系统性风险的底线，守的是不在根本性问题上犯颠覆性错误的底线，守的是国家安全的底线；归根到底就是要更好地维护和延长我们的重要战略机遇期，确保中华民族伟大复兴进程不被滞缓或打断。在灾害事故风险防控方面，现代社会快速发展使风险的链发效应更加明显，各类风险跨界性、关联性、穿透性、放大性增强，像地震、洪涝、疫情、核事故、危化品泄漏爆炸等巨灾风险，一旦防范化解不及时、应对处置不妥当，就可能影响国家安全社会稳定，进而影响中华民族伟大复兴进程。

三是为国家长治久安守底线。习近平总书记深刻指出，"人民就是江山，共产党打江山、守江山，守的是人民的心，为的是让人民过上好日子"。习近平总书记特别强调,"如果发生重大风险扛不住,国家安全就可能面临重大威胁,全面建成小康社会进程就可能被迫中断"①。习近平总书记的重要讲话,是教育我们各级领导干部,坚持底线思维不只是守住防控风险的底线,也是守住我们党执政的底线。只有得到人民的拥护和支持,才能夯实我们党的执政根基,我们的党、我们的国家、我们的人民才能永远立于不败之地。这正是坚持底线思维的根本价值所在。

这些年来,正是因为习近平总书记、党中央划出较高的底线、提出更高的要求,我们才能有力有效防范化解一个个重大风险、系统性风险。以下是从应急管理角度列出的几组有关灾害事故的统计数据:一是 2021 年与 2012 年比,重特大事故发生率下降了 71.2%;二是党的十八大以来 9 年自然灾害损失均值与 2000—2012 年的对比,全国因灾死亡失踪人数、倒塌房屋数量、直接经济损失占 GDP 比重分别下降 86.9%、86.6%、63.8%。这些数据对比充分说明,更加重视坚持底线思维的效果是很明显的。要守好习近平总书记、党中央划出的底线,领导干部的压力确实很大,非常辛苦,但在大家的共同努力下,这些年大事故、大事件实实在在减少了,人民群众的获得感、幸福感、安全感实实在在提高了,这种辛苦是值得的!

二、领导干部如何坚持底线思维

经过这些年防范化解安全风险的工作实践,我认为,领导干

---

① 习近平:《论坚持全面深化改革》,中央文献出版社 2018 年版,第 182 页。

部坚持底线思维、防范化解重大风险，首要的就是要向习近平总书记看齐，学习习近平总书记忧党、忧国、忧民的忧患意识，学习习近平总书记人民至上、生命至上的人民情怀，学习习近平总书记许党许国、兴党强国的使命担当，学习习近平总书记教给我们的一系列新理念新思想新方法，把底线思维与战略思维、历史思维、辩证思维、系统思维、创新思维、法治思维统一起来，努力全面掌握习近平总书记教给我们的科学思维方法，准确把握和践行总体国家安全观，增强风险意识和责任意识，结合实际深入思考践行，明确必须守牢的红线底线，发扬斗争精神，做好应对各种风险挑战的准备，提升应对各种风险挑战的能力。

（一）心系国家全方位守住安全底线

党的二十大报告指出："国家安全是民族复兴的根基，社会稳定是国家强盛的前提。"各级领导干部要深入学习总体国家安全观和《习近平关于防范风险挑战、应对突发事件论述摘编》，切实增强国家安全意识，全方位守住国家安全的底线，这是我们的头等大事，是必须放在第一位的。为国家安全守底线，要着重把握好三个关系。

一是要把握好"总体"与"方面"的关系。准确领会总体国家安全观最重要的是要把握"一个总体""十个坚持""五大要素"和"五对关系"。"一个总体"指的是国家安全的"总体性"，这是领会总体国家安全观的关键所在。从涉及领域看，总体国家安全观强调大安全理念、新安全格局，涵盖政治、军事、国土、经济、金融、文化、社会、科技、网络、粮食、生态、资源、核、海外利益、太空、深海、极地、生物、人工智能、数据等诸多领域，而且将随着社会发展不断动态调整；从思想方法和工作方法看，强调系统思维和科学统筹；从工作职责和定位看，强调要打总体战，形成各方面各层级的强大合力。

坦率地说，我对总体国家安全观的认识和理解是有一个逐步深化的过程的。2014年习近平总书记提出总体国家安全观后，我认识到，总体国家安全不是传统国家安全的概念了，国内与国外、网上与网下、政治与经济等领域的联系更加紧密，与国家安全都紧密相关，它不仅仅是专门机关开展的反颠覆、反渗透、反间谍等专门工作，而且是一个新的更大的概念、有更丰富的内涵，当时的认识还很不到位。2018年、2019年习近平总书记在省部级主要领导干部研讨班上发表重要讲话，我现场聆听，感到振聋发聩，催人警醒，受到了总体国家安全观的强化教育，增强了对全方位风险以及各类风险与国家安全、人民安全之间关系的认识。那时，我已到应急管理部工作，经历了更多的风险挑战，加深了对总体国家安全观的理解。2022年7月28日，习近平总书记在主持中共中央政治局会议时强调，"要全方位守住安全底线"。我感到，习近平总书记要求的"全方位"，就是更加强调和明确了总体国家安全观的总体性要求，将各方面的安全纳入国家安全，是因为我们所面临的国际形势更加复杂，所面临的风险更多更大，风险的系统性、传导性和敏感性更加凸显。各级领导干部，无论是做地方工作还是做部门工作，无论是做经济工作、科技工作还是做农业、能源工作，都关系到国家安全，都是"总体"的一部分，决不要认为自己干的只是具体的业务工作，与国家安全无关。否则，就无法全方位守住安全底线，这是守底线首先要解决的问题。

二是要把握好"底线"与"高线"的关系。底线思维强调守住底线，但不是主张无所作为的消极被动思维；相反，是在明确"底线"、做最坏准备的同时，要明确"高线"、向最好处努力，就是要保持战略定力、稳中求进，正确处理改革发展稳定关系，坚持"有守"和"有为"的辩证统一，这是"守乎其低而得乎其高"的积极主动思维。可以说，底线思维内含着充分发挥人的主观能动性的创造思维，不仅仅是教人不失足、不失策、不失守，而且鼓励人们在坚持底线的前提下，争取利益、权益、效益的最大化，追求实际努力的最佳效果。我们常讲要守住安全底线，是必须将风险防控在可接受范围之内，许多情况下要与风险共存，这是在风险社会背景下的必然选择，不能将安全绝对化、"一刀切"，不能只要安全不要发展，我们要求的是保持两者动态平衡，要以更高水平的安全促进高质量发展；安全与发展是车之两轮、鸟之双翼，既要做到维护安全不懈怠，对风险隐患严防死守，又要做到坚持发展不停步，保持经济社会稳定发展。比如，一些地方在疫情防控中出现阻断交通、产业链供应链"断链"问题，很大程度上是未能正确处理好"局部与全局""安全与发展"的关系，未能落实"疫情要防住、经济要稳住、发展要安全"的要求，以致出现顾此失彼的问题。

　　三是要把握好"常态"与"非常态"的关系。"常态"我们都好理解，就是一种正常的、可预期的状态，而"非常态"则是一种超出或违背正常变化规律、难以预期的状态，是一种"极端的临界状态"，也就是我们常说的"一反常态"。

　　应该说，常态的突发事件因为发生的频率高、可预测性强、有规律可循，我们总体上能够依据以往的经验来有效防范应对。而一旦突发事件发生的概率低、超于预期、违背常理，往往就容易导致措手不及、束手无策、难以应对，进而造成严重后果。最典型的例子莫过于郑州"7·20"特大暴雨灾害，当最大日降雨量接近常年年降雨量、最大小时降雨量突破历史极值时，这个常年干旱环境下的北方大城市立刻就陷入了瘫痪，应急指挥和应对处置失灵失效，导致重大人员伤亡和财产损失。

　　事实上，受全球气候变化和人类活动影响，近年来像郑州特大暴雨这样的极端天气事件趋多趋频趋强，暴雨洪涝干旱等各类灾害的突发性、极端性、反常性越来越明显，突破历史纪录、颠覆传统认知的灾害事件发生的概率和风险也在持续增加。在这种情况下，"小概率、高影响"事件将会更加容易出现，一些过去我们认为的"非常态"，可能逐渐成为"常态"。

　　如果说常态的风险是"灰犀牛"，那么，非常态的风险就是"黑天鹅"。有的人总喜欢说不知道"黑天鹅"从哪里飞来的，实际上，大多数"黑天鹅"本质上都是"灰犀牛"。之所以不知道，根本的就是没有把握好"常态"与"非常态"、底线与极限的关系，还是秉持惯性思维和经验主义，缺乏极限思维和极限思考。这既有客观认知上的原因，更有主观意识和工作思路上的原因。

在重视"非常态"情况、强化"极限思维"这一点上，美国走在了前面。早在 2005 年，美国就组织实施了"国家应急规划情景"重大研究课题，总结提出了美国面临的最为严重的 15 种重特大突发事件情景，作为制定国家应急准备战略最优先考虑的应对目标。这 15 种情景中，只有 4 种在美国历史上曾经真实发生过，另外 11 种不但在美国本土从未发生，即使在全世界都极为罕见。美国认为，这些情景构成美国公共安全面临的主要威胁，正因为从未发生，才更有必要提前做好准备①。

作为领导干部，把握好"常态"与"非常态"的关系，就是要切实增强风险意识、忧患意识，树牢底线思维、极限思维，善于用大概率思维应对小概率事件，在搞风险研判、做决策部署时，既要考虑"力所能及"，也要考虑"力不能及"；既要考虑"目之所及"，也要考虑"目不能及"，对一个地方最大的风险隐患做到心中有数，从最不利情况出发加强应急准备，采取超常规措施应对超预期因素影响，确保极端情况出现时能稳得住、扛得住，切实保护人民群众生命财产安全。令人欣慰的是在郑州"7·20"特大暴雨灾害之后，许多地方特别是一些北方城市就认真吸取教训，开始思考和谋划本地区如果遭遇类似极端暴雨如何应对，抓紧补齐短板弱项，迅速提高应急能力和水平，避免重蹈郑州覆辙。

---

① 刘铁民：《应急预案重大突发事件情景构建——基于"情景—任务—能力"应急预案编制技术研究之一》，《中国安全生产科学技术》2012 年第 4 期。

（二）立足本职守住身边安全底线

每个地区和每个行业领域都有各自的问题和风险，作为领导干部，要履职尽责，积极防范化解风险，在自己职责范围内守住安全底线。要重点注意以下三个方面。

一是要有强烈的风险意识和责任意识。习近平总书记多次问大城市主要领导，你们当书记市长的睡得着觉吗？习近平总书记说他在上海时就经常睡不着觉，半夜醒来，想着哪里有风险，哪里有问题[①]。习近平总书记在 2015 年 1 月 13 日十八届中央纪委第五次会议上说："我在地方工作时，逢年过节都得值班，生怕出了什么事。很多地方和部门的负责同志一到节假日就不见了，到外地去休假了。跑到那么远的地方怎么放得下心？一旦有个什么事怎么办？"在 2013 年 7 月 18 日中共中央政治局常委会上强调："当干部不要当得那么潇洒，要经常临事而惧，这是一种负责任的态度，要经常有睡不着觉，半夜惊醒的情况，当官当得太潇洒准要出事。"在 2022 年 4 月 29 日召开的中共中央政治局会议上又强调："各级领导干部在工作中要有'时时放心不下'的责任感。"习近平总书记忧国忧民，给我们树立了光辉的榜样。大家对风险防范工作，一定要有如履薄冰的谨慎，无论做什么事情、搞什么活动，一定要坚持底线思维，想到风险和问题，不能满脑子都是好事，以为出面剪个彩、讲个话挺风光，但事物都是辩证的，好事也可能有不好的一面，特别是，每到重要节庆、举办大规模

[①]《习近平在上海》，中共中央党校出版社 2022 年版，第 135 页。

活动，包括出台重大决策、季节转换等，都要主动排查问题隐患、主动督促落实防控风险责任，决不能事事等上级部署提醒、等领导同志指示批示，甚至上级部署了也不认真检查落实，直到出了大事才知道风险、才晓得厉害。

例如，2021 年 5 月发生的甘肃白银山地马拉松百公里越野赛21 人遇难事件，这是一起极限运动遭遇高影响天气，由于组织管理不规范、执行运营不专业导致重大人员伤亡的公共安全责任事件。高影响天气就是严重影响群众生产生活的天气，还算不上极端天气。回顾事件整个过程，可以说从头到尾、从上到下都缺少底线思维、缺乏风险意识。越野赛名义上是政府主办，实际上是一个不懂赛事的小公司承办后转包，当地政府和有关部门也没有认真把关。举办赛事活动连一个应急预案也没有，公司在出事后伪造了一个漏洞百出的预案，整个安全管理处于失控状态。出现这样的问题不是偶然的。2019 年全国举办马拉松越野赛事达 1828场，比 2014 年的 51 场增加 35.8 倍。全国一下子办这么多赛事，没有专门的标准和规划，也缺少事前审查和事中监管。事后根据中央领导同志指示，国家体育总局下发通知停办不具备安全条件的越野赛事。

我们这些年调查处理重大灾害事故总结出一些共性问题，从领导干部身上查找原因，大多存在以下几个方面的问题：其一是思想麻痹，风险意识不强；其二是自以为是，作风不实；其三是职责不清，责任悬空；其四是消极畏难，不敢担当；其五是思想糊涂，政绩观偏差。从总体来看，受处分的领导干部中真正不敢担当的只是少数，大多数还是缺乏风险意识，思想麻痹，抓落实不力。责任意识与风险意识是紧密联系在一起的，一个领导干部心中有强烈的忧患意识、风险意识，就会坚持底线思维，就会有强烈的责任感危机感紧迫感，就能勇于担当负责，就会主动研究解决问题，主动防范化解各类风险，更加从容应对风险挑战。

二是要摸清自己身边的风险，守牢不发生重大风险、系统性风险的底线。习近平总书记指出："木桶有短板就装不满水，但木桶底板有洞就装不了水。我们既要善于补齐短板，更要注重加固底板。"① 安全风险就是我们经济社会发展中的底板，防范化解重大安全风险就是加固底板，是各级领导干部的重要政治责任。

自应急管理部成立以来，我们通过部党委（2020 年 3 月前为党组）理论中心组学习、组织专题研讨等形式，持续跟进学习习近平总书记关于坚持底线思维的重要论述，并在实践中不断加深认识。

那么，应急管理工作应该坚持哪些具体底线呢？通过学习领悟，我认为在实际工作中应把握四条底线：

第一是安全发展的底线。习近平总书记反复强调，"人命关天，发展决不能以牺牲人的生命为代价，这必须作为一条不可逾越的红线"。这条红线就是不能触碰的"高压线"。把握好这条底线，要求各级党委政府特别是领导干部必须统筹发展和安全，牢固树立安全生产、安全发展的观念，坚持在经济社会发展的规划

---

① 《习近平关于防范风险挑战、应对突发事件论述摘编》，中央文献出版社 2020 年版，第 16 页。

和每一个项目建设过程中都要始终以安全为前提，不能只重发展不顾安全，不能有半点疏漏和侥幸心理。为此，我们应急管理部门在综合监管和执法中，要充分发挥职能作用，坚决守住这个底线。

第二是防范风险的底线。习近平总书记一直在强调防控的重大风险、系统性风险、全局性风险，与我们应急管理的自然灾害、安全生产都相关，实事求是地讲，大多数灾害事故风险能防住，有的我们还防不住，那么防范的底线划在哪里？我在工作中实际也划了三条线：第一条，对各领域系统性安全风险，比如危化领域、自建房领域这些已经认识到的系统性安全风险必须坚决防住，对其他能防住的重特大灾害事故都必须全力防控，关口前移、压实责任，努力将问题解决在萌芽之时、成灾之前；第二条，对难以防控的风险，比如台风、地震和没有防住的洪涝等，要全力以赴避险，千方百计保护人民生命安全；第三条，防范灾害事故的能力水平要不断有新的提高，能适应老百姓对安全感的期待。

第三是应急救援的底线。凡是防不住的风险来了，我们都要有充分的准备，要能扛得住。在应急处置和抢险救援过程中，必须坚持"人民至上、生命至上"的原则，具体还要牢牢把握三条底线：其一，要始终把救人放在第一位，为了抢救生命关键时刻可以不惜一切代价，最大限度减少伤亡；其二，要守住安全施救的底线，严格落实救援人员安全措施，坚决防止盲目施救造成事故扩大甚至更大的伤亡；其三，要有大局意识、政治意识和群众观念，严防处置不当影响社会稳定，不能让单一灾害事故变成系统性、全局性风险，不能让灾害事故的性质发生变化，产生政治风险。

第四是领导干部履职的底线。应急管理工作人命关天，应急管理干部履职的底线至少要守住两条：其一，要把自己职责范围内的风险防控好，做到守土有责、守土负责、守土尽责，不让自己履职范围内的风险隐患酿成大的灾难；其二，要认真吸取教训，包括对历史的教训、他人的教训、国内外的教训，只要与我们的工作相关，都要善于吸取，特别是在自己工作范围内已经发生的灾害事故，一定要认真吸取、整改落实，决不能重蹈覆辙。

明确了这些具体底线，也就明确了防控风险的主攻方向。这几年，我们突出重点领域，紧盯矿山、危化、交通、建筑、消防、燃气等高危行业领域和洪涝、地震、森林火灾等自然灾害重大风险，集中发力、精准施治，有效防范化解了煤矿、危化、烟花爆竹、自建房等系统性风险和重大风险。

同时，我们着力建设准备型机关，按照最坏的情况做准备，对照1998年大洪水、唐山地震、汶川地震、"5·6"森林火灾等大灾大难做各项准备，开展实战演练，始终保持"时刻准备着"的临战状态，打赢了一场又一场大仗、硬仗，初步做到习近平总书记要求的"充分估计最坏的可能性，同时通过工作确保不出现最坏的情景"。①

为此，我在实践中感受到，作为领导干部，要能切实守住底

---

① 《习近平在中央经济工作会议上的讲话》，《党的文献》2017年第4期。

线，就要做到以下几点：其一，要摸清自己所在地区、所在行业领域存在哪些风险，做到心中有数，不能想不到、看不到，熟视无睹。其二，对于排查出来的风险隐患，要下决心及早整治化解，不能心存侥幸、久拖不动，把风险留给后面；要主动担当作为，不能推诿扯皮，把责任推给别人。特别是要防止风险由"点"扩散成"面"，由"小"发展成"大"，由单一风险演变成系统性风险。其三，如果仅靠自己本地区本部门解决问题力所不及，就要及时向上级请示报告，提出解决方案，争取更多资源，在更大范围内形成工作合力，共同把问题解决好，而不是把防风险的责任推给上面。其四，在工作中遇到阻力甚至不顾安全底线的情况时，要坚持原则，敢于斗争，敢于动真碰硬，不怕得罪人，坚决守牢安全底线。

三是要建立健全应急值守和处置机制。守底线，从主观上是想把所有重大风险都防住、化解掉，但客观上是不可能的，我们正处在风险社会，无论是城市还是乡村，尤其是大城市、特大城市、超大城市，随时可能发生重大风险。领导干部要把应急值守和应急处置机制建立健全起来，并要认真检查、经常检查，确保有效运转、高效运转，确保有事能及时有力、有序有效应对。

从应急管理部组建第一天起，我们就教育整个部门，首先要为党、为国家、为人民当好"守夜人"，由部领导带头在岗轮流值班，24小时保持应急状态，时刻准备应急。为什么我提出建立"守夜人"机制？2013年11月22日，青岛发生输油气管线爆炸事故，习近平总书记亲自到事故现场视察并发表重要讲话，我从中得到启发，那次事故是凌晨两点多漏油，上午 10 点多发生爆炸，中间隔了 8 个小时。夜间企业和地方脱节，现场和指挥部脱节，期间没有专家会商，没有领导统一指挥，也没有有效的应急预案，最终造成重大伤亡。如果有一批负责的"守夜人"，事故就可能避免。前些年，我在公安部分管指挥中心，知道 8 小时以内大事出得少，下班后尤其是夜间，容易出大事，这带有一定的规律性、必然性。近年来，几起死亡上百人的事件都发生在夜间或凌晨，比如 2013 年，吉林德惠火灾事故发生在凌晨 4 点，死亡 121 人；2014 年江苏昆山粉尘爆炸事故发生在早上 7:34，死亡 146 人；2015 年东方之星沉船事件发生在晚上 9 点半，死亡 442 人；2015 年天津港爆炸事故发生在晚上 11 点半，死亡 173 人。8 小时以外是容易放松的，而且值守、应急指挥都不到位，所以我们提出要建立"守夜人"机制，领导干部带头，和大家一样值班值守，也带出了一个好的风气。这是领导干部坚守底线，必须抓实抓牢的一个有力措施，否则作为领导干部是睡不着觉的。

（三）决策关头更要牢记初心使命

守住风险底线，与各级领导干部的源头决策密切相关，与重大风险的防范化解和应急处置决策密切相关。在重大决策关头，各级领导干部更要牢记共产党人的初心使命，始终坚持党和人民的利益高于一切，勇于担当、敢于负责，以党性原则守牢底线。

一是要有勇于担当和高度负责的精神。要把握好发展和安全的辩证统一关系，对于经济社会发展的决策，要对党和人民负责、对历史负责，不能只对政绩负责而不对安全负责。习近平总书记强调："安全和发展是一体之两翼、驱动之双轮。"① 并警示全党："经济总量无论是世界第二还是世界第一，未必就能够巩固住我们的政权。"② "越是接近民族复兴越不会一帆风顺，越充满风险挑战乃至惊涛骇浪。"③ 我们要始终把安全放在首位，确保从源头上防范化解安全风险。安全底线一旦失守，发展将无从谈起，这方面我们有很多血的教训。比如，2019 年江苏响水"3·21"特大爆炸事故，响水县本身不具备发展化工产业条件，但太急于发展了，选择化工作为主导产业，把苏南和浙江因安全环保问题淘汰的企业引进来，结果招商引资成了"招商引灾"。2020 年，我在回访事故现场时，响水县的领导很后悔地说："响水辛辛苦苦发展化工产业十几年，全部收益 35 个亿，一场大爆炸花了 30 个亿，事后恢复环境还需要花更多的钱，这是花巨资买了个大教训。"这几年，许多化工企业向中西部地区转移，一些地方安全基础条件还不如响水，让人十分忧心。在防灾减灾方面问题也比较突出，比如，一些地方易地扶贫搬迁集中安置点建的多是高楼，而防火设施、物业管理跟不上，带来很大的安全隐患；一些地震地质灾害易发区人员仍在聚集，一些重灾区重建后居住的人更多、风险更大。我们理解这样做有土地、资金等难处，但是再难也必须坚持

---

① 《习近平谈"一带一路"》，中央文献出版社 2018 年版，第 92 页。
② 《做焦裕禄式的县委书记》，中央文献出版社 2015 年版，第 35 页。
③ 《在"不忘初心、牢记使命"主题教育总结大会上的讲话》，《求是》2020 年第 13 期。

严把安全关。我们在做每一项决策前，不仅要想清楚目标是什么，还要搞清楚风险在哪里，底线是什么。一定要树立正确政绩观，切实担当负责，守好安全底线，不能只顾眼前利益、眼前政绩，不顾长期风险，特别是防止经济社会发展压力一大，就放松安全要求，守不住底线。

二是要始终把人民生命安全放在第一位。多少年来，每当有重大险情和灾害事故发生，习近平总书记总是第一时间作出重要指示，要求把人的生命安全放在第一位，做好人员转移安置工作，不惜代价搜救被困失踪人员，全力救治受伤人员，妥善做好受灾群众救助安抚安置等善后工作。这充分体现出人民安全始终是国家安全的宗旨，彰显出习近平总书记强烈的使命担当和始终不变的爱民情怀。我们每一位领导干部都要向习近平总书记学习，心里时刻装着人民，在有关防灾减灾救灾的决策中，必须始终坚持人民至上、生命至上，把人民生命安全放在第一位。在面临生命攸关的突发事件时，领导干部要明确处置的目标和底线，看清最大的风险是什么，全力避免其发生，做到科学决策、果断决策，必须守住三条底线，最大限度减少人员伤亡，不扩大灾害事故后果，不让单一灾害事故变成系统性全局性风险。前面部分已经讲了，这里不再赘述了。

三是要守住不逃避责任的底线。习近平总书记讲："干部要面对危机敢于挺身而出，面对失误要敢于承担责任，面对歪风邪气敢于坚决斗争，做疾风劲草、当烈火真金。"[1] 首先，事情发生后要

① 《习近平谈治国理政》第 3 卷，外文出版社 2020 年版，第 521—522 页。

第一时间报告情况。信息是应急决策的生命线，一线的真实情况是正确有效处置的保证，如果突发事件迟报瞒报，不仅会影响上级党委政府及部门决策，甚至会影响党中央、国务院的决策，往往会造成工作被动，产生严重的负面影响。尽管中央对及时准确上报重大突发事件信息三令五申，但是近年来迟报瞒报漏报的情况仍屡有发生，教训极其深刻。比如，2021 年 1 月 10 日山东栖霞笏山金矿发生重大爆炸事故，当日井下先后发生两次爆炸，笏山金矿不及时向地方政府及有关部门报告，却私自联系招远市金都救护大队开展救援。而当晚 7 时许，当栖霞市委、市政府获知事故信息，栖霞市委书记到达现场了解情况后，竟作出暂不上报、继续组织救援的决定。直到第二天晚上 8 点半我接到省委主要负责同志的电话才知道，有 22 人被困，需要紧急救援，省委书记也是刚接到电话。我们当时都在中央党校参加省部级主要领导干部研讨班。我马上请假赶回机关调度现场情况，派副部长兼国家矿山安监局局长带领专家组连夜赶赴现场，调国家矿山救护队，调最好的钻机设施支援，对全国矿山安全部署检查。山东省委书记、省长都请假回去组织救援。虽然经 650 多名救援人员连续 15 个昼夜不惜代价打井救援，成功救出 11 名被困人员，但最终还是造成 11 人遇难。这件事因为瞒报，全国反响强烈，栖霞市委书记、市长因瞒报事故被公安机关依法予以刑事拘留。领导干部在这种重大原则问题上，不能有半点含糊，不能有任何侥幸心理。绝对不要相信那些拍胸脯能把被困人员都救上来的人，他要真有这个本事就不会出大事了，出事后有的连地底下基本情况都搞不清，着急忙慌组织人下去救援，往往还会引发新的事故；也绝对不要相信他能无声无息把事抹平了。我们经历的多少事实证明，瞒得了一时、瞒不了长久，有的刚瞒一天两天，指挥中心就会接到电话要求核实是不是哪里出了事还没上报，结果一查一个准。领导干部在关键时刻一定要站稳立场，在得知事件发生后，首先，一定要毫不犹豫第一时间上报信息，报告越早就越能争得救援时机，报告越晚越被动、问题越严重，因为问题性质发生变化了，从工作失误、工作作风问题变为弄虚作假、违纪违法的问题。其次，关键时刻要冲在一线，要敢于直面矛盾，敢于斗争，敢于到第一线指挥，避免丧失最佳处理时机。中央领导同志多次举过两个例子，我印象很深。一个是贵州瓮安"6·28"事件，当时的瓮安县委书记比较年轻，外面都闹起来了，他开会商量如何处置，从电信大楼开到人民武装部，换了两个会场，几个小时也拿不出有效措施，失去处置时机，导致现场失控，酿成县委、县政府和县公安局、财政局大楼被砸、被烧的恶性事件。另一个是黄兴国在担任天津市委代理书记时天津港发生爆炸事故，他认为天津港是归交通运输部管的，事故过去7天后，其本人才首次也是唯一一次出现在事故新闻发布会现场。这些案例启示我们，作为党的领导干部，关键时刻必须敢于负责，这是对党性最直接的检验。出了事情，要及时向上级报告真实情况，发生重大突发事件必须向党中央、国务院报告，要勇于承担责任、亡羊补牢，尽力化危为机，这是一个党员领导干部必须具备的党性原则和责任，也是必须牢牢守住的底线。

应该说，我们绝大多数领导干部在守底线防风险方面做得是很好的，在面临重大风险时是能够扛得住的，充分体现了我们党"立党为公、执政为民"的执政理念；特别是在一些地方发生重特大灾害事故时，相关领导干部自己压力很大，有的明知自己可能要被追责，但仍然坦然面对，既当指挥员，又当战斗员，冲在一线、忠实履职，把抢险救援救灾工作放在第一位，尽最大努力减少人民生命财产损失，展现了共产党人不计个人得失、一切为了党和人民的高尚政治品质，我常在现场看到这样的领导干部，内心对他们充满敬意，为他们而感动！

当今世界百年变局深刻变化前所未有，我们面临的矛盾风险挑战前所未有，各级领导干部特别是中青年干部要始终保持强烈的忧患意识、底线思维，做好随时应对各种风险挑战的准备，勇于在斗争实践中不断成长，敢于在防范风险和应急处突中经受考验，甘于在无私奉献中成就人生境界。

第 二 讲

扛起有效防范化解重大风险的政治责任

我国是灾害多发频发的国家，必须把防范化解重特大安全风险，加强应急管理和能力建设，切实保障人民群众生命财产安全摆到重要位置。

——2018年2月26日至28日，习近平在十九届三中全会上作的
《关于深化党和国家机构改革决定稿和方案稿的说明》

防范化解重大风险，是各级党委、政府和领导干部的政治职责，大家要坚持守土有责、守土尽责，把防范化解重大风险工作做实做细做好。

——2019年1月21日，习近平在省部级主要领导干部坚持底线思维着力防范化解重大风险专题研讨班开班式上的讲话

防范化解重大风险是各级党委、政府和各级领导干部的政治职责，如何履行好这个职责是对我们各级领导干部的重大考验。结合应急管理部组建几年来的实践，和大家谈些认识和体会。主要讲四个方面：一是应急管理部组建情况；二是打出一套防范化解风险的"组合拳"；三是深化重点整改、推动吸取教训；四是领导干部要在防范重大风险中担当履责。

一、应急管理部组建基本情况

2018年党和国家机构改革，整合原来分散在11个部门的安全生产、防灾减灾、应急救援等方面的职能，组建应急管理部，是对我国应急管理体制机制的系统性、整体性重构，最主要目的是更加有力有序有效防范和应对重大安全风险。在应急管理部组建之初，各方面是有不少疑虑和担心的。主要担心的有三点：一是担心十多项职能交到一个部门，既要管安全生产监管监察，又要管各类灾害的防灾减灾救灾，职能这么多会不会手忙脚乱，那么多部门合在一起能否形成合力，在发生重特大灾害事故后能否扛得住、处置得好？二是公安消防部队、武警森林部队转制后，不再属于军队管理，能否稳住队伍，能否保持战斗力；从过去单一防灭火转型为"全灾种"综合性应急救援的主力军、国家队，能力素质能不能跟得上？三是担心是否会弱化安全生产工作。原国家安全生产监管总局是个正部级单位，过去专抓安全生产还感到很吃力，现在十几项职能合在一起，会不会顾不上安全生产，全国安全生产形势会不会出现大的滑坡？有的应急管理专家坦言：多目标难以协调，不看好这个新部门。经过 4 年多的发展，在以习近平同志为核心的党中央坚强领导下，在深化党和国家机构改革协调小组的统筹协调下，我们坚决贯彻党中央、国务院决策部署，以创新的思路、改革的办法和有力的举措奋力破解难题，以实际行动和实际效果逐步消除了人们的各种担心疑虑。我们在完成各项应急任务的同时，主要抓了三个方面的工作。

（一）用习近平总书记重要讲话精神和中央改革精神统一思想

在此次党和国家机构改革中，可以说应急管理体制改革涉及职能人员调整最多、挑战最大、任务最重。顺利完成转隶任务是改革的第一步，既关系到中央决策部署的落实，也关系到应急管理事业的发展和未来。2018 年 3 月 22 日，中央组织部负责同志宣布应急管理部党组（2020 年 3 月改为党委）成立时是在原安监总局进行的，当时其他转隶部门的人员还都没有到位，据了解有些部门的同志还不想过来。我们党组分析其中原因，认为主要有三种倾向：一是存在思想落差不想转。比如国办的一些同志认为转隶后将失去近距离服务国务院领导同志的机会，工作平台变更、后续职业道路选择收窄，同时也失去了在中南海工作的荣誉感，他们中绝大多数都是从各部委选拔上来的，突然返回部委，或多或少存在不想转的思想。再比如公安消防部队、武警森林部队，原本是现役部队，有着军人特殊的荣誉和保障，多年的军旅生涯对部队产生了深厚的感情，有着强烈的军人情结，突然脱下军装变成行政编制的"民间"队伍，不少人从情感上难以接受。二是存在畏难情绪不愿转。按照从"单一灾种"到"全灾种、大应急"的转变要求，很多部门转隶后将面临着工作范围扩大、工作任务增多、协调难度加大等局面，担心很难适应新岗位新职能需要。比如，国家防办转隶后，水文监测、河湖水库调度等协调工作从水利部的部内协调变成了部门之间的协调。再比如，武警森林部队以前专职负责森林火灾扑救，而转隶后要承担地震等救援任务，在非重点防火期还要作为机动队承担很重的防汛救援任务，他们原本就没有地震、防汛救援的专业队伍、装备和工作经验，有的同志对肩负起应对全灾种的主力军、国家队的职责心里没底。三是对未来"迷茫"不敢转。需要转隶的部门绝大多数都是专业部门，有的同志认为应急管理部是综合协调部门，担心转隶后脱离原专业部门、失去专业优势，而且缺少了相关事业单位的支撑，"远离"了专业阵地，工作缺少了抓手，对未来感到任重道远、前途迷茫。

我们第一时间集中起来，认真学习领会习近平总书记关于深化党和国家机构改革的重要讲话精神和《中共中央关于深化党和国家机构改革的决定》《深化党和国家机构改革方案》，深刻领会党中央推进应急管理体制改革的战略意图和目标要求，认识到组建应急管理部，就是要整合、优化、统筹应急力量和资源，提高国家应急管理水平和防灾减灾救灾能力，履行好防范化解重特大安全风险的政治责任，更加有力有序有效应对各类灾害事故、保护人民生命财产安全。这项重大改革对于防范重大风险挑战、推进国家治理体系和治理能力现代化，实现国家长治久安、实现中华民族伟大复兴宏伟目标具有重要意义。具体来说，第一，可以实现对安全风险的全过程管理。成立应急管理部门，专职谋划推动事前防范化解安全风险、强化应急准备，事中快速指挥调度、强化协同应对，事后及时总结评估、强化改进提升。第二，可以实现应急工作的综合管理。由一个专职部门平时负责顶层设计，统筹推进相关法律法规政策规划和标准建设并抓好实施，强化责任、推动落实；及时迅速调动救援队伍并牵头协调各方面力量开展抢险救援，大灾发生后协助中央指定的负责同志开展指挥协调工作，提高应急救援的效率和水平。第三，可以实现应急力量资源的优化管理。将分散资源整合为综合资源，将低效资源整合为高效资源，解决长期以来低水平重复建设问题，提升应急救援专业化水平和国家综合应急救援能力。

为此，我们坚持用习近平总书记的重要讲话精神和中央改革精神推动各部门统一思想，主动上门沟通，一家一家地去谈，最终各家都统一了思想和认识。国务院办公厅带头坚定执行中央制订的改革方案，除保留负责国办机关日常政务值班人员，其余由应急办主要负责人带队全部转隶，做到应转尽转，并和民政部救灾司一起在 4 月 16 日应急管理部挂牌前转隶到位。其他部门陆续开展对接，当年年底前全部转隶到位。我深深体会到，组建应急管理部、理顺体制职责的过程，就是用习近平总书记重要讲话精神和中央改革精神统一思想的过程，就是学习贯彻习近平总书记重要讲话精神和中央改革精神的实践过程，在这个过程中我们也进一步加深了对组建应急管理部门这一科学制度设计的认识。

（二）在实践中厘清职责，处理好三个关系

习近平总书记强调，"要发挥好应急管理部门的综合优势和各相关部门的专业优势，根据职责分工承担各自责任，衔接好'防'和'救'的责任链条，确保责任链条无缝对接，形成整体合力"①。中央机构改革方案对各部门职责调整作出了明确规定，但各部门对改革后的各自具体职责边界、定位等理解和认识不尽相同。我们深刻领会习近平总书记重要指示和党中央机构改革精神，根据党中央、国务院机构改革方案，找准应急管理部主要职责定位：负责整体谋划全国应急管理体系和能力建设，综合推动防范化解安全风险，整合优化应急力量和资源，协调应对处置各类灾害事故，承担协助党中央、国务院指定的负责同志组织特别重大灾害应急处置工作的指挥部工作，既是国家防范应对各类灾害事故的综合性工作部门，又是需要每天 24 小时值守和随时应急的领导指挥机关。在具体职责划分方面，安全生产综合监管、自然灾害的综合监测、灾害事故处置救援是我们的主责。

面对自然灾害多发频发、生产安全形势严峻复杂、国际国内超预期因素冲击的情况，为保证在深入推进机构改革过程中，各

---

① 《习近平在中共中央政治局第十九次集体学习时强调　充分发挥我国应急管理体系特色和优势　积极推进我国应急管理体系和能力现代化》，《人民日报》2019 年 12 月 1 日。

有关方面能够协同配合有效防控重大风险和应对各类灾害事故，我们坚持边组建、边应急、边建设，按照"多向前迈一步""宁可抓重不可责任落空"的原则，在实践中逐步厘清各方职责，主要着重处理好了以下三个关系。

一是"统"与"分"的关系。由应急管理部承担灾害事故综合管理职责，就是要改变长期以来"九龙治水"的工作格局，建立统筹管理、统分结合的新机制。这个新机制遇到的主要问题是统什么、怎么统。我们与相关部门沟通，取得理解支持。其一，按照"三定"明确的职责任务"统"。中央的"三定"明确了各部门"分"的职责，也明确了需要担负"统"的共同职责。凡是职责明确应急管理部统筹的事项，我们积极担当负责，为各部门提供服务，通过在一次次的灾害事故处置中主动发挥牵头作用，各相关部门逐步"习惯了"由应急管理部门统筹，协同配合也更加高效。应急管理部门的统筹力协调力从中得到了锻炼和加强，权威性逐步显现。其二，健全协调机制"统"。按照"不立不破、先立后破"的原则，在没有建立统一的统筹协调机制前，报请中央领导同志批准，对各议事协调机构的组成和人员进行重新调整，将国家防汛抗旱总指挥部、国务院减灾委员会、国务院抗震救灾指挥部、国家森林草原防灭火指挥部的总指挥（指挥长、主任）全部更改为分管应急管理部门的国务院领导同志担任，应急管理部主要负责同志任第一副总指挥（第一副指挥长、第一副主任），各相关部门负责同志分别担任副总指挥（副指挥长、副主任）或成员，将各议事协调机构的日常办事机构设在应急管理部，应急管理部分管负责同志担任日常办事机构的主要负责人,从机制上解决了应对环节的统筹管理、统分结合的问题。针对防治环节缺少相应机制的问题,我们联合国家发展和改革委员会、财政部报请国务院同意,建立了自然灾害防治工作部际联席会议制度,作为牵头部门之一,应急管理部行使统筹协调有关部门和单位提高自然灾害防治能力的职责。其三,建立工作机制"统"。我们从建部开始就与相关部门建立了风险联合会商机制。通过数百次会商协调,有效发挥了应急管理部门的综合协调优势和相关部门的专业优势。比如,在主汛期或遇有重大灾害性天气时,由应急管理部主持会商研判,气象部门负责预报"雨下在哪里",水利部门负责盯住"水流向哪里",自然资源部门负责监测"土滑向哪里",应急管理部门协调做好"人撤向哪里""队伍、物资调到哪里"。根据实际需要,我们还经常组成部门联合工作组、专家组,形成防灾救援救灾一体化的部门合力。

二是"防"与"救"的关系。这方面职能划分总体比较复杂,一开始大家的认识和角度不一,我们在实践中积极探索,遇到什么问题就研究解决什么问题,在实践中统一认识。例如,2018年6月1日至2日,内蒙古大兴安岭汗马国家级自然保护区和北部原始林区阿巴河林场先后发生重大森林火灾,这个时候,虽然应急管理部已经挂牌了,但原来设在国家林草局的国家森林防火指挥部办公室还没有转隶过来、武警森林部队也还未转制,中央领导同志给我打电话明确由我统一指挥,我就先按新的体制试运行,打电话给内蒙古、黑龙江两省主要领导组成指挥部,派林草局、武警森林部队领导分别到两省现场指导，我自己每天早上、晚上两次调度，经过两省各5000多名森林武警、消防队员和干部群众6个昼夜奋战，终于扑灭大火。通过两场森林火灾的实战，几个部门的同志、地方的同志都感到新的运行体制救援效率大大提高，防与救的职责边界也比较清晰。"防"还是森林草原部门和地方的职责，并且要打早打小，不能脱节、失控，小火变成大火。再如，防汛也是在实践中逐步达成共识。2018年7月8日，江西南昌、景德镇、九江等地发生严重洪涝灾害，10日湖南长沙，12日四川、甘肃相继发生严重暴雨洪涝灾害，10日甘肃舟曲顶崖局部崩塌形成堰塞湖，11日台风"玛莉亚"又给福建、浙江造成严重灾害，虽然国家防汛抗旱总指挥部办公室尚未转到应急管理部，但我们都立即组织水利、自然资源、气象等部门会商，启动应急响应、救灾响应，派出联合工作组，调拨救援救灾物资，并商财政部向福建、浙江、江西3省紧急预拨中央救灾资金1.8亿元，向四川、甘肃两省紧急预拨中央救灾资金1.7亿元，实现了救援救灾一体化。通过这些应急救援实践，大家普遍感受到，新的体制能够使职责比较清晰，能够发挥各自的优势并形成部门合力。

经过在防灾救灾实践中的探索和磨合，大家都对"防与救"有了共识。"防"是各部门的共同责任，涉灾部门在本行业领域负责相关灾种的预防工作，应急管理部门通过综合风险监测、编制和组织实施综合防灾减灾规划、开展灾后调查评估等措施，发挥好应急指挥机构作用，做好综合防范工作。"救"是应急管理部门的主要职责，是灾害事故应急救援的组织部门和国家综合性消防救援队伍的管理部门，但涉灾部门要防止事态扩大，做到灭早灭小。同时要确保责任链条无缝对接。在深化党和国家机构改革协调小组、中央编办的统筹协调和指导下，我们逐步厘清了与水利部门在水旱灾害、森林草原部门在森林草原火灾、自然资源部门在地质灾害、气象部门在台风灾害等方面"防与救"的职责边界，并以国务院办公厅和各指挥部文件形式印发各地实施。

三是"上"与"下"的关系。党中央明确，构建"统一指挥、专常兼备、反应灵敏、上下联动"的应急管理体制；突发事件应对法规定，我国实行"统一领导、综合协调、分类管理、分级负责、属地管理为主"的工作方针。我们对如何在改革过程中更好地落实中央要求和法律法规的规定，让改革发挥最大效益进行了深入思考和研究，并循序渐进在全系统构建上下联动的应急管理组织体系。建部之初的情况是，部里已经挂牌了，但各省区市还没有挂牌，部里已经转隶到位了，地方还没有转隶到位，这个阶段最容易出事，出了事也最难以应对。我当时在党组会上就提出，要加强对全国各级风险防范和应急处置的调度，指导各地抓早抓小，决不能出现应急管理部一挂牌、各地接连出大事的情况。为此，我们在全系统建立了24小时值班值守制度，部党组同志轮流值班，第一天从我开始以上率下，形成领导干部带头值守的制度，并完善了灾害事故信息报送机制，构建了自上而下的视频连通、现场直连、指令直达的应急指挥平台体系。我们坚持一切从实际出发，坚持规范性与机动性相结合，有意识地开始"多管"一点，只要是哪里出现重大涉险情况，还有重要节点、重大活动，我们都及时上线调度指挥，既提高了处置效率，也培训了干部、锤炼了作风，在改革初期确保了全国安全形势总体稳定。一年后，各地机构改革基本到位，我们明确了各级责任，并加强了对各地的指导和培训，推动各地建章立制，理顺了条块结合、以块为主的干部管理体制。从第三年开始，我们着力强化各级的规范化管理，压实各级责任，逐渐形成了以地方为主处置、国家加强力量和物资资金的调配支持和专家指导，"上""下"形成了良性互动。

（三）稳定队伍，不断增强队伍战斗力

转隶各相关部门认真贯彻中央决策部署，不折不扣完成改革目标任务，严格按照"人随事走"的原则确定转隶人员。转隶过来的队伍和人员总体素质高、能力强，多数都是本领域内的行家里手，能够解决复杂的专业问题。这么多不同专业背景、不同属性的队伍和人员集中在一起，怎么能够保持稳定、产生聚合力、激发战斗力？这是摆在我们面前的一道必答题。

我们坚持"优化、协同、高效"的机构改革原则，加强职能融合和重塑，构建防灾、减灾、救灾、指挥、救援、监管、执法、保障等分工清晰、互为衔接的内设机构职能体系。在机构设置上，充分考虑履职需要，体现加强党的全面领导，统筹业务司局和综合司局设置，合理确定处室设置和规模，不搞简单的"搬家"，提高机构设置的科学性和有效性，努力让干部有舞台、有奔头、有干劲、有作为。对于安全生产职能，党组明确作为应急管理的基本盘，必须始终抓紧抓牢，做到机构一个不减、编制一个不少，

确保安全生产工作只能加强不能削弱。同时，我们要求应急管理全系统把习近平总书记重要训词精神作为一致性要求，按照实战部门、战斗队伍严格进行管理，几年来，整个系统干部队伍整体水平明显提高，战斗意志得到磨砺，专业素养有效提升，实战能力显著增强，"平安守护者""时刻准备着""群众过节我们过关"的责任担当更加自觉，应急处突的作风更加硬朗，干事创业的劲头有力提振，得到了社会各界和人民群众的充分肯定，树立了应急管理队伍新形象。

特别是在公安消防和武警森林部队转制中，广大指战员坚决拥护中央改革决策部署，忠实践行习近平总书记重要训词精神，对标应急救援主力军、国家队定位，坚持24小时驻勤备战的实战化纪律部队建设标准，队伍保持安全稳定和正规有序，打赢了一场场大仗硬仗，圆满完成各项重大任务，做到了思想稳定、队伍稳定、战斗力增强。这主要得益于以下四个方面：

一是崇高的荣誉。两支部队转制组建国家综合性消防救援队伍，自始至终都是在习近平总书记和党中央、国务院亲切关怀下，在中央领导同志亲力亲为下进行的。习近平总书记和党中央、国务院对两支队伍既给予特殊的关怀、崇高的荣誉、有力的保障，也对保持队伍严明的纪律、严密的组织、坚强的战斗力提出明确要求。2018年11月9日，党中央、国务院在人民大会堂隆重举行向国家综合性消防救援队伍授旗仪式，习近平总书记授旗并致训词，亲自决定队伍改革转制中的重大问题，亲自审定"1+3"框架方案和队旗、队徽、队服和誓词，在半年时间内给20万人的队伍量身打造全新制度设计，构建了尊崇消防救援职业的荣誉体系。2021 年 11 月，习近平总书记又亲切接见了全国应急管理系统先进模范和消防忠诚卫士表彰大会代表。这些都是党和人民给予这支队伍的无上荣光和崇高荣誉，也是激励队伍赴汤蹈火、不怕牺牲、不懈奋斗的动力源泉。

二是人民的需要。消防救援队伍为人民而生、为人民而建、为人民而战，是同老百姓贴得最近、联系最紧的队伍，我们要求队伍始终秉持"人民至上、生命至上"的价值追求，要怀着对人民群众的深厚感情，与群众心连心、同呼吸、共命运，救民于水火、助民于危难、给人以力量，坚决扛起保民平安、为民造福的职责使命。几年间，"火焰蓝"的形象已厚植在人民群众心里，队伍越来越受到群众的欢迎和拥护。比如 2018 年 8 月，山东寿光遭受严重洪涝灾害，我们从山东和周边省份组织 5000 余名消防救援人员携带重型装备驰援寿光，半个月的时间里，不分昼夜连续作战，共营救群众 204 人，成功搜寻出 2 名失联人员，清理淤泥 6.5 万立方米，清理废弃物 4300 余吨，帮助受灾菜农抽排涝水 1100 余万立方米，4.3 万个大棚提前数月种上蔬菜。这次救灾行动是应急管理部成立后第一次大规模跨省增援行动，也是汶川地震救援后组织的第一次大规模跨省增援行动，部署这次行动是为了贯彻习近平总书记 7 月 19 日的防汛救灾重要指示所采取的重大措施，也是为了锻炼队伍、加快适应转制之后多灾种救援的实际需要。以前消防灭火行动多是快速的短时间的战斗，很少有几天几夜，这次长达 15 天，不仅昼夜不断，还要经受白天烈日烤、晚上蚊虫咬，指战员们不仅经受了长时间排涝救援救灾的磨炼，也直接接触群众，亲身感受到人民群众对这支队伍的需要和热爱。为了不打扰群众，我们决定在凌晨悄然撤离完成救援的各省市消防队伍。当地群众得知消息后，纷纷来到公路两旁等待，看到共同奋战半个月的消防指战员们真的走了，广大群众恋恋不舍，他们纷纷挥手致意，有的还鞠躬感谢，许多人流下热泪。他们有的在夜幕下等了大半夜，就是为了向消防指战员们道一声感谢。后来，当地群众还纷纷要求把第一批灾后蔬菜送到应急管理部来，寿光市委、市政府与我们联系，我们代表全体消防指战员婉拒了这批宝贵的蔬菜、接受了人民群众的深情和厚爱。这次行动使整个队伍受到了一次深刻的人民队伍为人民的宗旨教育，也成为队伍向"全灾种、大应急"转变的重要标志。

三是严明的纪律。根据习近平总书记关于消防救援队伍建设的重要指示精神，我们按照24小时驻勤备战的实战化纪律部队要求，实行严肃的纪律、严密的组织管理，探索建立了一整套严格管理的制度办法。我们坚持把支部建在队站上，继续实行党委统一的集体领导下的首长分工负责制和政治委员制、政治机关制，确保这支队伍始终在党的绝对领导之下。我们坚持加强理想信念、职业使命和光荣传统教育，坚持从严管理，健全教育训练、执法执勤、日常管理、考核奖惩等制度规定，强化纪检、审计、巡视等监督，严格规范执勤、训练、工作、生活秩序，以铁面无私的态度狠抓廉政建设，努力打造一支纪律严明、铁令如山的过硬队伍。转制后，国家综合性消防救援队伍既要季节性地防汛防台风、防雨雪冰冻、防森林草原火灾，又要全年防地震、防火灾、防事故，消防队伍的救援任务总量增加了30%、森林消防增加了2/3，整个队伍始终保持"24小时驻勤备战"等应急反应机制，始终保持着枕戈待旦的应急状态，始终保持奋发向上的进取精神和敢打必胜的战斗精神，战斗力显著提升，相互配合更加高效协同，主力军、国家队作用得到充分发挥。

四是有力的保障。我们把做好两支部队转制后的保障工作作为保持队伍稳定并尽快提升战斗力的基础性工作，积极推进相关配套政策文件出台。我们坚持消防救援队伍担负特殊职责使命，必须采取特殊的保障政策。在习近平总书记和党中央、国务院的亲切关怀下，在全国人大常委会、中央军委和中组部、中央政法委、中央编办、公安部、人社部、财政部、退役军人事务部等相关部门的支持下，及时出台了消防救援衔、队伍管理、干部选任、消防员招录、力量调动、职业保障等31项改革配套政策，地方党委政府也十分关心爱护消防救援队伍，已经出台了430个地方文件，我们在内部还制定实施了18项管理规章，逐步构建起符合消防救援职业特点的保障机制。

通过几年的努力，应急管理部统筹应急管理工作，强化了全灾种、全过程管理和力量资源优化管理，初步形成了系统完备、协同高效的应急管理工作格局。应急管理体系逐步完善，防抗救能力一体化显著增强，改革成效在防控重大安全风险中得到充分检验，新体制新机制新队伍的优势日益显现。概括起来有三个特点：其一，风险防范更加主动。改革后，更加注重关口前移，加强源头防范。通过统筹实施自然灾害防治九项重点工程和全国自然灾害综合风险普查，提升了灾害防治能力，通过开展安全生产专项整治三年行动和重点行业领域专项整治，标本兼治提升本质安全水平，自然灾害和安全生产底线筑得更牢。与前 5 年相比，机构改革后的 5 年里全国年均发生重特大事故由 37.6 起下降到 16.2 起，一次死亡 30 人以上的特别重大事故由年均 3.4 起下降到 1.6 起，分别下降 56.9% 和 52.9%；2022 年全国生产安全事故总量和死亡人数比 2017 年分别下降 50.4%、44.6%；五年中有三年（2018 年、2020 年、2021 年）没有发生一次死亡 30 人以上的特别重大事故；全国年均因灾死亡失踪人数、倒塌房屋数量、直接经济损失，比前 5 年均值分别下降 54.3%、76.4%、23.0%；创造了新中国成立以来事故起数、死亡人数和自然灾害死亡失踪人数三个最低，以及特别重大事故的最长间隔周期。其二，应急准备更加充分。改革带来的明显变化就是强化了应急准备，把握了应急主动，随时做好应对各种灾害事故的准备，始终处于秣马厉兵、控箭在弦的临战状态。其三，应急救援更加高效。探索建立了"扁平化"应急指挥模式，构建全国应急救援"一盘棋"组织指挥机制。"力量跟着灾情走、救援抢在成灾前"，大大提高了救援效率，有效应对处置了一系列重特大灾害事故。

在 2021 年下半年，相关部门曾对改革后应急管理体制运行情况进行过调研评估。在调研中，大家普遍把改革带来的变化概括为"三个不一样了"和"三个没有想到"：重视程度不一样了，作用发挥不一样了，推动力度不一样了；没有想到过去多年想解决的难题逐一破解，没有想到短短几年应急管理体制能运行得这么好，没有想到应急人随时准备赴现场已成为工作常态。

应急管理部改革组建的这几年，有力有序有效应对了历次重特大灾害事故，扛起了防范化解重大安全风险的政治责任，基本完成了改革任务，初步实现了党中央对应急管理改革的目标和意图。之所以能够取得这些显著成效，根本上得益于以习近平同志为核心的党中央的英明决策和坚强领导，得益于党和国家机构改革的科学设计和有效实施，得益于我们队伍的奋发有为和拼搏进取，得益于各地区各有关部门协同配合和全社会鼎力支持。

二、打出一套防范化解安全风险的"组合拳"

防范化解安全风险，保护人民群众生命财产安全是应急管理部门的主责主业，如何出招发力，确保做得实、走得稳、见实效，对新组建的应急管理部门来讲确实是个严峻考验。这几年来，我们探索形成了一套防范化解风险的"组合拳"，这一套打下来，心里就基本有底了。这里作简要介绍，供大家参考。

（一）快速上手全面排查安全生产风险隐患

应急管理部成立之初面临一个最紧迫的现实问题，就是防风险、控事故、保稳定。因为当时机构改革还没有完全到位，各项工作还在理顺过程中，客观上有人心不稳、精力不集中的因素。因此，习近平总书记在十九届三中全会讲话中专门强调，机构改革期间，特别是负责安全生产、应急救援的部门，一定要始终绷紧神经，不能有丝毫松懈、半点马虎。这是报告中唯一对部门提出的特殊要求。接着又多次指示批示要求把安全生产牢牢抓住，不能出大问题。我们感到肩上的担子很重、压力很大。怎样才能有效防住风险、稳住形势？这如同打仗一样，谋划全盘，首先要谋划打好第一仗，就是确定先从哪里下手、朝哪里出拳。部党组分析研判认为，贯彻落实好习近平总书记重要指示，防控住重大风险，首要的是安全生产不出大问题，第一位的就是要主动出手、全面排查风险隐患，尤其是把重大安全风险隐患揪出来，给全国正在组建的应急管理系统竖起一个靶子，做到有的放矢、精准治理。所以，应急管理部领导班子 2018 年 3 月 22 日刚宣布，牌子还没有挂起来，我们就在 3 月 29 日召开全国加强安全生产防范重特大事故视频会，这也是应急管理部成立后的第一个全国性会议，全面部署抓住容易出大事的重点行业领域，着重查大风险、除大隐患、防大事故。首先排查煤矿，防止发生大的矿难。我们把地方煤炭行业管理部门和国家煤矿安全监察机构的专业人员组织起来，对煤与瓦斯突出、冲击地压、高瓦斯、水文地质类型复杂、采深超千米、单班下井人数超千人等六类矿井，一一进行全面"体检会诊"，大矿小矿全覆盖。对存在超能力生产、瓦斯超限作业、采掘严重失调等重大隐患的，严格落实停产整顿等"七个一律"措施，一年下来调整解聘不合格矿长 1055 人，淘汰不具备基本安全条件的落后产能煤矿 830 余处，煤矿安全形势基本稳控住。同时排查危化品，为增加排查的针对性，我们组织制定了风险评估指南，按照重大隐患判定标准，全面开展危化品生产、储存企业安全风险评估诊断分级，并建立了风险研判与承诺公示制度。首次把全国化工专家组织起来，对 53 个危化品重点县进行技术指导服务，20 个风险较为突出的省份建成了安全风险"一张图一张表"，并排查确定了化工企业搬迁改造目标任务。再就是，紧紧抓实消防，组织和指导各地区开展火灾隐患大排查，加强联合监督检查，对大型商业综合体、人员密集场所、电动自行车、文博建筑等进行重点检查，按照"一部门一建议、一行业一对策"方式，深入排查、以查促改。全年检查社会单位 1000 余万家，对排查发现的重大火灾隐患，依法查封 17.8 万处。以上三个领域，包括直接监管的非煤矿山、烟花爆竹、尾矿库、工贸等行业领域，应急管理部统一部署调动，同步开展全面排查。对道路交通、建筑施工、民爆物品、铁路、民航和水上运输、渔业船舶等行业领域，我们以国务院安委办名义，发挥好组织协调职能作用，督促各相关主管部门按照"三管三必须"的原则，各家负责开展风险排查管控。通过各方面努力，共同打出风险"排查拳"，特点是出手快、抓得准，在机构组建之年，边组建边行动，各方面一齐上手、重点排查，取得了初步成效，自新中国成立以来首次全年未发生死亡 30 人以上的特别重大事故，为机构改革顺利进行创造了良好环境。

（二）瞄准突出矛盾问题，开展专项整治三年行动

全面排查这一"拳"下来，解决了一些已经显现出来的风险隐患，所以出手快见效也快，但要真正解决深层次的突出矛盾问

题还远远不够。2019 年全国"两会"刚结束，江苏响水天嘉宜化工公司"3·21"特别重大爆炸事故发生了，这不仅给当地领导干部当头一棒，也给我们浇了一盆冷水。这一炸，多年积累的深层次问题彻底暴露出来了，我们梳理发现，全国危化品领域多年积累的问题已形成了系统性风险。一是品种低端危害大。我国化学工业多年来以年均 20% 以上的速度增长，我国化学品销售总额已占全球的 40%。化工总量大，但品种以中低端为主，国际上的四大类高风险化学品多在我国大规模生产。在全国生产和使用的化学品中，有的副产品未进行登记和科学鉴定，其危害和风险企业自己也不完全明白。二是企业管理粗放隐患多。当时全国生产、经营、储运危化品的企业有 21 万多家，大量的小化工企业管理不严，一些地方厂内厂外安全管理不严格、不规范，有的企业主要负责人和管理人员长期不在岗，员工睡岗脱岗，操作人员违法蛮干，但长期缺少管理，平时风险隐患排查治理流于形式，预案措施、处置演练都不到位。三是能力不足把关不严。一些地方重发展轻安全，建了不少不符合安全环保标准的企业，埋下重大风险隐患。响水事故之后，一些地方还没有被炸醒，仍然心存侥幸，该停的没停、该关的没关。一些执法人员怕承担责任，不主动执法检查，因为谁检查了，出了问题要追查，所以就不出事故不作为、出了事故被动应付。专业力量严重欠缺，851 个化工园区中具有化学化工专业背景的安全监管人员仅 653 人，平均每个园区不到 1 人，有的平时监管看不出问题，安全检查查不出问题，即使对上级组织的安全排查、明察暗访、执法检查，许多也是走形式，实际上安全风险隐患大量存在，反复检查查不出问题成为普遍现象。四是事故重发频率高。据统计，新中国成立以来，我国累计发生一次死亡 30 人以上的化工事故 23 起，平均 41 个月发生 1 起，而 2011 年到 2019 年的 8 年多时间就发生了 7 起，平均 15 个月 1 起，不仅时间间隔大大缩短，而且接连发生像天津港爆炸、江苏响水爆炸这样造成数百人伤亡的事故。

危化品领域的这些突出问题，在其他高危的重点行业领域中也不同程度存在。怎么治？我们全面落实习近平总书记关于从根本上消除事故隐患、从根本上解决问题的重要指示要求，下决心、下苦功夫，出重拳整治。在深入调研、综合分析的基础上，组织拟定了时间跨度从 2020 年至 2022 年的《全国安全生产专项整治三年行动计划》，上报党中央、国务院，习近平总书记高度重视，作出重要批示，国务院领导组织部署，我们成立工作专班具体抓，每年以国务院安委会名义组织开展多轮督导，推动地方各级党委政府和各有关部门按照方案开展两个专题、九个行业领域的专项整治，如果说"第一拳"集中排查是治标的话，那么三年专项整治这一"拳"则是重在治本，全面推进源头治理、系统治理，结合实际接长短板。

首先是接长最短的"板"。危化品系统性风险在所有行业领域中是最突出的，因此下的整治功夫最大。我们经调研并提请中央办公厅、国务院办公厅印发了《关于全面加强危险化学品安全生产工作的意见》，两办专门印发单个领域的安全生产文件，这在历史上是首次。为加大推进力度，国务院安委会设立了由国务院领导同志牵头的危化品安全委员会，这也是唯一的专业委员会。我们调动全国力量，按照"一园一策""一企一策"，组织开展危化品"全生命周期"系统治理。比如，在强化源头治理上，对全国 2.3 万余处危化品重大危险源实现线上实时监控预警；会同有关部门制定了完善危化品"禁限控"目录，坚持"管住增量、治理存量、提升园区"，引导化工行业集约规范发展，全国三年化工园区减少了 252 个，高和较高风险园区占比下降 17 个百分点，化工生产企业由最多时 2.4 万家降至 1.1 万家。同时强力推动园区专业监管力量建设，化工园区专业监管人员数量由 2021 年底的 2224 人增加至 5459 人，增幅达 145%，基本满足专业化监管要求。再如，通过严格落实安全和环境治理标准，完成 432 个化学品储罐集中区排查整治，对硝酸铵等 20 种危化品实施特别管控，推动企业淘汰和改造老旧装置 314 套。工信部门牵头开展了 1176 家化工企业搬迁改造工程；生态环境部牵头开展了危险废物专项整治，还与应急管理部建立了联合工作机制，加强环保工艺和技术设施更新改造过程的安全监管，效果都十分明显。自响水事故后，全国连续 40 多个月未发生重特大危化品事故，这也是历史上最长的一个间隔周期。

在专项整治中始终把煤矿安全整治放在突出位置。煤矿因其作业环境的特殊性、危险性，发生死亡百人甚至数百人的特大事故风险始终存在。因此，煤矿安全专项整治也紧紧围绕防范重大风险，治本提质。三年整治之后发生了"两个明显变化"：一是安全质量水平明显提高。全国减少煤矿 900 余处，30 万吨／年以下的小煤矿与 2019 年相比下降 72.5%；煤矿平均单井规模由 2019 年的 90.7 万吨 / 年提升到 120.8 万吨 / 年，规模 120 万吨 / 年及以上的煤矿产能占到总产能的 82.5%。非煤矿山的专项整治也是下决心淘汰关闭不符合安全生产条件的金属与非金属小矿山 8604 座，从源头上实现风险减量。二是风险防控能力明显增强。全国煤矿杜绝了单班入井千人矿井，2965 处煤矿实现一井一面或一井两面，占比达到 62.7%，有 107 处冲击地压和突出矿井核减产能 4348 万吨 / 年。大力开展"机械化换人、自动化减人"，全国煤矿智能化工作面已达到 1019 个，比 2019 年增加 744 个，采煤、掘进等环境恶劣工作岗位累计减少 6547 个，37 万矿工由井下转移至地面工作。三年专项整治中，在安全风险得到有效管控的同时，煤炭产量连年增长，2022 年达到 45 亿吨，创造了历史最高纪录。

专项整治中，坚持问题导向精准治理，抓住一个突出问题治理解决一类问题。2019 年无锡高架桥侧翻亡人事故，一下子"引爆"了社会舆论对"百吨王"的关注。事故车辆核载 32 吨、实载高达 160 多吨，这个问题在全国具有普遍性。国务院安委会组织工信、公安、交通等部门开展专项整治，三年查处"百吨王"货车运输 21.4 万起，撤销了 83 个存在"大吨小标"等问题的车型，并加大执法检查力度，全国高速公路平均超限超载率比三年前下降了 83.3%；同时，严格机动车生产企业及产品准入管理，暂停 1205 家汽车生产企业 3 万多个汽车产品合格证电子信息传送，从生产出厂环节控制住安全风险。在这三年专项整治中，居民自建房、建筑施工、燃气安全、消防安全、水上交通安全、农村交通安全、危化品运输安全整治等各项专项整治行动都下了很大功夫。

总体来看，三年专项整治成效明显。2020年、2021年连续两年没有发生特别重大事故，也是新中国成立以来首次；2022年重特大事故同比下降35.3%。尤其感到欣慰的是，在教育部、人社部支持下，全国各高校和高职院校共设置了1700余个安全生产相关专业，实施高危行业领域安全技能提升行动计划，安全专业技术人才培训工作取得重大进步。

（三）全面实施自然灾害防治九项工程

牵头抓好安全生产防范与自然灾害防治，是应急管理部的两大任务，也是必须握紧的"两个拳头"。在安全生产"防"的这一"拳"上打开了，自然灾害的"防"怎么打、怎么治？在2018年部成立的几个月内，我们就面临内蒙古大兴安岭汗马森林大火、超强台风"玛利亚""山竹"、山东寿光严重洪涝、云南墨江5.9级地震等自然灾害突发事件，虽然及时有效组织了应对处置，但感到不能总跟在灾害屁股后面，哪里出险就向哪里应急，总被推着走、撵着跑是不行的，必须按照习近平总书记"两个坚持、三个转变"（坚持以防为主、防抗救相结合，坚持常态减灾和非常态救灾相统一，努力实现从注重灾后救助向灾前预防转变，从应对单一灾种向综合减灾转变，从减少灾害损失向减轻灾害风险转变，全面提升全社会抵御自然灾害的综合防范能力[1]）的重要指示精

---

[1]《习近平在唐山市考察时强调　落实责任完善体系整合资源统筹力量　全面提高国家综合防灾减灾救灾能力》，《人民日报》2016年7月29日。

神,努力下好防范风险的先手棋、打好主动仗。我们在深入调查研究,复盘历史上发生的重大灾害教训的基础上,向中央提出了具体建议,中央领导同志采纳了我们的意见。2018 年 10 月 10 日,是载入我国自然灾害防治史册上的重要日子。这一天,习近平总书记亲自主持召开中央财经委第三次会议,发表了关于自然灾害防治的重要讲话,正式提出了实施提高自然灾害防治能力"九项重点工程"。经过一番准备,应急管理部作为总牵头部门,会同国家发展和改革委员会、财政部等相关部门,也是从 2020 年开始,几乎与安全生产专项整治三年行动同步,拉开了与自然灾害作斗争的三年攻坚战,总体"战法"就是:首开普查、夯实基础,快上工程、提升能力。

"灾害风险调查和重点隐患排查"是"九项重点工程"的第一项。这看似简单,好像就是一次调查摸底,实际上灾害普查不是一般意义上的情况普查,天上地下都涉及、山川河海全包括,面非常广,量非常大,难度也很大。从普查对象看,包括与自然灾害相关的自然和人文地理要素,覆盖各省、市、县、乡和镇(街道)、村(社区),以及重点企事业单位、社会组织和部分居民等。从普查内容看,涉及的自然灾害类型全部包括,即对地震灾害、地质灾害、气象灾害、水旱灾害、海洋灾害、森林和草原火灾等六大灾害的致灾因素进行全面调查摸底。从普查方式看,包括致灾调查与评估,也包括人口、房屋、基础设施、公共服务系统、三次产业、资源和环境等承灾体调查与评估,还包括历史灾害、综合减灾资源(能力)、重点隐患、主要灾害风险评估与区划等。

作为新中国成立以来第一次灾害综合风险普查，是一项重大的国情国力调查，是应急管理部组建后要干的一件大事。为此，国务院专门在应急管理部成立了普查办，参加的部门就有19个，也是"九项重点工程"中参加部门最多、组织层面最广、调动人力最大的一项。通过艰苦细致的三年普查，基本摸清了全国自然灾害风险隐患底数和重点地区抗灾能力。全国100%的乡镇、100%的社区（行政村）和7‰的家庭直接参与普查调查工作，覆盖超过3亿人次，获取了10亿条灾害风险要素数据，包括6大类22种灾害致灾要素、6大类27种承灾体空间位置和灾害属性信息、3大类16种综合减灾能力等海量数据，并且形成了国家级和省级100余项核心成果，初步建成了国家自然灾害综合风险基础数据库，同时坚持边普查边应用，不仅为重点工程建设出具了重要的支撑信息、为防灾减灾救灾工作划定了目标线路，更为新时代经济社会更高质量、更为安全、更可持续发展提供了灾害防治的科学决策依据。

其他八项重点工程也如期实现了"三年明显见效"的目标任务。一是重点生态功能区修复工程。该实施方案中的8个山水林田湖草沙生态保护修复试点工程基本完成，突出作用在于有效推进改善重点生态功能区水土严重流失等不良态势，对地质灾害防治意义重大。二是海岸带保护修复工程。重在修复了一大批红树林、砂质海岸、防护林和连岛海堤，提升了海岸带生态系统质量和稳定性，建立了与减灾协同增效的海岸带综合防护体系。三是地震易发区房屋设施加固工程。中央、省、市、县各级建立了跨部门会商协调工作机制，对设防烈度 8 度及以上重点区域的 229 个县（市、区）开展了示范性抗震加固工程，完成加固工程 377 万处，并形成了可复制推广的模式。四是防汛抗旱水利提升工程。包括中小河流治理、病险水库加固等 9 类建设项目，中央和地方累计投资 3800 多亿元；大江大河干流及大湖 I 至 III 级堤防达标率提升至 84%，国务院确定的 60 座补短板重点城市易涝区段基本得到治理，病险水库除险加固 8000 余座，安全风险总体可控。五是地质灾害综合治理和避险移民搬迁工程。按照预定目标，一批风险等级高、威胁人员多、搬迁难度大、具备工程治理条件的灾害隐患得到有效治理，一批风险等级高、治理难度大、疏散困难地区的群众得到避险搬迁，一批重点县城集镇、国省干线及水利工程等重要基础设施得到有效保护，一批工程治理新技术新材料得到推广应用，防御工程标准进一步提高。六是应急救援中心工程。建成了国家应急指挥总部；根据各区域灾害特点和快速救援半径，在全国规划建设 6 个国家区域应急救援中心，一旦发生重大灾害，先期迅速出动，提高救援效率。在前期落实项目规划、用地和人员编制的基础上，东北、西北、华中、西南、东南 5 个区域中心已于 2022 年底前开工建设，华北区域中心于 2023 年开工。应急救援六中心建设，对提高我国高效指挥和应对处置重大灾害具有里程碑意义。七是自然灾害监测预警信息化工程。初步建立了综合预警框架体系，气象、水旱、地质、地震、森林火灾等灾害监测预警水平进一步提升，地震预警网在重点地区推广覆盖，短历时暴雨洪水预警可靠度达到 70% 以上，较 2019 年之前的

50%有明显提升，主要江河关键期洪水预报精准度超过90%，综合风险研判效率大大提高。八是自然灾害防治技术装备现代化工程。在新型应急指挥通信、特种交通应急保障、智能无人应急救援等领域，取得多项重大突破，超大跨度应急桥、超轻多功能遥控抢险车、便携式急救机器人、无人机空中通信平台等应急装备达到国际先进水平；全国消防救援队伍各类消防车装备、器材智能化、模块化、标准化水平明显提升；重型装备不断升级，直升机、无人机、大型排涝车、水底救援机器人等陆续列装；国产大型灭火/水上救援水陆两栖飞机AG600接近实际应用。装备现代化工程突破了一批急需的关键技术装备，产业化发展取得积极进展。

"九项重点工程"是统筹发展和安全、服务国家重大战略的基础工程，中央高度重视。三年建设期间，中央层面组织三次综合督查检查推动。习近平总书记主持召开中央财经委第十一次会议，听取了应急管理部组织实施成效和后续工作建议汇报，中央财经办印发了三年之后的重点任务分工方案，相关部门纳入"十四五"规划及长远规划重点支持。届时，工程全面完成后必将把我国防灾减灾救灾工作推向新水平。

（四）压紧压实安全责任

生命高于一切，责任重于泰山。应急管理部门牵头负责的安全生产和自然灾害防治，都与人民群众生命安全紧密联系在一起，每个方面、每个环节都要明确责任、落实责任，否则，哪个部位断档都会出大事，这都有生命和鲜血的教训。机构改革后，为防止职责不清、责任弱化，从部成立一开始，我们就紧紧牵住防范化解重大安全风险这个"牛鼻子"，推动压紧压实各方责任。在党中央、国务院的关怀支持下，这一"拳"是很有力的，从制度和办法措施上筑牢安全责任防线。

应急管理部 3 月 22 日成立党组，4 月 16 日挂牌，4 月 18 日新华社就向社会公开发布了中办印发的《地方党政领导干部安全生产责任制规定》。在这个重要节点上发布，进一步表明了党中央对安全生产工作的态度，向地方各级党委政府和有关部门单位发出了两个明确的信号：一个是原国家安监总局撤销并入应急管理部，不是安全生产工作重要性下降了，安全监管工作职能改由一个部来承担，是进一步加强，安全监管的权威性应当更高；另一个更重要的信号是，党中央更加重视统筹发展和安全，新时代安全生产工作只能加强不能削弱，地方党政领导干部确保安全的要求只会越来越高、责任只会越来越实、力度只会越来越大。该规定在中办文件此前已明确党政一把手是本地区安全生产第一责任人的基础上，又进一步明确他们的具体责任，还突出明确了担任党委常委的政府副职分管安全生产工作，彻底改变了原来许多地方末位分管的状况，地方各级安委会主任也都调整由政府一把手担任，有的还实行党政一把手"双主任"负责制，这个改变是历史性的。对安全生产的考核也是如此。2021 年以前从未对国务院安委会成员单位进行考核，经请示，中央给予极大支持，我们以国务院名义已连续考核了两年，效果很明显，把各有关部门的"三管三必须"责任都压实了。还有一个很大的转变，就是自

2019 年起将消防安全、森林草原防灭火工作连同安全生产工作一并纳入对省级政府的考核内容,这也是以前没有过的。在防汛抗旱上,我们推动从上至下建立了严密的责任链条,印发了国家防总指挥部工作规则和成员单位任务分工,对组织机构、职责任务、工作程序一一作了明确细化,还以国家防总的名义明确了每个地区的包保责任人,每年汛前都向社会公布防汛抗旱和防台风行政责任人,并将责任体系一直延伸到村组和社区,工作抓得越来越严实。总体来看,因灾死亡失踪人员连年减少、安全生产形势持续稳定好转,都与全方位压紧压实安全责任有着直接关系。

(五)硬招实招治理根源性问题

无论是安全生产还是自然灾害防治,少数地方和企业在防范化解重大安全风险上屡屡产生重大失误、出大事,往往不是工作条件问题、能力问题,而是没有真正重视起来,有的说起来重要,干起来次要,发展压力一大就不要了。日常防范不用力,安全投入舍不得,关键时刻出了大事。出事的原因各有不同,但追根溯源还是指导思想问题,就是对习近平总书记关于防范化解重大安全风险的重要论述,对习近平总书记加强安全生产、提高灾害防治能力的重要指示,没有学深悟透精神实质,没有做到思想自觉、行动自觉,自然就没有自觉扛起防控安全风险的政治责任。这是最大最根本的源头性问题,所以必须出硬招、实招推动整改。

为强化各级领导干部人民至上、生命至上的思想理念,对发展决不能以牺牲人的生命为代价这个观念真正做到"非常明确、非常强烈、非常坚定"，经请示我们专门汇编了《习近平总书记关于应急管理重要论述摘编》，制作了《生命重于泰山——学习贯彻习近平总书记关于安全生产重要论述》，在中宣部支持下，集中开展学习教育，各级党委（党组）将宣传贯彻习近平总书记重要论述纳入党委（党组）宣传工作要点、纳入党委（党组）理论学习中心组重要学习内容，分级分批组织领导干部、企业负责人、安全管理人员进行轮训。我们还在由省长、市长、县长和分管负责人、有关部门单位主要负责人参加的全国安全生产电视电话会上，播放安全生产警示教育片，面对面地对"关键少数"进行警示教育，使与会的地方和部门单位负责同志受到很大触动，会后各地各部门立即组织，进一步层层抓好宣传教育，各级领导干部的思想观念有了很大转变，对安全生产的重视程度可以说前所未有。与此同时，为了更加有力有效防范遏制重特大事故，我们组织起草了《关于进一步强化安全生产责任落实坚决防范遏制重特大事故的若干措施》，即十五条硬措施，国务院安委会印发全国，推动落实。这十五条措施之所以硬，就硬在抓住领导干部这个关键，其中五条分别对地方党委、政府、部门、企业负责人的责任及如何追责问责进一步明确；还硬在抓住安全生产的关键，其中九条分别对安全大检查、项目规划审批、治理违法分包转包挂靠、灵活用工安全管理、打非治违、整治执法检查宽松软、加强安全监管执法队伍建设、重奖激励安全生产隐患举报、查处瞒报谎报迟报漏报事故、统筹发展和安全等一一提出明确要求，是解决安全生产突出问题的一服"长效药"。

出实招强化法治推动源头治理，也是一条基本经验、治本措施。为了解决法治不彰的问题，我们提请国务院、全国人大常委会修改了安全生产法，强化了企业的法定责任，大幅度提高了处罚标准；推动将安全生产领域"危险作业罪"纳入了《刑法修正案（十一）》，最高人民法院、最高人民检察院还配套发布了办理危害生产安全刑事案件适用法律若干问题的司法解释，明确规定了强令、组织他人违章冒险作业罪的具体行为方式和构成要件，彻底改变了过去只有出了事故且死了人才追刑责的状况，也就是以有力的刑法措施惩治事前违法行为，包括各类严重非法违法行为，即以罪论处，这也是对全社会、广大企业的一个警示，充分体现了安全第一、预防为主的法治精神。同时，配套出台了加强安全生产监管执法的意见，强化严格执法、规范执法、精准执法，切实解决查不出、治不了突出风险隐患的问题。为治理安全培训、安全评价等中介机构弄虚作假的痼疾，建立了评价、认证、检测、检验服务公开和报告制度，纳入法律规定，强制执行，接受社会监督，我们还联合公安、市场监管部门开展专项打击治理行动。

随着经济社会发展，安全风险在不断变化，排查整治也是一个动态的过程，但都有一定的规律可循。几年的实践证明，这套"组合拳"是精准有效的。当然，还要在实践中结合新情况新问题不断改进提高。

三、深化重点整改推动吸取教训

习近平总书记每次对发生重大灾害事故批示都强调要深刻吸

取教训，我们在实践中也深切体会到，认真吸取教训是防范化解重大安全风险的有效办法，对于各级领导干部应对风险挑战具有特殊意义。这里重点讲一讲我对吸取教训的认识和我当几个调查组、督导组组长，具体抓吸取教训推动整改的做法体会，希望大家能从中得到启发。

（一）吸取教训对领导干部意义特殊

恩格斯有句名言，"伟大的阶级，正如伟大的民族一样，无论从哪方面学习都不如从自己所犯错误的后果中学习来得快"①。毛泽东同志也说过"我是靠总结经验吃饭的"②。陈毅同志曾评价毛泽东同志的伟大之处就在于他不贰过。为什么能不贰过？毛泽东同志自己给出的答案是："错误和挫折教训了我们，使我们比较得聪明起来了，我们的事情就办得好一些。"③从错误或失败中吸取教训，吃一堑长一智，实际上是一个辩证的思维和科学的方法，对于推动各方面的工作都有着重要的意义。对领导干部来说，重视从事故灾害中吸取教训，主要有以下几个方面的特殊意义。

一是有助于掌握规律防控风险。有的领导干部对负责或分管应急管理工作感到心里很不踏实，认为风险的不确定性太大，难以把握。其实，应急管理是一种基于经验教训积累的应用科学，发生的绝大多数灾害事故都有先例可循，同类的灾害事故往往有

---

① 《马克思恩格斯全集》第 4 卷，人民出版社 2012 年版，第 79 页。

② 张珊珍：《"我是靠总结经验吃饭的"：学习毛泽东的思想方法和工作方法》，《学习时报》2017 年 2 月 27 日。

③ 《毛泽东选集》第 4 卷，人民出版社 1991 年版，第 1480 页。

它的共性。防范化解重大安全风险之道，很重要的一个方法就是认真吸取各类灾害事故的教训，自觉查找漏洞，整改问题，掌握规律，指导工作。比如说，有限空间经常发生亡人事故，都是不认真吸取教训违规操作造成的，分析这些事故，会发现有着明显的规律。首先，事故地点集中，地下有限空间主要有地窖、涵洞、污水井、电力井、沼气池等，地上有限空间主要有发酵池、粮仓、料仓等，密闭设备主要有储罐、锅炉等；其次，致死原因集中，包括中毒、缺氧窒息、燃爆、淹溺、坠落等；再次，操作或管理问题集中，未按照要求事前进行审批、施工人员进入有限空间前未通风换气、未进行检测或检测不合格就进入、未佩戴防护用品等；出现意外后盲目施救。各类事故灾害都可以通过总结吸取教训来分析和掌握规律。特别是对于刚负责或分管应急管理工作的领导干部来说，梳理总结事故灾害教训，能够让自己尽快掌握管辖范围内的安全风险底数，掌握事故灾害防范和应对能力状况，从而对工作中存在的突出短板和薄弱环节做到心中有数。

二是有助于解决问题防控风险。我国应急管理的工作基础总体比较薄弱，不少地方面临体制机制不顺、专业人员不足、基础设施建设滞后、社会本质安全水平不高等问题，虽然大家都不希望发生重特大灾害事故，但这是不随我们的意志转移的，灾害事故还在不断发生，尤其是自然灾害，我们能做到的，就是要正视灾害事故所暴露出来的问题下决心解决。过去难以统一思想和行动的、下不了决心的，现在就要抓住认真吸取教训这个机遇，变危为机，统一各方面的思想认识，汇集力量和资源进行集中攻坚。

像江苏、四川、河南、湖南等地就是抓住发生重特大灾害事故时机，认真吸取教训，解决了一大批长期积累的难以解决的问题，防控风险的能力水平上了大台阶。同时也有一些地方虽然发生了重特大灾害事故，但安全工作变化不大、进展缓慢，往往就是因为真正的教训没有总结出来，突出问题、深层次问题没有得到解决，形成了制约发展的"瓶颈"和"短板"，导致安全隐患越积越多，安全风险越拖越大。

三是有助于改进作风防控风险。有的同志认为，不认真吸取教训，与人的本性有关，人就是喜欢讲成绩，不喜欢讲教训；有的同志认为，不认真吸取教训，与文化有关，中庸文化讲和气、爱面子、不得罪人。我在工作中，通过深入调查和观察分析认为，不认真吸取教训，往往与我们一些干部作风不实、政绩观扭曲直接相关，一次次重特大灾害事故调查的结果证实了我的这一观点。两年前，一个地方发生重大矿山事故，有位领导干部打电话给我解释，说这起事故纯属就是一个偶然因素引发的，这个矿总体工作是好的，劝我们不要给太大压力。我是认真进行了调查的，告诉他，这起事故不只是一个偶然因素造成的，从头到尾多个环节都有重大安全隐患，而且这个矿长期严重违法违规，重大安全隐患一直没有得到整改，今天发生重大事故是必然的，国务院安委会决定挂牌督办，督导一定要深刻吸取教训，扎扎实实全面整改。因此，我们认为，深刻吸取教训体现的是严谨求实的作风，体现的是对党和人民真正负责的精神，发生了事故灾害，领导干部能否严肃对待问题、深刻吸取教训、狠抓整改落实，是考察领导干部党性强不强、作风实不实的集中体现。领导干部注重吸取历史的、他人的、自己的等各方面的教训，善于把教训变作财富，既有益于改进作风，又有益于改进工作，对于领导干部防控风险、提升自我有着特别重要的意义。

（二）吸取教训抓整改的几个典型案例

应急管理部一直高度重视总结灾害事故教训、举一反三改进工作，这既是认真学习贯彻习近平总书记重要指示精神的实际行动，也是根据应急管理工作特点，发挥自身优势，把握工作规律，提高防控风险能力水平的有效措施。我们主要从三个方面抓总结推动吸取教训工作。一是对新中国成立以来的重特大灾害事故全面梳理，总结规律特点，查找薄弱环节。比如对汶川地震、玉树地震、芦山地震和鲁甸地震，我们在总结抗震救灾好的经验做法的同时，深入研究短板不足，针对大灾初期往往出现"断、乱、慢"（断路、断电、断网，救援秩序混乱，行动缓慢）等突出问题，研究改进措施，重点加强应急准备，并组织演练。二是对新发生的重特大灾害事故和具有特殊性的灾害事故，都逐一认真总结推动吸取教训。三是紧紧抓住重大典型案例深入剖析，认真总结教训，不仅着力解决点上的问题，还推动解决面上的问题。我任应急管理部主要负责人的四年多时间里，先后担任国务院五个重特大灾害事故调查工作组、整治督导组组长，其中江苏响水"3·21"特别重大爆炸事故调查组与对江苏安全生产"开小灶"督导组是合并进行的，这里我集中讲一讲四起典型案例。

（1）江苏响水天嘉宜化工有限公司"3·21"特别重大爆炸事故。2019年3月21日14时48分，江苏响水天嘉宜化工有限公司旧固废库内的硝化废料爆炸，造成78人死亡、76人重伤，640人住院治疗，直接经济损失198635.07万元。调查认定，这是一起长期违法贮存危险废物导致自燃进而引发爆炸的特别重大生产安全责任事故。事故企业长期违法违规贮存、处置硝化废料，企业管理混乱，是事故发生的主要原因；环境影响评价、安全评价等中介机构弄虚作假，出具虚假失实文件，导致事故企业硝化废料重大风险和事故隐患长期未能暴露，干扰误导了有关部门的监管工作，是事故发生的重要原因。地方应急管理、生态环境等有关部门未认真履行安全生产监管职责，监管执法宽松软，相互之间执法信息不共享，联合工作机制不健全，对非法违法行为打击不力，客观上纵容了企业违法行为。

我们调查组总结事故的主要教训有八条：一是安全发展理念不牢，红线意识不强。江苏响水"3·21"特别重大爆炸事故不是偶然，不是一个企业、一个园区的问题，江苏省不少地方都存在类似的重大风险隐患，化工园区发展无序，安全管理问题突出。这充分暴露出江苏省、盐城市对发展化工产业的安全风险认识不足，对欠发达地区承接淘汰落后产能没有把好安全关；对新旧动能转换、产业结构调整等不够重视，对一些规模小、层次低、基础设施差、安全隐患突出的化工园区，缺少"壮士断腕"的决心和勇气；暴露出一些党政领导干部没有牢固树立新发展理念，片面追求GDP，安全生产说起来重要、做起来不重要，没有守住安全红线。二是地方党政领导干部安全生产责任制落实不到位。江苏省委、省政府 2018 年度对各市党委政府和部门工作业绩综合考核中，安全生产工作权重为零。5 年内更换 5 位分管安全生产的省级领导，且 2018 年响水县委常委会会议和政府常务会议都没有研究过安全生产工作。"党政同责、一岗双责、齐抓共管、失职追责""三管三必须"等安全生产责任制要求彻底落空。三是防范化解重大风险不深入不具体，抓落实有很大差距。江苏作为化工大省，近年来连续发生重特大事故，教训极为深刻，理应重视防范化解重大安全风险，但在开展化工安全专项整治中，缺乏具体标准和政策措施，没有行之有效的办法，使得防范化解重大安全风险停留在书面，形式主义、官僚主义严重。四是有关部门落实安全生产职责不到位，造成监管脱节。五是企业主体责任不落实，诚信缺失和违法违规问题突出。六是监管执法宽松软，对非法违法行为打击不力。七是化工园区发展无序，安全管理问题突出。八是安全监管水平不适应化工行业快速发展需要。

针对突出问题，调查组提出了 6 个方面的事故防范措施建议：把防控化解危化品安全风险作为大事来抓、强化危险废物监管、强化企业主体责任落实、推动化工行业转型升级、加快制定修订相关法律法规和标准、提升危化品安全监管能力等。就在调查报告和调查处理结果准备公布的时候，江苏省接连又发生了"9·28"特大交通事故、"10·10"高架桥侧翻事故、"10·13"小吃店燃气爆炸事故。这几起事故都集中发生在新中国成立 70 周年大庆前后，在全社会造成重大影响，习近平总书记作出重要指示，要求国务院对江苏省安全生产"开小灶"。国务院派出督导组，对江苏安全生产工作进行为期一年的专项督导，我是组长只能两边跑，部里克服困难派出两位部领导长驻江苏，带着发改、工信、公安、交通、住建等部委 100 多人，分成各个专项组全面深入查找问题、找准原因、督促整改。江苏深刻吸取教训抓整治，痛下决心彻底解决长期积累的安全风险问题，把国务院"开小灶"作为江苏加快高质量发展的重大机遇，明确提出通过一年的扎实整改实现"五个提高"，即提高安全红线意识、提高风险防控效能、提高安全管理能力、提高事故防范效果、提高安全治理水平。制定细化全省"1+27+1"治理方案，系统开展全方位、立体化治理整顿，解决了一批老大难问题、啃掉了不少"硬骨头"。当地领导干部思想观念发生深刻转变，企业和基层群众对安全更加重视；有效防范化解了一批重大隐患，全省安全形势发生明显好转，甩掉了多年事故第一的帽子；一大批安全环保低水平的化工企业关停并转，有力促进了经济社会高质量发展。同时，国务院对一个省安全生产"开小灶"在全国起到了以点带面的放大效应，各地区党委政府对安全生产工作重视程度明显提升，责任压得更实，更加注重统筹发展和安全。江苏省还形成了 32 项安全生产专项整治经验做法清单，为全国开展安全生产风险隐患集中整治行动和健全完善全国相关制度探索了路子、积累了经验。

（2）四川西昌"3·30"森林火灾。2020 年 3 月 30 日 15 时 35 分，四川省凉山州西昌市经久乡和安哈镇交界的皮家山山脊处发生森林火灾，直接威胁西昌市人民群众的安全。凉山州灭火指挥部紧急调集力量扑救，23时许，奉命增援的宁南县19名扑火队员，在上山赶往火场的途中遇风向突变，飞火断路，自救失效，不幸牺牲。经过三天三夜艰难扑救，至4月2日中午12时，明火基本扑灭。火灾造成各类土地过火总面积3047.78公顷，综合计算受害森林面积791.6公顷，直接经济损失9731.12万元。经调查认定，这是一起受特定风力风向作用导致电力故障引发的森林火灾。但暴露出地方党委政府和有关部门在思想理念、防控责任、基础设施、应急处置、指挥能力等方面存在诸多问题。

这是继2019年3月30日四川凉山州木里县发生牺牲27名森林消防员、4名干部群众的特大森林火灾伤亡事件后，相隔一年，在同一天、同一个州，又一次发生重大伤亡事件。习近平总书记作出重要指示批示，提出严肃批评，不能屡屡重蹈覆辙。经报习近平总书记同意，国务院派出督导组，对四川森林草原防灭火整治进行为期一年的专项督导，我们派两位部级领导带队在凉山州及四川省长期督导。督导组指导省里成立的"3·30"火灾调查组，从领导干部身上总结了四个差距的主要教训：一是差在思想认识上。人民至上、生命至上的理念没有树牢，没有把扑火人员的生命安全和群众的安全都放在第一位来综合考虑，不该上队伍的时候上了，违背"夜间慎打火、山上不宿营"的扑火常识，在没有当地指挥员、情况不明、地形不熟的情况下，贸然上山灭火，导致悲剧发生。二是差在风险意识、忧患意识不强上。一些领导干部过于强调当地森林火灾多发主要是地理条件特殊、少数民族习惯等客观原因，并认为当地直过民族改变习惯有个过程，只能慢慢来，缺少解决问题的紧迫感责任感，特别是"火灾年年有、无灾不成年"的思想根深蒂固，对风险麻痹大意，认识不深、作风不实，平时疏于防范、急时应对不力。三是差在根本解决问题上。2019 年木里"3·30"森林大火后当地就开展了整改，但问题剖析不深入、整改不到位，指导思想有偏差、防灭火基础设施不足、防火力量薄弱、火源管控不到位等一系列基础性根本性问题没有得到解决。比如，凉山州印发的相关文件和提出的整改措施中，对影响扑火安全的根本性问题分析不全面，没有针对性制定"防、抢、撤、救"等有效措施。四是差在统筹发展和安全上。当地没有根据本地实际，把森林草原防灭火工作摆在更加突出位置，面对工作中的老大难问题，一些领导干部抱有"鸵鸟心态"，能拖则拖，导致问题越拖越重，森林火灾多发高发，并接连发生重大伤亡事件。这些问题不只是凉山州存在，在四川其他地区也都不同程度存在，尤其是森林草原火灾多发的市州、区县。

针对凉山的问题、四川的问题，督导组突出政治督导、责任督导、措施督导、效能督导，明确思想认识、体制机制、责任落实、风险隐患、队伍建设、基础设施、宣传发动等 7 个方面督导整治重点。在一年的专项整治中，国务院督导组和四川省委、省政府以做到"两个维护"的政治自觉、思想自觉和行动自觉，动真碰硬、标本兼治、全面治理，取得实实在在的成效。四川省委为了加强凉山州领导班子，尽快改变被动局面，下决心将年富力强的四川省应急管理厅厅长任命为州委书记，接着又支持凉山州委调整两个县委主要负责人的职务。坚定的整治决心和有力措施，使一些领导干部长期存在的"山火年年有、防也防不住"的思想观念发生了根本性改变，省市县各级的指挥体制机制得到理顺完善，防火带、隔离带等基础设施建设和扑救能力得到大幅提升，全省森林草原火灾大幅下降，连续两年未发生重特大火灾、无人员伤亡，四川森林草原火灾多发频发、扑火伤亡事故屡现的被动局面得到明显改变。四川省森林草原防灭火专项整治形成的 30 项比较成熟的经验做法清单，推动全国各地解决了一批难题，促进了全国森林草原防灭火管理水平的提升。

（3）河南郑州"7·20"特大暴雨灾害。2021 年 7 月 17 日至 23 日，河南省遭遇历史罕见特大暴雨，发生严重洪涝灾害，特别是 7 月 20 日郑州市遭受重大人员伤亡和财产损失。全省因灾死亡失踪 398 人，其中郑州市 380 人，新乡市 10 人，平顶山市、驻马店市、洛阳市各 2 人，鹤壁市、漯河市各 1 人；经济损失 1200 多亿元。郑州市因灾死亡失踪人数占全省的 95.5%。这次灾害虽为极端天气引发，但集中暴露出许多问题和不足。这是近年来一次死亡人数最多的洪涝灾害，尤其是其中发生城市地铁 5 号线亡人事件、京广快速路北隧道亡人事件、郭家咀水库漫坝事件等，在全国引起强烈反响。党中央、国务院高度重视，习近平总书记多次作出重要指示批示，国务院决定成立河南郑州"7·20"特大暴雨灾害调查组，对这场历史罕见的灾难进行全面深入的调查。经过调查组 100 多人两个多月的调查，认定这是一场因极端暴雨导致严重城市内涝、河流洪水、山洪滑坡等多灾并发，造成重大人员伤亡和财产损失的特别重大自然灾害；郑州市委、市政府及有关区县（市）、部门和单位风险意识不强，对这场特大灾害认识准备不足、防范组织不力、应急处置不当，存在失职渎职行为。总体是"天灾"，具体有"人祸"，特别是发生了地铁、隧道等本不应该发生的伤亡事件。郑州市及有关区县（市）党委、政府主要负责人对此负有领导责任，其他有关负责人和相关部门、单位有关负责人负有领导责任或直接责任。

我们对这次特大暴雨灾害总结了 6 条主要教训：一是一些领导干部特别是主要负责人缺乏风险意识和底线思维。这次灾害来临前，郑州市委、市政府负责人特别是主要负责人主观上认为北方的雨不会大、风险主要在黄河和水库，对郑州遭遇特大暴雨造成严重内涝和山洪"没想到"，对近年来北京"7·21"、邢台"7·19"等北方城市暴雨灾害教训没有深刻汲取。说到底还是学习贯彻习近平总书记关于防范风险挑战重要论述没有入脑入心，政治判断力、政治领悟力、政治执行力不强，对人民生命、政治责任缺乏敬畏。这是主观上造成这场不可挽回损失的根本原因，也是全国各地和各级领导干部首先要从中汲取的深刻教训。二是市委、市政府及有关区县（市）党委政府未能有效发挥统一领导作用。郑州市委、市政府对整个防汛救灾工作统一领导不力，责任没有真正上肩。比如，在灾害防范准备最关键最要紧的 17 日、18 日两天，郑州市委、市政府主要负责人对防汛工作没有组织分析研判、动员部署、督促检查行动，有关区县（市）党委政府和部门基本上也是这种情况，防汛准备的"关键期"变为了"空白期"。郑州市委主要负责人没有把党委对防汛救灾工作的政治领导、思想领导、组织领导落到实处，没有充分体现党的领导政治优势和总揽全局、协调各方的作用。三是贯彻中央关于应急管理体制改革部署不坚决不到位。中央明确要建立"统一指挥、专常兼备、反应灵敏、上下联动"的中国特色应急管理体制，但郑州市设置了防汛抗旱指挥部、城市防汛指挥部、气象灾害防御指挥部、突发地质灾害应急指挥部等4个指挥机构，办公室分别设在应急局、城管局、气象局、资源规划局；防汛抗旱指挥部下又设了防办、河湖水利防办、城防办、黄河防办4个办公室，分别设在应急局、水利局、城管局、黄河河务局，机构重叠、职能重复、工作重合，导致防汛抗旱指挥部没有实际的指挥系统、指挥机制、指挥能力，失去统一指挥，关键时刻不能发挥应有作用。四是发展理念存在偏差，城市建设"重面子、轻里子"。郑州市作为新兴特大城市，近年来发展速度很快，但城市规划建设落实防灾减灾要求不到位，人民群众安全未得到有效保障，反映了一些领导干部政绩观有偏差，在完整准确全面贯彻新发展理念、统筹发展和安全上存在很大差距，没有把安全工作落实到城市工作和城市发展各个环节各个领域。五是应急管理体系和能力薄弱，预警与响应联动机制不健全等问题突出。郑州在连发5次红色预警的情况下才启动Ⅰ级响应，实际灾难已经发生。六是干部群众应急能力和防灾避险自救知识严重不足。

针对上述教训，我们提出了6个方面具体的改进措施建议：大力提高领导干部风险意识和应急处突能力、建立健全党政同责的地方防汛工作责任制、深入开展应急管理体制改革及运行情况评估、全面开展应急预案评估修订工作强化预警和响应一体化管理、整体提升城市防灾减灾水平、广泛增强全社会风险意识和自救互救能力等。河南省和郑州市都高度重视，河南省委、省政府制定深刻吸取特大暴雨灾害教训推进问题整改工作方案，并开展专项督导。郑州市从提高思想认识入手，从领导干部抓起，组织全市干部开展增强风险意识大学习、大培训活动，广大干部尤其是领导干部风险意识明显增强；系统梳理解决防汛救灾的短板弱项和薄弱环节，制订整改方案，层层压实责任，强化检查督导，整改工作取得明显成效。比如，调整优化防汛指挥体制机制，设立书记、市长任双指挥长的市防汛抗旱指挥部，细化领导岗位职责任务，使领导统一指挥得到加强和落实；建立灾害预警与响应联动机制，统一修订防汛应急预案，加强应急物资储备和基层应急救援力量建设，应急管理体系和能力得到提升；全面加强城市"里子"建设，加快推进防洪设施修复，完善地铁桥涵隧道安全管理和应急设施配备，推进城市地下空间备用供电、排水泵站等关键设施分类改造，防洪排涝能力实现阶段性提升。

郑州"7·20"特大暴雨灾害的教训，对全国城市安全管理尤其是北方城市防洪安全具有重要指导意义。调查报告公布后，各地党委政府都学习对照，认真查找自己城市的管理薄弱环节，排除了一大批安全风险隐患，更重要的是，增强了领导干部的风险意识、责任意识，真正感受到肩上沉甸甸的责任，并且更加重视如何在关键时刻履行好这份职责。

（4）湖南长沙"4·29"特别重大居民自建房倒塌事故。2022年4月29日12时24分，湖南省长沙市望城区金山桥街道金坪社区盘树湾组发生一起特别重大居民自建房倒塌事故，造成54人死亡、9人受伤，直接经济损失9077.86万元。调查认定，这是一起因房主违法违规建设、加层扩建和用于出租经营，地方党委政府及其有关部门组织开展违法建筑整治、风险隐患排查治理不认真不负责，有的甚至推卸责任、放任不管，造成重大安全隐患长期未得到整治而导致的特别重大生产安全责任事故。

调查组对这次事故总结了五条主要教训：一是学习领会习近平总书记关于防范化解重大风险重要论述不认真不深刻，风险意识薄弱。面对自建房安全这个城镇化过程中的突出问题，湖南省、长沙市、望城区一些领导干部对满大街的自建房违法建设、违法加层、违法经营带来的安全风险看不见、抓不住，任由风险越积越大、越积越多，最终酿成惨痛事故。问题的根子还是出在思想认识上，一些领导干部不认真学习领会习近平总书记有关重要论述，没有结合实际认真研究和排查身边的风险，对风险熟视无睹、视而不见，不知敬畏、不晓利害。二是落实责任不紧不实，不担当不作为。首先是细化责任不具体，导致自建房安全监管上下左右推责，都不认为是自己的责任，就不下力气解决问题。其次是督导检查走过场，一些领导干部习惯于开会发文要报表，不下沉一线检查抓落实，不深入实际及时发现解决问题，只重部署、不重实效，当地6次自建房安全整治都落了空。再次是考核评估不精准，对领导干部在任期内是否"新官不理旧账"，是否新增安全风险，没有建立相应的考评机制，以致一些领导干部责任没有真正上肩。三是发展理念存在偏差，政绩观错位。一些领导干部对安全发展认识不深刻，将发展和安全割裂开来，只重视经济发展的"显绩"，不重视防范排查化解风险的"潜绩"。近些年自建房粗放发展，在一些城市相当普遍，有的已形成系统性风险，反映了一些领导干部没有切实担起"促一方发展，保一方平安"的政治责任。四是立法滞后执法不严，行业安全监管宽松软。相关法律法规中涉及房屋安全的条款已不适应这些年经济社会发展，湖南省长沙市也缺乏可操作的地方性法规；一些涉及规划、房屋建设和使用的法规条款没有严格执行，既有执行不严的问题，对违法加层扩建多次执法没有采取制止措施，也有违法不究问题，放任不管引发更多人跟风违法，形成"破窗效应"，最后法不责众，对满大街的自建房违法改扩建行为不了了之。五是对基层能力建设重视不够，基层安全治理面临困境。这次事故暴露出基层安全风险防控能力薄弱的问题突出，面临权责失衡、人少事多、财力不足等多重困扰，一些领导干部未及时发现问题、帮助解决问题。特别是长沙市、望城区党委和政府对基层权责事项统筹不够，一些部门把本应由自身承担的事权下放给基层，望城区所辖街道承担了164项各部门下放的行政事项，这种"甩包袱"式放权，演变成了实际的"推责"，让基层力不从心、苦不堪言。

　　针对上述教训，我们提出了五个方面具体的改进措施建议：切实增强各级领导干部风险意识和安全发展能力、突出防控经营性自建房安全风险、标本兼治加强城乡自建房安全管理、压紧压实各级领导干部防范化解重大风险责任、大力提高基层安全治理能力等。湖南省、长沙市等高度重视问题整改，相关部门和地方全面梳理自建房安全管理相关法律法规和标准，推动制定、修订相关制度办法，在全国率先出台了《湖南省居民自建房安全管理若干规定》《湖南省自建房用作经营场所管理办法》等法规规定，并研究制定自建房重大安全隐患判定标准、技术指南等，加快补短板、堵漏洞。国务院安委会召开全国自建房安全整治电视电话会议，住建部在全国范围内部署开展了自建房安全整治"百日行动"，排查经营性自建房1716.8万栋，判定存在安全隐患房屋60.3万栋，对存在严重隐患、不具备经营和使用条件的32.4万栋采取了管控措施。其中，湖南省排查经营性自建房70万余栋，按照"改停封拆"的要求，对近3万栋房屋采取了管控措施。从湖南到全国，排查化解了一大批自建房安全风险，有效遏制了重特大自建房倒塌事故发生。

（三）对调查督导的思考

在以上四个典型灾害事故的调查处理中，许多做法都是历史性的首次，比如国务院对江苏一个省的安全生产"开小灶"是第一次，国务院对河南郑州"7·20"特大暴雨这样的全域性自然灾害调查也是第一次，国务院对一个省森林草原防灭火工作开展专项整治督导也是第一次。我们确实下了很大的功夫，也取得了一定的效果。我作为几个事故灾害的调查组、督导组组长，在深入调查、督导过程中，自己有许多深入的思考，大多已分别写在几份调查报告里，这里我综合几起典型案例，对总结吸取教训谈几点认识：一是调查处理要找准根本原因。引发重特大灾害事故的直接原因往往并不复杂，但造成这些灾害事故的各种因素往往很复杂，调查重特大灾害事故不能简单就事论事，要在查清各种因素的基础上，查清查实根本性的原因，否则，调查处理不符合要求，达不到目的。在这几起典型案例中，我们查实了领导干部指导思想上存在的问题，抓住这个根本问题就厘清了灾害事故原因的逻辑关系。比如四川西昌火灾造成重大人员伤亡，火灾直接原因是电线短路引发，伤亡直接原因是火场风向转变，间接原因包括防控不力、小火失控酿成大火，以及扑救专业队力量薄弱、防灭火设施严重短缺、指挥体系混乱，而根本原因是党政领导思想上不重视，认为火灾年年有，没有吸取 2019 年伤亡事件的教训，没有认真整改。抓住根本原因，总结吸取教训，推动整改就比较顺利，取得的成效比较明显。二是善于化危为机，解决长期积累的问题。冰冻三尺，非一日之寒。这几起典型案例暴露出的问题都是长期形成的老大难问题。比如江苏苏北地区引进的小化工是从 21 世纪初开始的，已经十多年了。长沙自建房安全问题也已经十多年，市里区里换了几届领导班子。还有四川凉山，森林防火问题更是由来已久，好在几个地方新的领导班子，尤其是省委、省政府主要负责同志既不怨也不推，主动担责新官理旧事，并善于抓住机遇，统一干部思想，解决长期难以解决的问题。经过一段时间艰苦努力，江苏小化工重大风险问题、四川森林防灭火重大风险问题、郑州防汛重大风险问题、长沙及湖南全省自建房重大风险问题，从源头上得到防控化解，可以说是认真吸取教训、善于化危为机的典型案例。三是要为总结吸取教训创造良好环境。总的看，现在自觉地吸取教训还不够，除非出事了，上级压着总结吸取教训，不重视总结吸取教训还是比较普遍的现象。无数事实证明，重视总结吸取教训，有益于防控风险，也有益于干部成长，我们就应当大力倡导。首先，领导干部要带头自觉吸取教训，包括历史的、自己的、别人的、国内外的教训，高度重视灾害事故教训的总结，亲自动手抓吸取教训、整改落实，为大家作出示范。其次，要为灾害事故更加深入细致的调查创造条件。国际上调查重大灾害事故的时间相对比较长，有的要一两年，有的长达数年，比较从容的时间可以把原因找得更准，问题研究得更深入，改进的措施也更加科学有效、管得长远。我们可以借鉴一些科学的做法，对灾害事故调查制度作出修订调整。再次，要对吸取教训、整改落实工作加强评估。有的可以评估一次，有的要连续数年跟进评估，并建议组织部门参与评估、用好评估结果，防止只停留在业务工作层面，防止整改缺少连续性、实效性。

四、领导干部要在防控重大安全风险中担当履责

我们无论是在安全生产和自然灾害防治的具体实践中，还是从重特大事故灾害的惨痛教训中，都深切感受到，防范化解重大安全风险、保护人民群众生命安全，是必须扛起扛好的政治责任。如何扛好？领导干部应从以下几个方面着手。

（一）强化坚决有力的领导

有三点需要格外注重：一是强化政治领导。就是要求各级党委政府、各有关部门和单位的领导干部，领导辖区、部门和单位的干部职工，毫不动摇贯彻习近平总书记重要指示精神和中央的决策部署。这个领导就是政治领导，这个领导力就是政治执行力，这是判断和衡量一个领导干部政治素质高低、能力强弱的基本标准，也是最重要的标准。比如，上面提到的几个典型案例，重大安全风险、突出问题隐患长期摆在那里，中央都有部署要求，但仍不重视、大而化之，不主动排查、有效解决，导致失去几十个、上百个鲜活的生命，能说这是坚持人民至上、生命至上吗？说贯彻中央防控重大安全风险的部署，实际行动在哪里、实际效果在哪里？所以，政治领导强，要体现在贯彻落实习近平总书记重要指示和中央的决策部署上，体现在统筹发展和安全两件大事上，真正以实际行动和实际效果做到"两个维护"。二是强化思想领导。中央有关部门专门编印《习近平关于防范风险挑战、应对突发事件论述摘编》，目的就是让各级领导干部完整、准确、全面理解和贯彻新发展理念，真正把防范化解重大安全风险提高到事关人民群众对美好生活的向往、经济社会更高质量发展、中华民族伟大复兴的高度来认识，切实解决安全摆位问题。只有思想自觉，才能做到行动自觉。为什么要对江苏、四川分别开展为期一年的集中督导？主要就是下力气集中解决指导思想的问题。如果领导干部自己的思想问题都没有解决好，认识上不去，方向把不准，抓起工作来就会与中央的部署要求不一致，就容易跑偏、打折扣。同时也会产生放大效应，上行下效、层层递减，防控风险就会漏洞百出。因此，要解决干部思想问题，首先要从自身做起，做到真学真懂、真抓真管。在此基础上，还要善于发挥思想政治工作这一党的优良传统和政治优势，教育本地区、本行业领域的各级干部，把防范化解安全风险的思想和行动统一到习近平总书记的重要指示精神和中央的决策部署上来，群策群力抓好落实。三是强化组织领导。就是要根据防控风险的具体要求，着眼全局立足本职，组织发动辖区内每个地方、每个行业领域、每个部门单位和社会广大干部群众，共同织密安全保障网，这也是对一级领导干部组织动员能力的考验。比如，在"防"的环节上，要把各有关部门组织起来，会商研判如何防控化解风险，重点风险组织攻坚化解；在"救"的问题上，要发挥各有关部门的综合优势和专业优势，各司其职，切实做到有力有序有效。无论是"防"还是"救"，都要运用好监督和考核手段，充分发挥党委管理干部的组织优势，激励各级领导干部在防控风险挑战中勇于担当、履职尽责。

（二）强化求真务实的作风干劲

防控安全风险，做的是人命关天的工作，必须更加注重求真务实。领导干部要时刻铭记习近平总书记的告诫，始终绷紧神经，决不能有丝毫松懈、半点马虎。在风险防控的过程中，要始终坚持问题导向、目标导向、结果导向，对中央的部署要求，结合本地实际，全面组织排查整治，就像打扫卫生一样，组织各地区和有关部门把每一个犄角旮旯的灰尘都要扫干净，特别是要注重把重大风险尤其是涉及全局性、系统性风险的场地、部位"扫"仔细，不能走马观花，三下两下比画一下就过去了，有些看起来不起眼的风险隐患往往就这样由小变大，最终酿成大事故。那"扫"出来的风险怎么办？实际上招数并不复杂，关键是要拿出硬招实招真抓真治，松垮拖拉是要害死人命的。湖南长沙"4·29"自建房倒塌事故调查中发现一个细节，2016年中共中央、国务院印发《关于进一步加强城市规划建设管理工作的若干意见》，明确用5年时间全面清查并处理违法建设。涉事违法自建房存在10年来，省、市、区先后组织了6次大的自建房集中整治，但工作不严不实，所在街道排查结果，问题均为"零""辖区无整治隐患"、涉事房屋"基本安全"，一条街上满是违法违规建筑但就是睁着眼说瞎话，区里、市里也都不审查，睁着眼看不见。不仅排查整治环节是这样，而且在工作部署阶段就出问题，层层拖延，糊弄了事。2020年7月，全国部署开展为期一年的"两违清查"（违法建设和违法违规审批专项清查），湖南省9月进行部署，长沙市2021年1月才印发方案，望城区2021年6月25日下发通知，还有5天就到了全国清查的结束时间，便胡编乱造，三次上报的数据竟有六七万条的差距。结果一次全国性的大清查就这样凑合对付过去了，一场特大灾难就这样在一次次不认真不负责中酿成了。所以，领导干部抓风险防控，从工作部署开始就要做细做实，排查的每一个环节都要抓紧抓严。否则，上面不实，下面必虚；上面松一尺，下面就松一丈。

对排查出的重大风险怎么解决？按照力度对等难度的原则，

发现大风险"大干部"就要主动上前，不能推、不能等，要亲自研判决策，响鼓重锤推进。郑州"7·20"特大暴雨灾害之后，为有效减少索须河下泄流量、减轻贾鲁河防洪压力，河南省决定在位于下游、可谓寸土寸金的高新区，将本已规划为产业用地的区域拿出来，投资 25 亿元新建占地 4000 多亩的庙湾水库①。下这样大的决心、付出这样大的代价，没有党政主要领导亲自调研推动是实现不了的。定下来的事，各分管领导要按照"一岗双责"的原则，下去查实情，抓具体，不能部署完了就了事，要注重把有关方面的职责任务划清楚，"捆绑"作业，共抓落实。各职能部门要种好自己的责任田，领导干部要把本行业领域的重大风险牢牢抓在手上，加强监督检查，推动地方和部门联手解决。

（三）强化敢作敢为的斗争精神

习近平总书记指出，"我们现在所处的，是一个船到中流浪更急、人到半山路更陡的时候，是一个愈进愈难、愈进愈险而又不进则退、非进不可的时候"②。习近平总书记还要求我们务必敢于斗争、善于斗争③。防控重大安全风险就需要我们领导干部发扬斗争精神，有那么一种知难而进、敢作敢为的勇气，就像船在大海里航行，只有不惧风高浪急，迎着风、顶着浪才能顺利前行。领导干部面临重大安全风险所表现出来的勇气，就是不能瞻前顾

---

① 郭栩汝：《明确七大重点任务！河南加强水利工程补短板，提升防汛减灾能力》，大河网，2022 年 3 月 22 日。

② 《十九大以来重要文献选编》（上），中央文献出版社 2019 年版，第 19 页。

③ 《论坚持党对一切工作的领导》，中央文献出版社 2019 年版，第 172 页。

后，不能怕得罪人、犹豫不决，对不认真不负责的就要拉下脸来严肃批评，这也是一种爱护，等出事受处分甚至进监狱再批评就晚了。对一些新领域新业态安全监管责任不清不明的问题，老拖着会拖出事来的，对这个不愿接、那个不愿管的，要勇于站出来，按"业务相近"原则厘清楚、压下去，湖南省的领导就是率先这样做的，如今这条原则已纳入新修改的安全生产法。有的大企业安全投入不足、风险突出、管理混乱，我们主管部门和相关地方的领导干部对此不能客气，要及时指出要求纠正，指出不改的作为重大风险隐患，该挂牌的挂牌，该约谈的约谈；同时作为国有企业的主管部门，不能光看企业创造效益多少，对安全不重视不上心的，要敢于较真、动真碰硬，推动落实好企业主体责任，真正把风险防住、隐患除掉。这些都是需要勇气来做的，是敢于斗争、善于斗争的重要体现。

防范化解重大风险，要有勇气解决一时问题，更要有毅力有韧劲解决长期问题。特别是对那些系统性风险，有些不是一时就能解决的突出问题，要"咬定青山不放松"，咬紧牙关向前推，不彻底解决不罢休。比如，2022 年全国排查了存在严重安全隐患、不具备经营和使用条件的 30 多万栋自建房，就需要分清轻重缓急，分类施策，一步步落实好加固或拆建等治理措施。"化工围城"搬迁问题，虽然困难很大，但一些地方已经提前一年完成了三年的任务，它们的经验告诉我们，只要确定好步骤和目标，以钉钉子精神紧紧盯住抓落实，一定会解决的。还有一个新情况值得注意，近几年来，一些东部省份治理化工安全的力度很大，江苏化工企业已不足 1000 家，素有"化工第一大省"称号的山东，化工园区从 199 家缩减到 84 家，关闭不达标化工企业超 2000 家，这里有一些是易地转移了。2019 年以来中西部、东北地区新增转移项目达 632 个，但有些管理没跟上，安全问题突出，2022 年全国发生的 7 起较大事故全部集中在这些地区。相关地方领导干部一定要重视这件事，一定要把发展与安全这本账算清楚，没能力接就不要接，既然接了就要严格按照安全环保标准，坚决抓好管好。否则，就是一个烫手山芋、一颗不定时炸弹，会造成大麻烦的。

（四）强化治理链条的体系建设

安全治理体系是一个系统化、全链条的概念，有总有分、有干有支。比如，从应急管理大的体系来看，包括改革体制、健全机制、强化法治、预案管理、队伍建设、监督考核、调查评估、责任追究、整改提升等；据其专业性，还包括事前预防、事中救援、事后救灾。在分类分项上，就具体应对处置体系来讲，包括监测、研判、预警、准备、响应、动员等；就监管责任体系而言，由党委政府的领导责任、部门的监管责任、企业的主体责任构成，其中部门监管责任也是一个体系，即"三管三必须"。从行业领域的体系来看，各有各的体系，如危化品，就是一个全生命周期的安全防范治理体系，包括生产、贮存、运输、使用、经营、废弃处置等，其中废弃品还包括产生、收集、贮存、转移、运输、利用、处置等，又是一个体系；城防体系就更宽更长了，点和面组成了一个庞大的综合体系。这一个个体系，包含了不同方面风险防控的全要素，看起来很复杂，但只要一环扣一环顺着捋下来，就会条清理晰、非常明了，该抓哪里、哪个环节有短板弱项，该往哪里使劲、强化哪方面的责任措施等，作为领导干部心中就有底了，无论是日常防控，还是应急处置，依靠体系，纲举目张，组织实施就会得心应手。相反，体系不健全，就会出大问题。比如，郑州"7·20"特大暴雨灾害一个最深刻的教训，就是防汛指挥体系混乱，关键时刻无市领导在指挥中心坐镇指挥，失去了应对这场全域性灾害的主动权；郑州地铁5号线亡人事故，也是同样的问题，地铁集团没有领导在线网控制中心（OCC）和现场统一指挥。

有了得力的体系还要有得力的干部来实施运行，否则，体系再健全也会破防。我们在调查郑州京广快速路北隧道亡人事件时发现，他们的应急处置体系没有问题，各个环节都界定得很具体，但就是在运行上出了岔子，没有遵照体系的设定，在隧道引坡处安排警力定岗定人指挥、疏导交通；在路面积水超过40厘米时也是没有按体系设定关闭隧道。所以，我们在组织建立风险防控体系的同时，一定要注重加强队伍能力素质建设，把一批批爱操心、敢担当、能负责的干部安排到吃劲的岗位上，紧要时刻确实能发挥关键作用。2008年汶川"5·12"大地震中，安县的桑枣中学2300多名师生无一人伤亡。这所学校的校长叫叶志平，他的风险意识、责任意识非常强，自从当上校长后，对20世纪80年代建设的实验教学楼进行三次大的维修加固，钱不够就找朋友拉赞助，施工时将楼板间充填的水泥袋全抠出来，重新灌注了水泥，还将每根承重柱由 35 厘米加粗到 50 厘米。不仅如此，他还规定每周二老师都要为各班上安全知识课，从 2005 年开始每学期组织一次全校紧急疏散演练，细到每个班、每一列要走教室哪条通道都预先进行了设置，就连每个班疏散到操场上的位置也是固定的。地震发生时，该校所在的安县紧邻北川，灾情非常严重，但维修加固的有 16 个教室的实验教学楼没有塌，全体师生以平时练熟了的方式，在 1 分 36 秒内全部冲到操场，学生们站在操场的里圈，老师们站在最外圈。后来，这位校长被称为"最牛校长"①。他"牛"就"牛"在以一己之力保护了全校师生。我们想一下，地方和部门单位是不是都有应急体系、预案体系，都说要对危房要进行加固改造，也都说安全知识、应急演练要进学校进课堂，但又有多少像这位校长一样做得如此尽职尽责、严谨到位？这给我们一个启示，在各项风险防范和应对处置体系建设中，一定要培养更多"牛校长"式的干部，真正以"时时放心不下"的责任感、善作善为的担当负责精神，扎牢扭紧每一个体系环节的螺丝扣，有他们在岗在位，即使风险再大，也一定会有效防范化解或最大限度地减轻损失。也只有这样，才能充分发挥体系建设的积极作用，切实把确保人民生命安全放在第一位落到实处。

---

① 《平凡校长创抗震奇迹　安县桑枣中学全校师生无一伤亡》，《燕赵都市报》2008 年 5 月 25 日。

第 三 讲

坚决守好安全生产基本盘

我们必须牢固树立这样一个观念，就是不能要带血的生产总值。发展要以人为本、以民为本。不要强调在目前阶段安全事故"不可避免论"，必须整合一切条件、尽最大努力、以极大的责任感来做好安全生产工作。抓和不抓大不一样，重视抓、认真抓和不重视抓、不认真抓大不一样。只要大家都认真抓，就可以把事故发生率和死亡率降到最低程度。现在，对安全生产工作，有的东一榔头西一棒子，想抓就抓，高兴了就抓一下，紧锣密鼓。过些日子，又三天打鱼两天晒网，一曝十寒。这样是不行的。要建立长效机制，坚持常、长二字，经常、长期抓下去。特别是要抓薄弱环节，抓那些还不够重视的领域和行业。

——2013 年 11 月 24 日习近平在听取青岛黄岛经济开发区东黄输油管线泄漏引发爆燃事故情况汇报时的讲话

本讲重点讲安全生产问题。安全生产工作在 2018 年机构改革中发生重大体制变化，由原国家安监总局一个正部级架构专门来管，变为应急管理部 10 多项职能中的一项了。说实话，我和许多同志一样担心安全滑坡、事故反弹。怎么办呢？我在应急管理部成立的第一次干部大会上，就结合学习贯彻习近平总书记关于安全生产、应急管理的重要指示精神和中央的决策部署，明确提出安全生产是应急管理的基本盘，必须牢牢守好。为什么要明确和坚定这个定位，说安全生产是基本盘呢？主要基于三个方面的考虑：一是安全监管任务很重，并且不是一般的重。据统计，我们应急管理部门日常直接监管的煤矿、非煤矿山、危化品、烟花爆竹、工贸、消防等行业领域，加起来不仅事故死亡人数占一半以上，重特大事故尤其是特别重大事故更是占了大头，同时我们还要承担其他重点行业领域的综合监管任务，确实感到安全生产监管这个"盘子"不小、压力很大。二是现实安全风险很高。作为一个发展中大国，长期以来快速发展积累的存量风险很大，目前尚未得到根本治理，又在发展中不断产生大量的新业态新矛盾新风险，并且交织叠加、互为影响，形成了一个巨量的风险综合体，有效防范化解的任务非常重。三是面临重大考验。如果体制改革后我们不能稳住形势、控住局面，重特大事故不断，就会给新成立的应急管理部门造成很大的被动，并且这种影响将是全局性的，会到处忙于事故处理，各项工作就会被牵着鼻子走，也就没有时间和精力去做各类灾害风险防范应对和系统性建设工作。所以，我们把安全生产确定为基本盘，目的就是要提醒全系统，尽管应急管理工作千头万绪、各方面任务都很重，但十分紧迫的是要把安全生产这项基础工作抓好、这项基本任务完成好。只有这样，才能为全面推进应急管理改革发展提供条件和保障。因此，我在第一次干部大会上代表部党组宣布，机构改革中安全生产只能加强不能削弱，部机关安全生产司局一个不减，人员编制一个不减；部党组还决定每周一上午召开部务会集中研究安全生产工作，从体制机制上保证部里始终把安全生产放在十分重要的位置上来抓。

正是基于这一判断和认识，我们始终把安全神经绷得紧紧的。这几年来，我们认真学习贯彻习近平总书记教给我们的世界观和方法论，坚定人民立场、强化宗旨意识，把做好安全生产工作、保护人民生命安全作为具体的国之大者，敢于斗争、攻坚克难、稳扎稳打，从建立每周一次的安全生产调度分析制度，到系统性完善法治体制机制；从每遇到国内外发生大的事故、每次大的活动都及时进行全国警示部署，到精心组织安全专项集中整治等，可以说，一仗接着一仗打、一事连着一事抓。通过各方面共同努力，经受住了重大体制改革的考验，有力推动全国安全生产形势持续稳定好转。党的十八大以来的这十年，2021 年与 2012 年相比，全国生产安全事故起数和死亡人数分别下降 56.8% 和 45.9%；较大事故由 1406 起降到 515 起，下降 63.4%；重特大事故由 59 起降到 17 起，下降 71.2%。应急管理部成立以来的 2018 年、2020 年、2021 年三个整年没有发生一次死亡 30 人以上的特别重大事故；从 2019 年 10 月到 2022 年 3 月，全国连续 30 个月、未发生特别重大事故，是新中国成立以来最长历史间隔期。中央实行应急管理体制改革的优势和成效得到初步显现。

事非经过不知难。成绩固然值得肯定，但我们更要清醒看到，安全生产整体水平还不高，基础仍不牢固，传统性的安全风险隐患仍大量存在，新的风险隐患又不断增加，特别是重特大事故的不确定性仍很突出，可以说是稳中有忧、稳中有险。立足当前、放眼未来，一以贯之抓好安全生产、守好安全生产这个基本盘，有效防范化解重大安全风险，始终是我们各级党委政府、各有关部门和单位领导干部的重要职责使命。为什么这样讲？我想从三个方面谈一些个人体会。

一、充分认识做好新时代安全生产工作的重大意义

党的十八大以来，以习近平同志为核心的党中央把安全生产摆在突出位置。习近平总书记 8 次主持召开中央政治局常委会议和专题会议听取安全生产汇报，百余次作出重要指示批示，可以说逢会必讲，特别重视。青岛黄岛输油管道爆炸后，习近平总书记亲自到医院慰问受伤群众，听取事故处置工作汇报，对安全生产工作作出全面部署，这是新中国成立以来，党和国家最高领导人第一次到事故现场。习近平总书记主持中央深改委会议，审议推进安全生产领域改革发展的意见，强调要依靠严密的责任体系、严格的法治措施、有效的体制机制、有力的基础保障和完善的系统治理，解决好安全生产领域的突出问题，并以中共中央、

国务院文件印发，这是新中国成立以来第一次最高规格部署安全生产工作。2018年3月，中央和国家机构改革方案一发布，4月中共中央办公厅、国务院办公厅就印发了《地方党政领导干部安全生产责任制规定》，在机构改革的关键节点，明确了安全生产领导体制，规定党政一把手是本地区安全生产第一责任人、负全责，安全生产工作由担任党委常委的政府副职分管，彻底改变了末位领导抓安全生产的问题，这意味着机构改革后安全生产工作只能加强不能削弱。这个规定是安全生产领域的第一部党内法规，也是应急管理部成立后的第一份中央文件。针对江苏一段时间重特大事故多发的情况，习近平总书记指示国务院对江苏安全生产问题"开小灶"，由国务院组织对一个省的安全生产工作开展为期一年的专项整治，这也是新中国成立以来的第一次，体现了中央解决重点突出问题，以点带面、推动全国抓好安全生产的决心。针对安全生产监管执法体系不健全的问题，习近平总书记非常关心，提出明确要求，中央印发了《深化应急管理综合行政执法改革的意见》，彻底破解了自2005年原国家安全监管总局成立以来一直没有建立起规范化安全生产执法队伍的困境。习近平总书记还亲自审批了安全生产专项整治三年行动方案，在全国各地区、各重点行业领域开展这么长时间的集中整治，也是新中国成立以来的第一次。2022年4月，习近平总书记又亲自审批了安全生产十五条硬措施。习近平总书记为什么对安全生产这么重视，一项项有关安全生产的重大举措连续推出？我们可以从四个方面来认识。

（一）这是共产党人初心使命的集中体现

我们党的初心使命是为人民谋幸福、为民族谋复兴。习近平同志当选总书记后，在同中外记者见面时就强调："人民对美好生活的向往，就是我们的奋斗目标。"美好生活的前提和基础是生命安全，没有安全一切都无从谈起。我记得习近平总书记在青岛爆炸事故汇报会上讲话时讲到，燃爆前，群众有的在下棋，有的在遛弯，有的在家里，结果祸从天降，美好生活瞬间化为乌有。因此，习近平总书记指出："如果连安全工作都做不好，何谈让人民群众生活得更美好？！"①

生命最宝贵，安全大于天。每一起重特大生产安全事故，都要付出很大的生命和鲜血代价。回想起来，一幕幕惨烈场景使我无法忘记。一个是 2019 年江苏响水"3·21"爆炸，78 人死亡、700 多人受伤，几平方公里范围内一片废墟，现场到处都是有毒有害的危化品，救援人员后来身体大多不同程度中毒，而对人们造成的心理影响还不知要持续多少年。响水这一炸，让我想起 8 年前，2011 年 2 月，响水化工园区的企业发生氯气泄漏，即将'爆炸'的传言迅速引起恐慌，出现万人大逃亡。回过头来看，当年老百姓听信谣言逃亡，并非毫无依据，实际上就是对这些企业不放心、有恐惧。昆山 2014 年"8·2"爆炸，不仅造成几个亿的经济损失，更是给受害者及其家庭带来永远的伤痛，爆炸造成 146人死亡、163 人受伤，其中 60 名重伤人员长期住院治疗，每年要

---

① 《十八大以来重要文献选编》(下)，中央文献出版社 2018 年版，第 83 页。

花千万元，许多人非常痛苦，真是痛不欲生。在此之后的天津港2015年"8·12"爆炸，爆炸能量为450吨TNT当量，造成173人死亡，其中115人是现场救援的公安干警、消防指战员和企业消防人员，事故还造成近70亿元的直接经济损失，其惨烈程度历史罕见。还有2021年河南省柘城县"6·25"武馆重大火灾事故，导致18人死亡，均为培训住宿的青少年，其中年纪最小的7岁。2022年发生的长沙"4·29"居民自建房倒塌事故，造成54人死亡，其中44人是大学生。这些事故对人们心理冲击和心灵创伤都是巨大的，惨痛教训是刻骨铭心的，每提起来都是钻心的痛。我们想一想，这种血淋淋的事实怎么能让老百姓安心放心？！

我们办企业是为了什么？发展为了什么？还不都是为了人民过上幸福生活？！习近平总书记为什么高度重视安全生产，把安全生产提高到新时代全面建成小康社会、经济社会更高质量更为安全的标准来要求？就是因为确保人民生命安全是美好生活的前提和保证，是我们党的根本宗旨和群众路线的本质要求，是我们党守初心担使命、执政为民的重要体现。安全生产制度不完善可以修订完善，责任制不落实可以强化督促检查，但初心使命要是模糊了，再完善的制度、再严密的责任制，仍会出现漏洞。我们每一位党员、干部，都要从党的初心使命的政治高度来看待安全生产工作，把安全生产作为对守初心担使命的直接检验。

（二）这是防控重大风险的政治责任

党的十八大以来，习近平总书记多次就防范化解重大风险发表重要讲话，强调增强忧患意识、防范风险挑战要一以贯之。早在 2019 年 1 月的省部级主要领导干部专题研讨班上，习近平总书记就深刻阐述了着力防范化解重大风险一系列重大理论和实践问题，其中专门强调了安全生产风险，对涉及的具体领域进行了分析。这些年来，习近平总书记一直反复强调、反复告诫。现阶段，安全生产风险是我们面临的重大风险之一，是易发多发频发的现实风险，是绕不过躲不过的伴生风险，是与百姓密切相关的身边风险，必须以强烈的政治责任感抓好防控。《地方党政领导干部安全生产责任制规定》专门明确"地方各级党政领导干部要切实承担起'促一方发展、保一方平安'的政治责任"，就是这个原因。

为什么讲抓好安全生产、防范化解重大安全风险是重大的政治责任呢？一是安全生产直接关系人民的根本利益，关系人心向背。民心是最大的政治，如果安全生产抓不好，让老百姓整天面临生命安全风险，生活得提心吊胆，百姓是要抱怨的。二是安全生产还关系社会安全稳定。发生一起大事故，一个地区的正常工作安排就会被打乱，很多工作都要停摆，对社会正常生产生活秩序影响非常大，处理不好，还可能引起其他突发事件。三是安全生产关系我们党和国家的形象。响水爆炸发生在习近平总书记出访期间，习近平总书记的专机一落地，就要面对响水爆炸的各种报道和各种慰问，那次出访习近平总书记所会见的外国元首首脑几乎都表示了慰问。看到外交部的简报，我扎心地难过，深深体会到安全生产事关党和国家形象。

因此，防控重大安全风险就是重大政治责任，这是非常现实的要求，是我们贯彻落实好习近平总书记重要指示的政治要求。我们各级领导干部必须坚决扛起这个政治责任，坚决以实际行动和实际效果践行"两个维护"。

（三）这是中国特色社会主义制度优越性的必然要求

安全生产是人类社会发展和工业化进程中必然遇到的一个治理问题。解决这个问题，与西方国家相比，我们的国家制度和治理体系具有不可比拟的优势。党的十九届四中全会将此凝练概括为"十三个显著优势"，这是我们艰苦奋斗、艰辛探索出来的。新中国成立 70 多年来，我们党领导人民创造了经济快速发展和社会长期稳定"两大奇迹"。比如，社会治安，我在公安系统工作几十年，主要防范的是大规模群体性事件和恶性刑事案件。在 21 世纪初，全国一年要发生几万起群体性事件、几千起恶性刑事案件。在江苏工作时，曾遇到 2000 年镇江集资案引起上万人堵铁路，京沪铁路被堵了 12 个小时，我在现场指挥处置；2002 年汤山投毒案，42 人死亡、300 多人中毒，震惊全国。现在不同了，群体性社会冲突少了，恶性刑事案件也少了，就社会治安情况来看，我国是世界上最安全的国家之一。虽然安全生产事故总量、死亡人数，以及重特大事故都在持续大幅下降，我们已经发挥了制度的优势，但是做得还不够，在整个公共安全中，生产安全事故造成的群死群伤占了大头，问题显得更突出了，我们必须更加努力，把党的领导和中国特色社会主义制度的优越性发挥得更好，加快补上安全生产这个短板弱项。

从世界范围看，已经实现工业化的国家，在工业化进程中无一例外地都经历了生产安全事故上升、高发、平稳、下降这样一个过程，表现为一个倒抛物线形式，一些学者称为"事故高发期理论"。英国最早进行工业革命，度过事故高发期用了70年，付出了沉重的代价；美国步其后尘，也用了60年；日本作为战后新兴的工业化国家，吸取了英美国家的经验教训，但也用了32年才度过事故高发期[1]。相比而言，我国工业化直到改革开放后，才走上快速发展的轨道，生产安全事故也经历了从上升到下降的阶段。我们对70年来发生的一次死亡30人及以上的特别重大事故作了统计分析，发现七个10年的年平均事故数量也呈现出先升后降的规律。第一个10年（1950—1959年）年均6.7起，第二个10年（1960—1969年）年均8.7起，第三个10年（1970—1979年）年均8.7起，第四个10年（1980—1989年）年均10.9起，第五个10年（1990—1999年）年均18.6起（最高值），第六个十年（2000—2009年）年均11.9起，第七个10年（2010—2019年）年均3.5起。党的十八大以来的10年总共20起，平均每年2起。统计数据显示，2003年起我国生产安全事故总量开始逐步下降、2005年起较大事故开始逐步下降、2010年以来重特大事故开始逐步下降，到目前已经实现事故起数和死亡人数连续20年"双

---

[1] 王显政：《安全生产与经济社会发展报告》，煤炭工业出版社2006年版，第6页。

下降"①。

我国用几十年时间走完了发达国家几百年走过的工业化历程，在底子薄、基础差、人员素质低、科技能力弱的情况下，生产安全事故的总量由升转降、持续稳定仅用了20多年的时间，这在世界上是罕见的。因素是多方面的，但"中国之治"的制度优势、党的坚强领导始终发挥了决定性的作用。我们回顾一下，在这期间，我们国家的安全生产监督管理体制有一个历史性也是世界性的创举，就是在21世纪前夕的2000年12月，中央批准成立了由国务院领导同志任主任、中央和国家有关部门负责同志组成的国务院安全生产委员会，地方各级也相继成立。这一制度设计，实际上就是党委政府统一牵头来抓，组织调动各部门各方面的力量、压实各层面的责任进行综合治理。自此以后的多年来，安全生产监督管理体制几经变化，但安全生产委员会始终未变，持续有力地推动开创了安全生产工作新局面。这就是我们党领导的社会主义国家的一个制度特色、制度优势。在开展国际交流谈到这一点时，许多国家的工作部门都羡慕我们，感到望尘莫及，没法和中国比。为什么？根本原因就是我们社会主义制度优势是他们所没有的，这种治理模式是他们难以做到的。

近年来，中央对安委会的工作体制机制又进行了加强和完善。各地区安全生产委员会主任已由原来各级政府分管安全生产工作

---

① 《中国安全生产志·事故志（1949.10—2018.12）》附录1，《中华人民共和国成立以来发生的751起一次死亡30人及以上事故年表》，煤炭工业出版社2020年版，第1043页。

的副职担任，全部调整为由省长、市长、县长担任，有的地区还实行党政主要负责人"双主任"制，重视程度、工作力度大大加强，推动解决了很多"老大难"问题，事故总量、较大事故、重特大事故都降到历史最低水平。几十年来的实践证明，我们实行的安全生产制度，集中体现了社会主义制度的优越性，是一项坚持以人民为中心、为人民谋幸福的制度，是坚持新发展理念、实现安全发展的制度，是植根中国大地、行得通、真管用的科学制度。这是我们坚定不移做好安全生产工作的最大底气。

（四）这是实现高质量发展的必然要求

党的十九大明确提出，我国经济已由高速增长阶段转向高质量发展阶段。从中央到地方都建立了完善的考核体系，都将安全生产作为高质量发展的重要衡量指标。为什么在高质量发展体系中要突出安全生产？我们理解，高质量发展不是为了发展而发展，而是重在解决从"有没有"到"好不好""优不优"的问题，其中理所当然包括"安不安"的问题，没有"安"，就谈不上"优"和"好"，不能称其为真正的高质量。因此，在确保人民获得感、幸福感、安全感更加充实、更有保障、更可持续的发展目标中，安全感与获得感、幸福感是并列的关系，这是实现高质量发展的必然要求。

有人说，在当前经济下行压力大的情况下，安全生产抓得紧抓得严，会影响经济发展，更不用说高质量发展了。实际是这么回事吗？2020年突如其来的新冠疫情对经济发展造成严重冲击，而这一年正是按照习近平总书记的指示要求对江苏集中"开小灶"，应急管理部派出两名部级领导带队，从 11 个部委抽调专业干部、在全国挑选 100 多名资深专家进驻江苏，连续工作 300 多天，进行全行业全区域整治。江苏省委书记、省长亲自挂帅出征，"五大班子"和各厅局部门全部调动起来，组织 13 个工作组同步进驻各市排查整改问题，可以说工作措施是超常规的、整治力度是前所未有的。起初，我们也有点担心，这么大的声势和力度，会不会影响了经济发展？我们会同省里算了一笔账，结果恰恰相反，非但没有影响发展，反而助推了发展。整治期间，全省不仅消除了一大批重大风险隐患，而且通过关停并转"腾笼换鸟""开笼引凤"建设 13 个先进制造业集群、50 条重点产业链。整治后的企业实现工艺优化、装备更新、技术升级、产品提档，市场竞争力更强了，经济效益明显提升。就整治力度最大的化工行业而言，关停并转了 1218 家不达标的企业，2021 年营收却创历史最高，达到 1.36 万亿元，同比增长 30%，这样高的增长幅度是以前没有过的。全省总的经济增长幅度更是高于全国、好于预期，保持在东部经济大省最前列，实现了经济发展、疫情防控和安全生产"三丰收"。特别是一年"小灶"之后，又接着融入全国专项整治的三年"大灶"，全省干部群众对安全生产的认识有了深刻的变化，以安全为标准条件，彻底整治了多年想解决而没有解决的重大风险隐患，办成了多年想办而没有办成的大事，不仅安全生产整体水平提高了，而且发展的后劲更足了、空间更大了、质量更高了。省里的同志跟我讲，经中央这一督促，督促下决心解决长期积累的难题，至少提前几年走上高质量发展的轨道。江苏专项整治的经验充分说明，安全与发展从来不是对立的，抓安全不仅不会影响发展，反而会筑牢安全底板、促进更高质量发展，更加充分证明习近平总书记作出"开小灶"的决策部署是十分英明正确的。实践表明，立足安全，系统整治，一定会产生一举多得的实效。也正因为有此成功实践，我们才更有底气提出要以高水平安全服务高质量发展。

从以上几个方面来看，安全生产不是孤立地存在，既是经济问题，也是社会问题，与人民群众生产生活、生命健康息息相关。抓好安全生产，是巩固全面建成小康社会、全面建设社会主义现代化国家、实现中华民族伟大复兴过程中绕不过去的一个坎。我们要从初心使命、政治责任、制度自信、高质量发展的高度，充分认识新时代安全生产的重要意义，担当负责、勇于作为，确保人民安康、社会安宁、国家安定。

二、深刻领会习近平总书记教给我们的世界观和方法论

习近平总书记关于安全生产的重要论述思想深邃、内涵丰富，系统回答了如何认识安全生产工作、如何做好安全生产工作等重大理论和现实问题，是对安全生产经验教训的科学总结，是鲜血凝成的科学结晶，对指导经济社会健康发展具有很强的针对性，为我们开展工作提供了根本遵循和行动指南。为便于学习贯彻，经过批准，我们从习近平总书记自 2013 年 1 月至 2019 年 4 月期

间的 77 篇讲话和有关报告、指示、批示等重要文献中，分 6 个专题摘选了习近平总书记 158 段关于应急管理的重要论述，其中安全生产重要论述约占 2/3。这几年来我亲身经历，凡是重特大安全事故，习近平总书记都非常关心，作出重要批示批示，有的还连续批几次；还有些情况反映，虽不是亡人事故但涉及安全生产风险隐患等突出问题，习近平总书记也作出重要指示。可以说，对安全生产这一人命关天的事，习近平总书记从来毫不含糊。我们深刻感受到，习近平总书记关于安全生产的新理念新观点新论断新要求，系统地教给了我们做好安全生产工作必须坚持和遵循的世界观和方法论。这里，结合这几年来习近平总书记对安全生产作出的重要指示要求，从六个方面谈谈认识。

（一）坚持人民至上、生命至上

坚持人民至上，是贯穿习近平新时代中国特色社会主义思想的主线。习近平总书记反复强调，"人民是共和国的坚实根基，人民是我们执政的最大底气""人民就是江山，江山就是人民""为民造福是立党为公、执政为民的本质要求"。人民立场是中国共产党的根本政治立场，是马克思主义政党区别于其他政党的显著标志。人民至上与生命至上紧密联系在一起，如果不能坚持人民至上，我们的发展就失去了动力、目标和根基；如果不能坚持生命至上，人民至上就会落空。坚持生命至上，抓好安全生产，保障人民生命安全，是最基本最现实的国之大者，是对坚持以人民为中心的发展思想、坚持人民至上的深刻注解。习近平总书记指出，

"人的生命是最宝贵的，生命只有一次，失去不会再来"①。我们想一下，如果在发展的进程中，重大安全风险处置不当，人民群众身处危险境地，面临的安全隐患而又长时间解决不了，一次次爆炸火光冲天，一次次事故造成几十人甚至数百人伤亡，人民群众没有了安全感，能说坚持"人民至上、生命至上"了吗？我们企业的职工都是家庭的顶梁柱，一旦发生事故，那就是天大的事，不用说死亡了，就是缺胳膊少腿，也是一辈子的灾难。我们发展为了人民、发展依靠人民、发展成果由人民共享，若人民人身安全不能得到有效保障，发展的成果怎么享有？！

面对突如其来的新冠疫情，习近平总书记强调，"人民至上、生命至上，保护人民生命安全和身体健康可以不惜一切代价"②，并进一步强调"在保护人民生命安全面前，我们必须不惜一切代价，我们也能够做到不惜一切代价"③。抗击疫情是这样，安全生产同样如此。2020年年初，在疫情最严重之时，各方面防控压力那么大、任务那么重，习近平总书记还专门对安全生产作出重要指示，强调"生命重于泰山"，要求层层压实责任，狠抓整改落实，强化风险防控，从根本上消除事故隐患，有效遏制重特大事故发生，并特别指出"绝不能只重发展不顾安全，更不能将其视

① 习近平：《在全国抗击新冠肺炎疫情表彰大会上的讲话》，《求是》2020年第20期。

② 《习近平总书记在参加十三届全国人大三次会议内蒙古代表团审议时发表重要讲话》，新华网，2020年5月22日。

③ 习近平：《在全国抗击新冠肺炎疫情表彰大会上的讲话》，《求是》2020年第20期。

作无关痛痒的事，搞形式主义、官僚主义"①。为什么习近平总书记在经济发展、疫情防控的严峻形势下，作出这么严肃、振聋发聩的指示？就是因为担心有些地方和企业在这艰难时刻有可能放松安全生产，把"两个至上"又抛到脑后、忽略安全，并殷切叮嘱"疫情要防住、经济要稳住、发展要安全"。在党的二十大报告中，习近平总书记强调"以人民安全为宗旨，建设更高水平的平安中国"，又专门指出"推进安全生产风险专项整治，加强重点行业、重点领域安全监管"。安全生产是建设平安中国的重点领域，与人民生命安全密切相关。这是习近平总书记为什么把人民至上、生命至上放得这么高，把安全生产看得这么重的主要原因，体现了一代伟人的历史担当和为民情怀，也是对治国理政规律的精准把握。

（二）坚持安全发展理念红线意识

习近平总书记指出，"人命关天，发展决不能以牺牲人的生命为代价。这必须作为一条不可逾越的红线"②"各级党委和政府、各级领导干部要牢固树立安全发展理念，始终把人民群众生命安全放在第一位，牢牢树立发展不能以牺牲人的生命为代价这个观念。这个观念一定要非常明确、非常强烈、非常坚定"③。习近平总书记连用"三个非常"把安全发展的重要性、紧迫性、坚定性

---

① 《习近平对安全生产作出重要指示》，新华网，2020 年 4 月 10 日。
② 《习近平就做好安全生产作出重要指示》，新华网，2013 年 6 月 7 日。
③ 《习近平关于防范风险挑战、应对突发事件论述摘编》，中央文献出版社 2020 年版，第 229 页。

都讲到极致了。为什么要这样特别强调？我们想一下，十年来我国各项事业的发展变革，在安全生产领域最大最突出的变化是什么？就是明确提出"安全发展"，这是根本性、历史性的变革，但有的地方、有的领导干部因安全发展的理念不够明确、不够强烈、不够坚定而走了偏差，接连发生一起起重特大事故，一次次造成群死群伤。所以，我们领悟习近平总书记的告诫，就是一定要把安全发展理念在心里扎下根，生命安全这条红线任何时候、任何情况下都不能破防。我们也要理解透，习近平总书记教导我们要坚守红线、安全发展，并不是说只要安全不要发展，强调的是不能以牺牲安全为代价的发展，不能单纯为了发展忽略安全，是要把发展和安全统筹好。在党的十九届五中全会的讲话中，习近平总书记将统筹发展和安全纳入"十四五"期间我国经济社会发展指导思想和必须遵循的原则，要求办好发展和安全两件大事。党的二十大在提出新时代新征程中国共产党的使命任务、全面建成社会主义现代化强国时，又特别强调统筹发展和安全。

那发展和安全之间是什么样的逻辑关系呢？科学理解和认识，有助于我们解决指导工作的重大理论与实践问题。实际上习近平总书记对此有专门的论述，明确指出"安全是发展的前提，发展是安全的保障"①。"安全是发展的前提"这容易理解。过去我们经常讲"安全是发展的保障"，但我们有没有注意到，习近平总书记强调的是"发展是安全的保障"。这词语前后顺序的变化有何区

---

① 习近平：《在网络安全和信息化工作座谈会上的讲话》，《人民日报》2016 年 4 月 26 日。

别呢？我们理解区别还是挺大的。以前我们常讲的"安全是发展的保障"强调的目的是"发展"，安全是从属于发展、保障服务于发展，现在前后两句是并列的，意味着安全和发展是同样重要的两件大事，没有安全就没有高质量发展，只有安全才能高质量发展。因此，这里更多强调的是"发展要安全"，这完全符合新发展阶段的实际要求。我们已经全面建成小康社会了，我们国家已成为世界第二大经济体了，各方面的风险挑战更大了，必须把安全发展放到更加重要的位置来抓。当然，这里强调的安全是"大安全"，是包括政治安全、经济安全、社会安全、能源安全、粮食安全、科技安全等各方面，而其中关系人民生命安全的生产安全，还是一个比较突出的短板，这需要我们注重用发展成果，包括技术攻关、科学管理、加大投入等接长短板、补上漏洞。

当前，仍有一些地方和企业对这两句话的认识不到位、落实不到位。经济规模一年比一年大、效益一年比一年好，但安全投入、安全保障仍明显不足，事故不断。2022年6月，一家化工央企发生爆燃、着了大火，事后调查发现，发生事故的一个重要原因是设施老化，事发前管线已经出现漏点，但只打了卡子进行简单维护，仍拖着没有更换、带病运行，一直拖到事发。我们发现，该企业在2021年利润增加20亿元的情况下，安全投入却减少了60%。这就是典型的没有落实好"发展是安全的保障"的要求，不舍得在安全上花钱。类似的情况还有很多，这家企业出事后引起了我们的警觉，一排查，全国危化品生产使用企业的老旧装置还有1381套，涉及483家企业，主要集中在东部沿海几个经济大省和几家中央企业。问题出在哪里呢？关键还是长期以来老的发展观念没有扭转过来，没有从习近平总书记提出的新理念新要求中悟出道理来。这个道理，就是发展和安全是一体之两翼、驱动之双轮，这两件大事都要统筹好、同时同步抓，都要答出"双百分"，切实做到"两翼"展开、"双轮"平衡，否则就会走不稳，是要跌跟头的！

发展是第一要务，安全是第一责任，两者是辩证统一的，不可偏废，这既是理念问题也是方法问题。我们各级领导干部都要端正政绩观业绩观，树牢安全发展理念，增强底线思维红线意识，按照习近平总书记提出的"经济社会发展的每一个项目、每一个环节都要以安全为前提，不能有丝毫疏漏"①的重要指示，下好先手棋、打好主动仗，切实做到发展和安全并驾齐驱、相得益彰。

（三）坚持全面强化安全生产责任

习近平总书记第一次系统提出建立健全安全生产责任体系是在 2013 年青岛 "11·22" 特大爆炸事故发生后，习近平总书记在听取事故情况汇报会上发表了重要讲话，把安全生产体制、发展理念、责任制度、红线底线，包括企业主体责任都讲了，讲得很系统、很全面。后来这篇讲话被收录在《习近平谈治国理政》第一卷。其中用大量的篇幅，深刻阐释和强调了安全生产领导体制

①《习近平对加强安全生产和汛期安全防范工作作出的指示》,《人民日报》2016年7月21日。

问题。习近平总书记指出，"要抓紧建立健全党政同责、一岗双责、齐抓共管的安全生产责任体系"，"安全生产工作，不仅政府要抓，党委也要抓。党委要管大事，发展是大事，安全生产也是大事。安全生产事关人民利益，事关改革发展稳定，党政一把手必须亲力亲为、亲自动手抓"①。我在现场聆听了习近平总书记的重要讲话，多年过去了，每次重温都深受教育。我当时就切实感觉到，这是真正解决最根本的问题了，这一定是我国安全生产史上的重大里程碑，是安全生产管理体制的转折点，也是新起点。

党的十八大以来，之所以安全生产法治体制机制建设等取得突破性进展，事故尤其是重特大事故显著下降，关键是党委领导的管理体制起到了关键性作用，解决了根本性问题，思想理念、法治建设、体制机制等都有了根本性变化，从上至下全面落实了安全生产责任制，特别是"党政同责、一岗双责"。为什么过去有些地方安全责任落实不下去？就是因为重视不到位，力度不够、合力不够。现在是"党政同责、一岗双责"了，不仅分管领导要抓、党政一把手要抓，每位领导也都有各自的责任。领导干部抓安全生产不是过去开开会、提提要求就算重视了，而是既要抓研究部署，又要抓重点问题、关键环节，哪里问题突出、风险大、隐患多就抓哪里，层层抓治理抓预防。党政同责首先是从安全生产破题的，是习近平总书记专门对安全生产作出的重大制度设计，是我们党的领导优势在安全生产领域的集中体现。

---

① 《习近平关于防范风险挑战、应对突发事件论述摘编》，中央文献出版社 2020 年版，第 229 页。

有的同志可能会问，安全生产，企业负有主体责任，为什么还要强调党委和政府的责任，特别是突出强化党的领导责任呢？这里面主要有三层含义：第一，安全生产人命关天，是具体的国之大者，所以党委抓大事，就不能不抓安全生产。党委一把手加强统一领导，下面的各级一把手也就跟进上阵了。我现场指挥处理过许多重特大事故，切实感到党委主要负责同志亲自上手就不一样，各方面力量都能统一调动，工作关系迅速理顺，很快就能稳住，后期的整改工作也能扎实有力地推进落实。这就是习近平总书记提出安全生产"党政同责"、中央文件明确规定"党政主要负责人是本地区安全生产第一责任人"①的主要缘由。第二，党委是管经济社会发展规划和大的方针政策的，发展和安全能不能统筹好，关键是前期的项目规划布局建设能否统筹好，涉及安全生产的源头性问题能否管住；党委还主抓思想意识形态，"人民至上、生命至上"的指导思想、安全发展理念能否真正入脑入心、落到实处，更是根源性问题。这些问题，党委若不上手抓，就难以解决。第三，也是重要的现实问题，党委是管干部、管"乌纱帽"的，抓好安全生产关键是要靠干部主观努力，切实担起领导责任来，如果一些地区、部门单位的干部配不好，安全生产工作就抓不实、管不好。"党政同责"还有一层含义，就是这里所讲的"责"，既有事前"负责"的意思，又有事后"问责"的要求。这意味着，党委和政府平时对安全生产要同样重视，发生事故也要

---

① 《中共中央　国务院关于推进安全生产领域改革发展的意见》，新华网，2016年12月18日。

同样担责。过去出了事故只处理行政干部，不追究党委干部，所以许多责任从源头上、思想上没法落实，行动上没法落实，具体措施也难以落实。自从青岛"11·22"事故后，问责的对象就不一样了，出了大事故，党政干部都要被问责，目的就是推动把习近平总书记关于"党政一把手必须亲力亲为、亲自动手抓"的指示要求落到实处。

我们再来看部门安全监管责任。习近平总书记指出："坚持最严格的安全生产制度，什么是最严格？就是要落实责任。要把安全责任落实到岗位、落实到人头，坚持管行业必须管安全、管业务必须管安全，加强督促检查、严格考核奖惩，全面推进安全生产工作。"① 在后来的指示批示中，习近平总书记又加上了"管生产经营必须管安全"，形成了"三管三必须"，并纳入了中央文件规定②。这是习近平总书记针对我们国家行业领域管理体系和体制机制状况，对部门安全监管提出的明确要求、作出的责任界定原则。我们都知道，安全风险遍布各个行业领域，涉及各相关主管部门，没有哪一个部门能把所有行业领域、各个部门的管理责任都担起来。但有的部门个别领导干部认识仍有偏差，片面认为自己只管行业或只管业务、不管安全，遇到问题能躲就躲、能推就推。也有的认为，既然有应急管理部门了，应急管理部门就应该负责全部安全生产工作。这种观点是不负责任的。为什么习近平

---

① 《习近平关于防范风险挑战、应对突发事件论述摘编》，中央文献出版社 2020 年版，第 229 页。

② 《中共中央 国务院关于推进安全生产领域改革发展的意见》，新华网，2016 年 12 月 18 日。

总书记强调"三管三必须"？首先，这是大量事故血的教训的科学总结。江苏响水"3·21"爆炸、长沙"4·29"居民自建房倒塌，都有部门推诿扯皮、监管脱节的原因，天津港"8·12"特大火灾爆炸事故是条块脱节、青岛"11·22"特大爆炸事故是应急处置脱节，这些扯皮脱节的教训太惨重了。其次，这完全符合安全生产的机理和规律。安全生产不是一个封闭独立的体系，而是融会在各项生产经营活动之中，与经济社会的发展一体化运行。没有生产就没有生产的安全问题。同时，这是行政资源配置优化集中治理的要求。安全生产涉及所有行业领域和所有环节，由一个部门全部负责，从政府资源配置的角度既不现实也没效率。习近平总书记曾专门强调，要发挥好应急管理部门的综合优势和相关部门的专业优势，根据职责分工，承担各自责任，形成整体合力。我们要认识到，应急管理不仅仅是"应急"上的管理，还包括各个方面、各个链条的"防范"上的管理，需要各方面齐抓共管。同时，安全生产涉及的领域也不是一成不变的，随着经济社会发展，出现了一些新领域新业态，按照部门"三定"规定职责对不上怎么办？这个问题现实中还是比较突出的，在修改安全生产法时我们建议，总结湖南等地的实践经验，按"业务相近"的原则由地方党委政府予以明确，全国人大常委会采纳了这个建议。这样，"三管三必须"的责任链条就比较完备了。

安全生产对企业来讲更是天经地义。习近平总书记强调："所有企业都必须认真履行安全生产主体责任，做到安全投入到位、安全培训到位、基础管理到位、应急救援到位，确保安全生产。"①
这是习近平总书记针对当前一些企业安全意识淡薄、安全管理松
弛、违规违章严重、事故防范措施和应急处置预案不落实，遇到
突发事件措手不及、反应不力等问题，提出的明确要求。大量的
事故教训表明，习近平总书记讲的这"四个到位"，事发企业至少
有一个不到位，甚至都不到位。同时，还应当看到，现阶段完全
靠企业自觉主动就能抓好安全生产还不现实。事实上一些企业安
全生产出问题，有的与企业领导唯利是图有关，有的与企业领导、
职工素质不适应有关，也有的与地方把关不严有关，与监管执法
水平不高有关，有的要么简单化、一刀切，有的要么打着为企业
减负的旗号，只检查不执法、放松监管。习近平总书记指出："生
产安全事故频发，一个重要原因是失之于软、硬度不够。"②面对
这些问题怎么办？习近平总书记强调："监管执法要精准"，"对执
法机关严格执法，只要符合法律和程序的，各级党委和政府都要
给予支持和保护，不要认为执法机关给自己找了麻烦，也不要担
心给自己的形象和政绩带来什么不利影响。我们说敢于担当，严
格执法就是很重要的担当"③。我们一定要认真领会，加强安全监
管既要提高部门执法的能力水平，又要为他们依法严格执法撑腰
鼓劲；防范事故既不能一关了之、以罚代管，又要防止一些地方
以优化营商环境为名放松安全监管，这不能含糊，不能对企业的

---

① 《习近平谈治国理政》，外文出版社 2014 年版，第 196 页。

② 《习近平关于防范风险挑战、应对突发事件论述摘编》，中央文献出版社 2020
年版，第 229 页。

③ 《十八大以来重要文献选编》(上)，中央文献出版社 2014 年版，第 723 页。

违法行为置之不理，要正确处理好"放"与"管"、与"服"的关系，减负不能减了安全、失了底线、破了底板。要把安全作为重要的营商环境，把企业主体责任落到企业负责人包括实际控制人身上，让他们该承担的"企业对本单位安全生产工作和职业健康负全面责任"①真正全面落到实处。

(四) 坚持预防为主关口前移

坚持立足于防，是习近平总书记关于安全生产重要论述的核心要义。习近平总书记指出，"对易发重特大事故的行业领域，要采取风险分级管控、隐患排查治理双重预防性工作机制，推动安全生产关口前移"②。"要健全风险防范化解机制，坚持从源头上防范化解重大安全风险，真正把问题解决在萌芽之时、成灾之前。"③安全生产工作的方针是"安全第一，预防为主，综合治理"。在党的二十大报告中，习近平总书记强调"坚持安全第一、预防为主"，"推动公共安全治理模式向事前预防转型"。我们抓安全生产工作，就是要在预防上铆足劲、下功夫，抓整治、治未病。

长期以来的实践证明，生产安全事故可防可控。一些先进企业提出"零死亡"的目标，并不是不切实际地空喊口号。在发展过程中出现的安全生产难题不少，基础差、漏洞多也是现实存在

---

① 《中共中央　国务院关于推进安全生产领域改革发展的意见》，新华网，2016年12月18日。

② 《习近平关于防范风险挑战、应对突发事件论述摘编》，中央文献出版社2020年版，第191页。

③ 《在中共十九届中央政治局第十九次集体学习时的讲话》，《人民日报》2019年12月1日。

的，但并不意味着我们做不好、做不到。现在全国一年发生十几起重特大事故，对全国 32 个省级行政区、334 个地级行政区、2876 个县级行政区来讲，绝大多数地方是没有发生大事故的，并且大多数是长期没有发生事故的。这更加验证了，安全生产工作只要充分发挥主观能动性，做足"防"的文章，各项责任措施做到位，重特大事故是能够防得住的。

反观有的地方事故不断，对风险防范重视不足，对隐患视而不见，隐患排查走形式走过场是重要原因。一些地方发生的生产安全事故，说到底还是预防出了问题。习近平总书记强调，"要站在人民群众的角度想问题，把重大风险隐患当成事故来对待"①。我们各级领导干部都要深刻认识预防工作的重要性，重视隐患、排查隐患、整治隐患，把工作做深做细做实，按照习近平总书记的重要指示要求，"从源头治起、从细处抓起、从短板补起，筑牢防线，守住底线，不放过任何一个漏洞，不丢掉任何一个盲点，不留下任何一个隐患"②。推动完善重点领域安全治理体系、工作保障体系和重要专项协调指挥体系，健全部门协同的常态化风险防范化解机制，定期不定期开展不打招呼、一查到底和谁检查、谁签字、谁负责的安全生产大检查，对检查发现的问题督促整改。对一时不能整改的重大隐患，要有针对性地制定应急预案，实现对重大安全风险的有效防控。

---

① 《习近平对加强安全生产和汛期安全防范工作作出的指示》，《人民日报》2016 年 7 月 21 日。

② 《习近平关于社会主义社会建设论述摘编》，中央文献出版社 2017 年版，第 161 页。

（五）坚持最严格的安全生产制度

习近平总书记对安全生产制度建设高度重视。这些年来，习近平总书记反复强调安全生产制度建设，并从体制、机制、法制、标准、预案等各方面提出明确要求。习近平总书记指出："必须强化依法治理，用法治思维和法治手段解决安全生产问题。要坚持依法治理，加快安全生产相关法律法规制定修订，加强安全生产监管执法，强化基层监管力量，着力提高安全生产法治化水平。这是最根本的举措。"[1]

经过多年努力，我国基本建立了安全生产制度体系。中央制定了推进安全生产领域改革发展的意见和推进城市安全发展的意见，印发了《地方党政领导干部安全生产责任制规定》《关于深化应急管理综合行政执法改革的意见》，出台了《生产安全事故应急条例》，新修改了安全生产法，颁布了明确"冒险作业罪"的《刑法修正案（十一）》。在坚持每年对各省级人民政府开展安全生产考核的基础上，从 2021 年开始，国务院对安委会成员单位进行安全生产考核，现已形成制度化。目前，已有 35 个部委成立了由主要负责同志任主任（组长）的安全生产委员会（领导小组）。我们还建立了领导 24 小时轮流在岗值班制度，针对不同种类灾害事故制定了 29 项预案手册、应急指挥机制等。无论白天黑夜，始终保持应急状态，随时应对突发事件，努力让党中央放心，让人民更有安全感。

---

[1] 《习近平关于防范风险挑战、应对突发事件论述摘编》，中央文献出版社 2020 年版，第 190 页。

　　安全生产制度建设是一个动态的过程，也是长期的任务。党的十九届四中全会把安全生产作为国家治理现代化的重要内容，明确要求完善和落实安全生产责任和管理制度。党的十九届五中全会和党的二十大又进一步作了强调。希望各级党委政府和有关部门单位在制度建设上积极探索，按照习近平总书记提出的"建立健全最严格的安全生产制度"①的要求，形成更加成熟更加定型的安全生产制度体系，以最严格的制度强基固本，推动安全生产上水平。

（六）坚持极端负责的精神

　　习近平总书记指出，"安全生产是民生大事，一丝一毫不能放松，要以对人民极端负责的精神抓好安全生产工作"②，"不要强调在目前阶段安全事故'不可避免论'，必须整合一切条件、尽最大努力、以极大的责任感来做好安全生产工作"③。

　　习近平总书记为什么用"极端负责""极大责任"来强调安全生产工作？主要取决于三个方面的因素：一是取决于安全生产这一人命关天的大事。历史经验教训告诉我们，在和平年代，有可能造成群死群伤的主要在安全生产领域。安全是幸福的根本，一旦有个闪失就是一个人、一个家庭，一群人、一批家庭天大的事。

---

①《习近平关于防范风险挑战、应对突发事件论述摘编》，中央文献出版社 2020 年版，第 229 页。

②《习近平对加强安全生产和汛期安全防范工作作出的指示》，《人民日报》2016 年 7 月 21 日。

③《习近平关于防范风险挑战、应对突发事件论述摘编》，中央文献出版社 2020 年版，第 180 页。

习近平总书记为什么强调"生命重于泰山""责任重于泰山"？就是要求我们把生命和责任要视作泰山之重，以泰山压顶之势，以极端负责的精神、极大的责任感抓好安全生产。二是取决于安全生产的复杂性。安全生产工作涉及企业生产的方方面面，仅危化品生产就有几千种工艺，每一种工艺既复杂又具体，每一步操作都必须准确无误，高铁、飞机的操作更是如此。这里我举个例子：2005 年 8 月 14 日，一架从塞浦路斯飞往布拉格的波音 737 飞机，中途经停雅典，但在到达雅典上空时却持续盘旋不降落，空管呼叫也无人回应。希腊担心发生类似"9·11"恐怖事件，军方立即派出两架战斗机跟飞随时准备应急处置，但战斗机飞行员从窗户中发现机上人员全部耷拉着脑袋陷入昏迷状态，像是一架无人驾驶的"幽灵飞机"，直到航油燃尽，在雅典城外的山间坠毁，机上121 人全部遇难。这次"幽灵飞行"震惊了世界，最终查明原因是地面工程师的疏忽。在地面维保中，按操作程序需要将增压系统按钮从自动模式调为手动模式，维保结束后应当将手动模式再还原到自动模式，但地面工程师没有按规定还原，安全检查人员也没有发现纠正这个失误，飞行员在飞机报警后慌乱中也未能及时发现纠正，导致飞机不能按自动模式进行增压，结果造成舱内失压，机上人员包括飞行员窒息昏迷，酿成"幽灵飞行"的灾难。这种典型的事例在国内外生产安全事故中还有许多，充分说明做好安全生产工作真是要保持极端负责的精神、极大的责任感，切实做到十二分的认真，否则，一点失误都会造成十分严重的后果。三是取决于党的初心使命。这在前面的章节中已讲得比较多了。

我们要进一步认识到，坚持走全体人民共同富裕的中国式现代化之路，对于我们这样一个人口规模巨大的发展中国家来讲，为人民谋幸福不易，为人民保平安也实属不易，但守初心担使命决定了我们必须坚决兜住安全这个底。对照新时代新理念给我们提出的新的更高标准要求，这个任务是相当繁重的，不以极端负责的精神、极大的责任感来抓是难以做到的。

"极端负责""极大责任"还有一层含义，我们感受比较深。就是习近平总书记说的，不要强调在目前阶段安全事故"不可避免论"，也就是打破了"事故阶段论"，实际上告诫我们，安全生产工作不能简单与其他国家比，认为在目前这个发展阶段发生一些付出生命代价的事可能防不胜防，好像就应该死多少人，这种认识是错误的。我干安全工作几十年，之前一直也有这种思想，认为现阶段事故多发有必然性，发展阶段事故必然是上升的，是一个规律。很多同志可能也有与我同样的认识。但我们想没想到，我们国家"两大奇迹"是怎么创造的？如果按部就班、顺其自然，那得等多少年？安全生产也是如此，我们不能听之任之、亦步亦趋，期待历史车轮越过这个阶段就会自然而然地好转了。所以，我认真学悟习近平总书记的重要指示，一下子打破了认知的局限性，打破了习惯依赖，虽然开始感到压力很大、没有退路，但在实践中越来越感受到我们制度的优越性，越来越感受到宗旨意识、责任意识更强了，信心、底气也更足了。这个心路历程只有经过大胆实践和思想洗礼，才能转变过来，才能切实感受到习近平总书记用"极端负责""极大责任"强调安全生产的分量。

反观一些事故，暴露出有的领导干部严重缺少极端负责的精神。深圳市光明新区渣土受纳场 2015 年"12·20"特大滑坡事故有个恶劣的情节，就是群众已举报渣土场存在重大滑坡隐患，但有关部门没有认真核查，放纵企业违法违规行为，错失了消除事故隐患、避免事故发生的机会，最终造成 77 人死亡，深圳市前后两任主管副市长等一批领导干部因此被追责。所以，习近平总书记曾严肃指出："追责不要姑息迁就。一个领导干部失职追责，撤了职，看来可惜，但我们更要珍惜的是不幸遇难的几十条、几百条活生生的生命！"① 在一些事故调查处理中，之所以会追究一些领导干部责任，并不是说因为当领导就要追究，而是调查发现这些领导干部确实在自己的职责范围内，存在工作不认真不负责、失职渎职的问题。这能不追究他们的责任吗？有的哪怕升职了、离任了，也要一追到底！这警示我们各级领导干部：在安全生产工作上一定要始终绷紧神经，决不能有丝毫松懈、半点马虎，一定要高度自觉、极端负责，切实做到守土有责、守土尽责，确保人民生命安全和社会稳定。

三、以时时放心不下的责任感抓好落实

习近平总书记强调，"始终把安全生产放在首要位置，自觉维护人民群众生命财产安全"②。针对一些地方和行业领域发生的重

① 《习近平关于防范风险挑战、应对突发事件论述摘编》，中央文献出版社 2020 年版，第 236 页。
② 《习近平关于防范风险挑战、应对突发事件论述摘编》，中央文献出版社 2020 年版，第 236 页。

特大事故，习近平总书记还深刻指出，"安全生产工作在抓落实上仍有很大差距"①。大家是不是也有这样一种感觉，就是安全生产法规制度不可谓不全不严，但往往就是落不实。什么原因？有些前面讲到了，归结起来，主要有以下几个方面。

一是安全发展观念不坚定。不可否认的是，一些领导干部在安全生产问题上还有不少"活思想"，有的同志认为与过去相比，安全生产水平是在提升的，出事故只是偶然的情况，盲目自满，抓起工作来疲沓松懈；也有同志认为安全生产问题错综复杂，畏难不前，不愿在主观努力上下功夫；还有一些同志认为问题隐患都是前面留下的，不是自己的责任，应把精力放在保增长上，导致该关停淘汰、彻底整治的，迟迟下不了决心。这些问题，根本原因是学习领会习近平总书记关于安全生产的重要论述没有入脑入心，政治判断力、政治领悟力、政治执行力不强，安全生产、安全发展的理念还没有做到"非常明确、非常强烈、非常坚定"，特别是发展的任务一重就不管不顾了，总认为经济上去了就会"一俊遮百丑"。这样的思想态度，安全生产工作怎么能真正上得去？不出事故是侥幸，出事故、出大事故是必然。

二是工作作风不扎实。习近平总书记强调，"安全生产抓和不抓大不一样，重视抓、认真抓和不重视抓、不认真抓大不一样"②。但从发生的事故看，一些地方部门形式主义、官僚主义问题突出，

---

① 《江苏响水天嘉宜化工有限公司"3·21"特别重大爆炸事故的调查报告公布》，新华网，2019年11月15日。

② 《习近平关于防范风险挑战、应对突发事件论述摘编》，中央文献出版社2020年版，第180页。

责任悬空、推诿扯皮，工作一般化、表面化，风险排查不认真、不扎实，隐患整改搞形式、走过场；还有的抓工作持续性不够，发生事故后重视了狠抓一下就好一阵，时间过了又松下来、走了老路。还有一些企业对安全生产工作不积极、不主动，不上心、不用力，主要负责人或实际控制人说一套做一套，不诚信、不守法，安全管理松松垮垮，对法规制度和上级部门部署要求充耳不闻、我行我素，上面不来检查就不主动排查整改，即使查出问题了，能拖就拖，以致小事拖大、大事拖"炸"。

三是能力水平不适应。本来安监人员就量少质弱，一些地方的应急管理部门组建又过于简单化，只增职能、不增人员，力量摊薄，导致安全监管工作弱化。中央虽有明确要求，但有些执行不坚决，没有按照规定，结合本地经济发展规模、产业分布、企业数量、自然灾害和安全风险等级等特点，合理确定监管执法人员，专业水平总体偏低。2021年底全国专业执法人员仅有53%，最低的地方仅35%左右，对照中央规定的75%的比例要求仍有较大差距。化工等高危企业专业性、技术性很强，但本质安全水平还比较低，一些企业主要负责人和关键岗位员工缺乏基本的专业知识，有的小化工企业聘用的车间主任甚至连元素符号都不认识，怎么能管好这样的高危企业？

四是应对治理措施不过硬。一些地方监管执法对发现的突出问题挺不起腰杆，不敢动真碰硬。引发响水爆炸的危险废物即硝化废料，肇事企业竟然违法储存长达7年之久。发生特别重大事故的长沙违建房，从拆三层建五层，又违法加盖至八层半，10年都没有管住。2022 年贵州黔西南州三河顺勋煤矿发生 14 人死亡的"2·25"重大冒顶事故，该矿采煤工程承包人 2015 年因犯重大责任事故罪被判处有期徒刑五年，刑满释放后仍不悔改，重操旧业，布置隐蔽非法采煤点、设置假密闭、不安设安全监控、不让入井人员携带定位识别卡等违法违规行为，可以说有过之而无不及；一周之后，贵州强盛集团利民煤矿发生死亡 8 人的"3·2"煤与瓦斯突出事故，暴露出该矿采用"六个两套"：两套人员花名册、两套下井人员名单、两套矿工考勤表、两套矿灯发放记录、两套图纸、两套监控系统，弄虚作假都弄出专业水平来了，他们在假密闭内隐藏 12 个采掘工作面疯狂盗采，最终发生事故，而且蓄意瞒报，在事发 3 小时内就打通有关监管部门、医疗机构、停尸房、殡仪馆等多个环节，把遇难矿工遗体拉到外地藏匿，"效率之高"、违法之猖獗令人震惊，暴露出监管部门多个环节长期失守，甚至是"猫鼠一家"。类似的也绝非贵州一家，只是情节不同而已。

总的来看，当前和今后一个时期，安全生产的复杂性、长期性、反复性特点非常突出，安全基础仍比较薄弱，还处于一个爬坡过坎期。为什么这样讲？我们从过去最高时一年发生 140 多起重特大事故、平均不到 3 天就发生一起，到现在降到一年十几起、有 3 年没有发生特别重大事故，应该算是平稳期，为什么还认为是爬坡过坎期？我们从应急管理部成立初期就作出这个判断，主要基于三点：第一，是基于我国安全生产自身的特点，就是发展快、基础差、底子薄，风险隐患多，许多领域危险性仍然较高。

第二，是百年未有之大变局对我国经济社会发展的影响前所未有，同样会波及安全生产，产生很大的不确定性。第三，新时代坚持人民至上、生命至上，对保护人民生命安全和身体健康的标准更高、要求更严，这个形势一定要认清，不能再按老皇历办事了。这几年来的实践也证明，我们对"爬坡过坎期"的判断是符合实际的。

那么，是不是说"爬坡过坎期"就意味着重大安全风险难以防控、重特大事故就必然反弹上升？作出这个判断，目的在于让大家保持清醒，不要看到近几年事故持续减少，就以为进入平稳期了，就可以松口气了，可以高枕无忧了，而是要警醒自己提前充分做好爬坡过坎、出更大力气的思想准备和行动准备。这就需要我们各方面以"时时放心不下"的责任感，以滚石上山的劲头爬过这个坡、迈过这个坎，牢牢守好安全生产这个基本盘。如何守好？就是以习近平总书记关于安全生产重要论述为根本遵循，全方位系统性抓好落实，以实际行动和实际效果践行"两个维护"。

（一）以高度的政治自觉抓落实

政治自觉首要的是真正把思想认识统一到习近平总书记重要指示精神上来。只有思想统一了、认识到位了，才能充分调动内在的主动性，才有搞好安全生产的积极性，才有抓好落实的自觉性。

习近平总书记指出，"讲政治是具体的"①。这个"具体"，就是

---

① 《习近平总书记在中央和国家机关党的建设工作会议上的讲话》，《求是》2019年第 24 期。

要用实际行动说话。通过事故暴露出的问题和安全大检查发现，对一些政策措施，有的层层转发，没有很好地结合实际研究部署如何解决实际问题。有的在专项整治中走马观花、报个数字了事，没有深入一线摸实情、查隐患，更没有严格执法推动整改。如果一些显而易见的问题隐患、突出的体制机制问题摆在那儿，长期没有解决，导致屡屡重蹈覆辙，而翻开习近平总书记对安全生产的重要论述，里面都有明确的要求，我们想想看，这能说贯彻落实习近平总书记的重要指示到位了吗？能说做到政治自觉、做到"两个维护"了吗？这不是上纲上线，而是具体问题具体分析，在"人民至上、生命至上"这个大是大非面前，我们绝不能有丝毫含糊，必须坚持"务必敢于斗争、善于斗争"的要求，大力发扬刀刃向内、自我革命精神，强化责任担当、动真碰硬，坚决摒弃自满、侥幸、畏难、埋怨的心态，坚决克服形式主义、官僚主义，坚决防止遇到矛盾问题上推下卸、左右推诿，下面怨上面、上面怪下面等不负责、不担当、不作为的问题。我们一定要清醒，今天抓安全生产，整治的主要是不符合安全标准要求的企业设施设备和人员行为，解决的是威胁人民群众生命财产安全的风险隐患，换来的将是经济结构的转型升级和高质量发展。这个基本认识和站位一定要有。

（二）围绕防范遏制重特大事故抓落实

重特大事故始终左右安全生产形势，这几年虽然下降幅度很大，但波动性特点十分明显。近10年来，化工重特大事故基本上每隔两三年就发生一起，同时一些地方和行业领域想不到、管不到的风险问题还很多，比如谁能想到一起居民自建房倒塌就造成那么多人、那么多大学生死亡。煤矿近 6 年没有发生特别重大事故了，但风险仍然很大，尤其是在增产扩能的形势下，哪里抓得不紧不实，哪里就会出事，而且一出就是大事。煤矿这样，非煤矿山和尾矿库呢？应该讲，它们的整体管理水平比煤矿还要差一截。

习近平总书记指出，"要把遏制重特大事故作为安全生产整体工作的'牛鼻子'来抓"。那遏制重特大事故，抓什么？2022 年 4 月，针对一些地方和行业领域一段时间连续发生的重特大事故教训，我们组织起草了《关于进一步强化安全生产责任落实坚决防范遏制重特大事故的若干措施》，即十五条硬措施。习近平总书记高度重视、亲自审批，国务院安委会部署全国贯彻落实。目标导向很明确，就是紧紧盯着防控重特大事故来的。

这十五条硬措施都是很具体的，每件事怎么做都交代得很清楚，是防控重特大事故的系统性治本举措，直击要害。要落实好这些硬措施，就要拿出硬本领，并要长期坚持下去，谁马虎松懈了，谁就可能"翻车"。这里，还要注意以下几方面：一要不折不扣严落实。大家从十五条硬措施的具体措辞上也能深切地感受到，要"理直气壮""重拳出击""打得准、打得狠、打出成效"等，用词之重是少有的，充分体现了党中央、国务院遏制重特大事故的鲜明态度和坚定决心。落实过程中要防止打折扣，对责任不落实、贯彻不到位的追责问责，切实做到硬措施、刚执行，真落实、见实效。二要层层盯紧抓落实。运用明察暗访、专项检查、重点督办等多种措施，掌握各地落实情况，并结合对地方政府的安全生产年度考核巡查，推动强化落实效果，坚决防止停留在会议上、文件上，在机关里打转、空转，一边手里拿着硬措施，一边执行不力发生重特大事故。三要动态评估促落实。要坚持每过一段时间都要拿出来对照一下，看哪些还不到位、哪些又放松了，不断地滚动排查，滚动交单子，单子不仅要交给相关单位，还要交给地方党委政府，凡是不落实的还要交给上级安委会。同时，地方党委政府领导干部要定期听取落实情况汇报，需要一把手出面上手解决的难点梗阻问题，要及时研究解决。只有我们把每一项重点工作做扎实了、每一条硬措施落实到位了，防控重特大事故才能心里有底。

（三）强化组织领导抓落实

领导干部如何抓安全生产？我认为，就是要靠严实有力的组织领导工作，这是对领导干部作风能力的检验。如果仅仅开开会、表表态，一般性、原则性领导是解决不了问题的，必须既挂帅又出征，善于抓重点关键，抓出实实在在的成效。

强化组织领导，很重要的一条是要落在善抓风险研判上。这些年来，我有个体会，在安全生产上我们确实有认知不足的风险，但"黑天鹅"是极少数的，绝大多数还是"灰犀牛"，也就是往往司空见惯而又经常忽略的风险。我们当领导的，若对本辖区行业领域的这些风险心中无数，不知道风险在哪里就是最大的风险，不知道隐患在哪里就是最大隐患，采取的各项措施就是"无的放矢"。因此，领导干部要有效识别风险、管控风险，就必须建立健全风险研判机制。党政分管领导要经常参加会商研判,主要领导要主动听取汇报,保持信息畅通和鲜活,知道身边的风险是什么、最大的风险在哪里,真正做到耳聪目明,切实把风险排查、防范化解抓在手上,协调解决实际问题,以钉钉子的精神推动落实。

强化组织领导,必须落在强化监管责任上。重在压紧压实"三方责任"和"三管三必须",特别是地方党政领导班子每一次换届调整后,每一位新上任的领导干部都要领责、担责,对以前的老问题、存量风险不能新官不理旧账。同时对发展过程中出现的新增风险,要明确监管责任、完善工作机制,做到"一个萝卜一个坑"。若工作中遇到有关部门推诿扯皮的问题怎么办?这就需要党政领导干部亲自听汇报、亲自拍板,不能怕得罪人,含含糊糊,语焉不详,爱惜羽毛。不决策不拍板是要出人命的,最终得罪的是自己,是老百姓。有的事是中央定下来的,必须按中央精神办;有的要报编办和安委会及时明确;有的需要领导干部下管一级,督办解决。广东对50多个部门单位、山东对120多个行业领域、北京对新能源和玻璃栈道等新领域的安全监管职责都一一划明厘清,他们的做法值得借鉴。

强化组织领导,还要落到配齐配强班子队伍上。因为不可能所有的事都要党政领导去干,很多工作必须要靠主管部门。最不放心的事要让最放心的人去干,就必须培养一支信得过、能力强的队伍。要把应急岗位作为吃劲岗位,让敢于担当作为的干部到应急管理领导岗位磨砺。要注重建强基层安全监管执法队伍,过去有的人总强调应急管理部门成立晚，编制早就分完了，没办法解决，但为什么有的地区就有办法？2020年江苏8个化工重点市、20个重点县全部建立了专业执法队伍，专业监管人员占比达到84.8%，提前超过中央规定的75%的比例要求。总结一条基本经验，就是党委政府主要负责同志重视和推动安全生产工作。我们不能非要等出大事才重视，才发现没有得力的专业人员来管！这既是对党和人民的事业不负责，也是对自己和家庭不负责。

（四）突出分类指导抓落实

我们国家是最大的发展中国家，工业门类齐全，行业领域众多，安全风险面广量大。同时企业的基础水平、管理能力、专业特点、风险状况等千差万别，工作指导也要分门别类、精准施策、精准治理。比如，在安全整治问题上不要一刀切，应针对企业不同情况分类开展治理整顿。好的企业，除正常依法监管检查外，不要打扰企业正常生产。要鼓励支持好的龙头企业兼并重组其他小型企业，提升行业安全整体水平。对差的企业，要重点监管，整治后仍不符合安全标准的，该淘汰的就坚决淘汰。对"小散乱差"问题，不下决心标本兼治无法实现高质量发展。

拿煤矿来讲，过去煤矿一直是重特大事故窝子，几十人、上百人的矿难不断，历史上最多的一年（2005年）发生58起重特大事故，其中百人以上的一年发生4起。现在为什么基本稳住了？起关键作用的就三条：一条是关小煤窑，煤炭供应主要由大矿担起来，10年前全国安全高效大矿共有442处，至2021年已达到1147处、增加159.5%，2022年全国产煤45亿吨，这部分大矿产量比重占了71.1%，提高了36个百分点；第二条就是矿长下井，矿长带班下井就将自身的安全与矿工的安全拴在了一起，安全看得更紧、抓得更实。第三条是大力推广智能化，既减少下井人数，又提高工作效率。现在不仅安全保供能力增强了，而且煤矿事故率大幅下降，由过去每年发生几十起重特大事故、全年死亡8000余人减少至目前的每年两三起重大事故、全年死亡240人左右。烟花爆竹行业的整治也是走建大关小、机器换人这个路子，应急管理部成立以来没有发生重大以上事故。再看交通，这些年通过大力开展生命防护工程建设、修建四通八达的高速公路、集中治理"两客一危一货一面"、对大型客车司机深夜强制停车休息，以及醉驾入刑等，交通事故由过去一年发生几十起大事故降到现在一年两三起。为强化农用车安全，一些地方加大农忙季节班车集中供给，从源头上解决人车混装问题，现在安全状况也有了明显好转。还有水上运输和渔业船舶，2020年全国发生16起重大事故，其中水上运输和渔业船舶就占了6起，这么大的比重以前没有过。我们请交通运输部、农业农村部一起来共同研究部署开展"商渔船共治"，现在重大事故基本控制住了。危化企业最令人放心不下，过去每次特大事故之后第二年就没有发生，但过了第二年又接着出大事，好像已经形成了一个怪圈。响水事故后，全国持续开展了三年大整治，开展6轮专家指导服务，"一园一策""一企一策"进行全面系统治理，已经连续三年多没有出大事，打破了这个怪圈。其中关键还是抓住企业法人和管理团队，不能利益自己占了，安全风险留给工人和社会；法人不能外包空挂，管理团队必须在岗在位，不能搞远程遥控；对于不负责任的一些不良法人和管理者，要强化法治措施，不能任其违法违规。

此外，涉及安全生产的一些中介机构也要坚决整治。中介机构不能只拿钱不担责，更不能违法出虚假报告，昧着良心赚黑钱。发现这样的黑中介必须一辈子打入"黑名单"。响水事故抓了24个环评安评中介机构的人，2021年山西"6·10"代县铁矿重大透水事故、2022年长沙"4·29"特别重大居民自建房倒塌事故等，也都发现有无资质的设计公司参与其中、评价机构出具体虚假报告等问题。安全生产是一项很实很细的活，哪一件事没有抓住管好都能酿出祸患，必须针对行业领域特点，既要下大气力，还要勤动脑子，分类施策、精准治理，方能见效。

（五）建立长效机制抓落实

加强安全生产工作，有效防控重大安全风险，十分重要的是，要立足于"两个根本"，运用系统观念，建立起"向事前预防转型"的长效机制，坚持常、长二字，经常、长期抓下去。除了以上讲的几个方面外，还要抓住以下几个关键点。

第一，要围绕深化源头治理抓长效。当前和今后一个时期，为摆脱"三重压力"影响，一些地方大工程大项目大建设将非常集中，必须要有一个以安全为前提的科学严谨的制度保障，防止急中出乱、先天不足。各级党委政府，特别是各级发展改革和各领域的主管部门，要注重建立完善项目安全风险评估与论证机制，严把审批安全关，不能"边审批、边设计、边施工"，让安全把关成为一句空话。对这些大工程大项目的科学管控治理，也是推进中国式现代化的必然要求，关系到国计民生的根基问题，丝毫马虎不得。还有，中西部地区在承接东部转移项目时，一定要坚持安全环保标准，从源头上严格把关，决不能降低标准、重蹈覆辙。

第二，要围绕严格监管执法抓长效。重在解决影响安全生产、屡屡重犯的痛点难点问题。要严厉查处一些领域长期存在的违法分包转包和挂靠资质行为，坚持"谁的资质谁负责、挂谁的牌子谁负责"，对发生生产安全事故的严格追究责任。还要注意一种新情况，就是劳务派遣和灵活用工将是常态，但安全责任和培训教育等往往悬空，有的上岗没几天就出事。对这些人员要纳入本单位从业人员安全生产统一管理，危险岗位要严格控制，未经培训合格不能上岗，这是我们要重点监管的。最近我看到一则报道，江苏省苏州市应急与人社部门就劳务派遣用工问题联合出台规定，明确重点安全风险岗位用工必须是企业签订正式劳动合同的专业工作人员。这个措施就是务实管用的。同时，"打非治违"还要继续保持高压态势，运用群防群治的力量，重奖激励群众和企业员工举报非法违法行为和重大隐患；充分利用在线远程巡查、监测等信息化手段，及时发现违法盗采、冒险作业等行为。要深挖严打违法行为背后的"保护伞"，坚决整治执法检查宽松软和"猫鼠一家"的腐败问题。

第三，要围绕强化本质安全抓长效。本质安全是一个系统化概念，包括人防、物防、技防等。解决本质安全问题，根本的是要解决人的问题，即提高企业管理者和员工的素质。各地区可针对产业分布建好职业院校，培养合格的管理者和员工。同时，要注重加强企业安全文化建设，强化安全理念、法治观念和安全意识，由被动的"要我安全"向自觉主动的"我要安全""我能安全"转变。当今时代，信息技术、人工智能发展这么快，要结合实际充分应用到安全生产领域，做到实时监控、自动控制，强化安全管理效能。要不断加大安全投入，按照国家政策规定足额提取安全生产费用，并且要用在刀刃上，该花的钱一定要花到位，该淘汰的不要舍不得。有的安全抓得好的煤矿，全部建成智能化综采无人工作面，操作的都是科班出身的大学生，这就是人、物、技"三防"的完美结合，这样的安全就是本质上的安全。

安全生产责任重大，长期守好这个基本盘，需要各方面认真贯彻落实习近平总书记关于安全生产重要论述和党中央、国务院决策部署，以党的二十大精神为指引，坚持"两个至上"、立足"两个根本"，勇毅前行、不懈奋斗，完善公共安全体系，加快向事前预防转型，不断提升整体安全保障水平，为全面建设社会主义现代化国家、实现第二个百年奋斗目标提供更加安全稳定的社会环境！

第 四 讲

把握突发事件应急处置基本要领

各有关地区都要做好预案准备、队伍准备、物资准备、蓄滞洪区运用准备，宁可备而不用，不可用时无备。

——2020年7月17日习近平关于研究部署防汛救灾工作的指示

对突出矛盾要有责任意识，主动去承担而不是回避推卸，努力做到发现在早、处置在小。对突发矛盾要临危不惧、沉着冷静、敢于负责，关键时刻要亲临现场、靠前指挥、果断处置。

——2015年1月12日习近平在中共中央党校县委书记研修班学员座谈会上的讲话

突发事件应急处置，是保护人民群众生命财产安全的最后一道防线。党的十八大以来，各级领导干部坚持以习近平新时代中国特色社会主义思想为指导，认真贯彻党中央、国务院各项决策部署，牢固树立人民至上、生命至上理念，在实战中练兵、在磨砺中提升，在一系列重特大灾害事故面前经受住了一场场大考，取得了显著成绩，但也暴露出了一些问题。本讲围绕"突发事件应急处置要领"，结合应急管理部组建以来的一些实践经验和典型案例来讲解。

一、强化应急准备，下好突发事件应急处置的先手棋

应急工作自古有之，我国作为一项专门的管理工作提出来全面加强，是从 2003 年抗击"非典"疫情取得胜利之后开始的，而在全国上下成立一个专门的部门来负责，则是 2018 年 3 月深化党和国家机构改革作出的战略性安排。习近平总书记先后作出一系列重要指示批示，对防范化解风险挑战、做好突发事件应急处置作了多角度、全方位、立体式的阐述，特别是给我们防范应对风险挑战划了底线，就是全力以赴防止发生可能迟滞或中断中华民族伟大复兴进程的全局性风险，防止发生系统性风险，各行各业都要防止发生重大风险，发生了重大风险要能扛得住。我们系统梳理和深入贯彻习近平总书记重要指示批示精神，运用习近平总书记教给我们的科学方法，边组建边应急，不断筑牢安全防线。

我对部领导班子和司局长们反复强调一个观点，就是有没有应急管理部，最大的区别是有没有做好应急准备，把"风险防住了没有、应急准备好了没有"作为检验我们履职尽责的标尺，把"时刻准备着"和"关键时刻扛得住、处置好"作为应急人的自觉追求。

在应急准备方面，我们首先把历史上不同类别的重大突发事件进行梳理，复盘研究应对过程，学习掌握宝贵经验，同时吸取教训、改进工作。大家知道，2008年初在湖南、贵州、江西、广西、湖北、安徽、浙江等省区发生了极为罕见的低温雨雪冰冻灾害，受灾群众达1亿多人。在整个应对过程中：一方面，中央领导同志亲临一线指导抢险救灾，各有关部门和灾区各级党委、政府全力打好抢通道路、抢运电煤、抢修电网、保障群众生活、保障市场供应的"五大攻坚战"，充分发挥社会主义集中力量办大事和一方有难、八方支援的体制优势，在较短时间内取得抗灾救灾斗争重大胜利；另一方面，也暴露出不少问题，既有生命线工程抗灾能力脆弱的问题，也有多灾种叠加下的多部门协调能力不够的问题，还有预警响应机制缺失、应急预案不足的问题，而最突出的还是思想麻痹，一些地方和部门对气象部门发布的灾害预警没有足够重视，导致了初期应对工作的被动。应急管理部成立后，也遇到了类似灾害。2021年冬至2022年春，在湖南、安徽、江西、浙江等地区出现了多轮大范围低温雨雪过程，虽然应急管理部的"三定"方案上没有低温雨雪灾害这项职责，但是我们认真吸取2008年的经验教训，报经国务院领导同志同意后，提前谋划、主动提醒各方面注重从体制、机制、预案、手册、力量、物资等方面做好应急准备，主动牵头加强研究会商和预警响应，推动相关地方和部门提前做好预防、抢险等各项工作，有效降低了灾害损失。从这些年的应急准备实践中，我深切地体会到：各级领导干部无论在什么地方、什么岗位，都应当了解本地区、本行业领域发生过的重大突发事件，认真梳理存在的风险隐患，看到深层问题，主动防范化解，并做最坏打算，做最充分准备，确保真正发生重特大灾害事故后，能够顶得上、扛得住，最大程度保护人民群众生命和财产安全。要重点做实五个方面的准备。

（一）做实思想准备

对于领导干部而言，做好应急准备工作第一位的是做好思想准备。这是做好应急准备的前提和保证，如果思想准备不足，应急准备是不可能完全做好的，应急时必然会出现各种各样的问题。那么，领导干部如何做实思想准备呢？要从三个方面入手。

一是自觉增强忧患意识。强烈的忧患意识是领导干部应急准备最主要的思想基础，这个思想基础重在自觉增强。党的十八大以来，以习近平同志为核心的党中央将增强忧患意识、防范风险挑战提高到前所未有的高度，习近平总书记更是千叮咛万嘱咐。而我们在实际工作中看到仍有一些同志忧患意识不强，面对一次次突发事件都感到突然，都说"没想到"；有的应急时进入不了应急状态，不知岗位在哪里，不知采取哪些有效的应对措施，缺少忧患意识，没有做好应急思想准备。如何自觉增强忧患意识？

我们认为，需要从两个方面强化自觉性。一方面在学习上要强化科学思想武装的学用结合。学习贯彻习近平总书记增强风险意识、坚持底线思维的论述，重在学深悟透，入脑入心，要真正认识到当今社会是风险社会，当今世界更是充满风险，在实现中国式现代化、实现中华民族伟大复兴的征程中，准备经受风高浪急甚至惊涛骇浪的重大考验，这是现实的，也是具体的，领导干部切不可认为"风高浪急""惊涛骇浪"离自己很远，要紧密结合本职工作深入排查风险隐患，认真研究防范化解的应对思路、措施，结合实际加深理解，加强运用，在学用结合中增强忧患意识。另一方面是要强化防范风险责任的具体落实。为什么有些领导干部没有认识到自己肩上防范风险的责任，感到轻飘飘的？因为没有细化到自己的头上。领导干部应当自觉梳理在防范风险方面担负的责任，同时，组织上也应当全面细化落实责任制，拿出具体的责任清单，并加强督导评估，有力推动领导干部自觉增强忧患意识。

二是把自我全面动员起来。突发事件发生后，相关地方和部门的领导干部都面临很大的压力，面对严重的灾情、事故造成的重大伤亡，面对灾民、受害者家属对党和政府的期待，还要面对上级领导同志的指示批示、社会舆论的监督，领导干部经受着巨大的精神和心理压力。而这关键时刻，领导干部要负责指挥紧急处置、救援救灾、发挥指挥协调和激励凝聚人心的作用，承担的任务比平时更加繁重，这就需要领导干部从思想上、心理上、行动上把自己全面动员起来，以高度的政治责任感、使命感，激发起豁出来的勇气、士气，以灾情就是命令、挺身而出就是自己的责任义务，要求自己以更好的精神状态深入一线、深入群众，当好指挥员、战斗员，全力以赴做好应急处置工作。人都是会有这样那样的活思想的，这种时刻必须头脑更加清醒、党性原则必须更加坚定，不能给消极的思想和情绪留有余地和空隙。在自我动员方面我是有切身体会的。回顾这几十年一路走来，经历过多少大事件、大案件、大事故、大灾害的处置，尤其是面对"第一次"，都需要把自我全面动员起来，以最好的状态争取最好的结果。2018年3月，我到应急管理部的时候，已经60岁了，特别是建部之初的第一年、第二年，突发的事很多，自己能不能始终保持应急状态，这关系到能不能带出一支作风过硬的队伍，为了不给自己任何退路，于是给自己定了带头值班值守、带头应急响应的规矩，有了这个"自我动员"，再苦再累、压力再大都一直坚持下来了。这么多年我体会到，应急时的自我动员对于把握自我、完成任务很管用，而一次次积累起来，就能不断增强自己的信心和毅力。

三是做好迎战各种困难的准备。总体来看，我们大多数领导干部对于处置突发事件是有经验的、有信心的。大家都深刻认识到，党的坚强领导和社会主义制度优势是我们最大的信心、最大的底气。但事实上，我们也有不少领导干部缺少处置突发事件的经验，有的是新接手应急管理工作，需要从思想上做好迎战各种困难的准备，概括起来有两个方面：一方面，应对工作困难，要把可能遇到的困难梳理出来。比如，可能指挥处置时，信息不通不准、行动方案意见不一、各方力量分散、救援风险太大、灾民生活保障困难、网上持续炒作等。能想到的要有应对的具体办法，还会有想不到的、随时冒出来的各种问题，也要有应对的基本方法，并在坚持处置原则的前提下，极大地发挥领导干部主观能动性，创造性地拿出新的办法应对危机。另一方面，需要做好应对自身困难的准备，防止连续紧张工作造成身心疲惫，身体不适应，防止面临后续事故调查心理上不能正视现实危机，尤其是不能正视暴露出的问题，要勇于面对现实，以坦诚的态度对待问题，并相信党组织和上级机关会实事求是调查处理。一定要胸怀大局，以党和人民利益为重，忘掉自我，全身心投入应急处置工作中，以领导干部应有的觉悟品格经受住关键时刻的考验。

（二）做实预案准备

应急预案的功能体现在两个方面：平时牵引应急准备，急时指导应急救援。在推进应急管理体系和能力现代化，强化应急准备中，应急预案是抓根固本的工作，为领导干部防范应对突发事件提供了依法依规的遵循和履职尽责的参考。从总体上看，现在各类应急预案准备还存在一些短板和不足：一是不重视，编制预案不下功夫。部分领导干部有侥幸思想，觉得自己不会遇到这些小概率的事，作为领导干部用不着管，也顾不上管；即便出事了，也还有下面分管的同志；而分管的领导又认为还有部门的同志，层层马虎应付。二是不管用，预案内容不切实际。有些同志在编制预案时就当作一项差事应付，由于编制预案不认真，导致预案大而化之，都是一些虚的空的原则性内容，有的甚至简单地照抄照搬上位预案，导致关键时刻不知道怎么办，里面的措施不具体、不可行、不好操作；特别是只针对常规情况做预案，连可能出现的极端情况都没有设想过，也没有避险措施。三是没概念，关键时候不知道用预案。有些领导头脑里没有预案，出事后还是临时拍脑袋；有的知道预案，但觉得没有用，也不去推动实际使用和检验完善预案。作为领导干部，在推进预案准备实用管用上要注意以下几点。

（1）要勇于统预案。我国的应急预案是具有鲜明中国特色的：一方面，不同层级的应急预案有不同的侧重内容，既要服从于上级预案的指导性和约束力，又要结合本层级的实际情况，形成管用、实用的应急预案体系；另一方面，不同级别、不同种类的应急预案是有机的整体，必须互相支撑，形成突发事件应对合力。这就要求各级领导干部必须把应急预案统筹起来，系统设计本级的应急预案构成，特别是注重解决边界的问题，避免职责不清，也避免主观故意往外推，切实以应急预案为抓手，凝聚起多部门防范应对突发事件的整体合力。在这方面是有教训的：2005年11月13日，吉林石化公司双苯厂发生爆炸，消防在5分钟内就赶到现场开展处置，吉林市也随即启动了危化品事故应急预案。爆炸事故被及时处置，但引发了松花江重大水污染事件，主要就是因为企业防范控制和应急措施不到位。消防人员用水冲洗爆炸现场时，制造苯原料的硝基苯与其他有机物一起被冲刷出来，并被当成污水，通过排雨管线排放通道，流入松花江，进而造成一系列次生、衍生事件，引发社会恐慌和水危机，威胁哈尔滨市及周边广大人民群众健康，甚至产生较严重的国际影响，时任国务院总理亲自就此事致信俄罗斯政府总理进行解释，时任国家环保总局局长引咎辞职，国家在随后 5 年投入资金 78.4 亿元用于松花江流域水污染防治。国务院调查组在处理意见中明确提出，吉化分公司及双苯厂对可能发生的事故会引发松花江水污染问题没有进行深入研究，有关应急预案有重大缺失；吉林市事故应急救援指挥部对水污染估计不足，重视不够，未提出防控措施和要求①。事后检查，无论是政府的危化品预案，还是消防部门救援处置预案，以及企业的危化品事故应急预案，都与其相关的环境污染、水源保护、供水、社会恐慌、涉外事件等次生衍生事件应急预案，缺少横向关联，甚至都没有这样的意识，领导干部、相关部门也都没有去统筹协调。各种预案单打独斗、互不关联，应急处置时必然出乱，造成严重后果。

（2）要善于编预案。应急预案的编制工作，是有详细规范的，国务院办公厅印发的《突发事件应急预案管理办法》作了明确要求，可以说是涉及领域广、质量要求高、协调难度大，这就需要切实发挥各级领导干部的组织协调作用，亲自挂帅组织摸清本地区本行业领域存在的风险在哪儿，对风险问题真正抓准，必要时对重点地区、单位、部位组织专家检查论证，不能应付交差；要亲自挂帅组织开展资源调查和能力评价，研究怎么应对风险，将

---

① 《吉化"11·13"特大爆炸事故及松花江特别重大水污染事件基本情况及处理结果》，安全监管总局网，2006 年 12 月 21 日。

应急预案编制过程变成确定行动方案以及加强人员、工作磨合对接的过程，知道出了事之后谁去干什么，领导干部去做什么、部门（单位）去做什么。对于极端情况，必须有充分的考虑。比如，许多地方森林草原防灭火预案，几乎都是常规的，没有考虑烧进城市的情况。2020年四川凉山"3·30"森林火灾就发生在紧邻西昌市区的泸山景区，大火直接烧向西昌城区的一处存量约250吨的液化气储配站和两处加油站、四所学校，以及最大的百货仓库等重要设施，整个城区被黄色烟雾笼罩，当时的情势非常危险。虽然紧急调集周边消防力量英勇奋战，拼死把火势阻隔在距离上述目标只有几十米的地方，但留给我们精神上的冲击是巨大的[1]。后来我跟西昌市主要负责同志交流，问他想过森林火灾烧进城市没有？他说从来没有想象过。事实上，我们的许多地方，森林与城市连得太紧，林中有城、城中有林的现象普遍存在，石油天然气管道、高压线穿越林区，加油站、加气站毗"林"而建，一旦发生森林大火，极易造成群死群伤。当然，在极端情况发生时不可能人财物方方面面都能顾及，但必须守好我们的底线，这就是人的生命安全，立足这条底线一定要划清重点地区，明确往哪儿撤、怎么撤。河南郑州荥阳市王宗店村在编制防洪预案时，村委会擅自删除划定危险区中的受溪河洪水威胁区域，减少应转人员200多人，仅保留受地质灾害威胁人员12人，而县、镇两级都没有严格把关，结果在郑州"7·20"特大暴雨灾害中该村死亡失踪

---

① 《凉山州西昌市"3·30"森林火灾事件调查报告》，四川省政府西昌市"3·30"森林火灾事件调查组，2021年12月21日。

23 人，是郑州市山丘区 4 个市中死亡失踪人数最多的村庄[①]。这就是典型的忧患意识不强、底线思维缺失的表现！

此外，在政府应急预案之外，领导干部还要督促各部门编制行动预案，结合实际场景，细化明确工作程序和责任人，这样真的发生灾害事故之后，领导干部该干什么、怎么干、找谁干就都一目了然了。应急管理部组建后人员刚到位，我们就组织编制行动预案，部里的同志之前来自十几个不同部门，各自任务、文化、理念都不相同，为防止发生突发事件后出现手忙脚乱甚至互相冲突的情况，我们通过大家在一起编制 9 个灾种应急响应手册和 6 个保障机制，让大家知道我们共同的目标任务流程是什么；自己的岗位在哪里，具体的职责任务是什么；并且定期更新完善，还抓住各类灾害事故启动响应，在一次次实战中不断检验完善，经过几年几百场响应磨合，实现了应急响应高效顺畅。回过头来看，应急管理部及全国应急系统之所以能够迅速形成战斗力，能够快速适应全灾种、大应急需要，抓应急行动预案起了重要作用。

（3）要乐于用预案。突发事件往往事发突然、难以预料，而且具有不确定性，需要领导干部采取应急措施予以应对，事实上很多人第一时间是反应不过来的。应急预案系统地梳理了紧急情况发生时应采取的措施，在这个框架之下，我们依据灾害事故态势修订应急预案形成事件的处置方案，就能够系统地指导我们开

---

① 《河南郑州"7·20"特大暴雨灾害调查报告》，国务院灾害调查组，2022 年 1 月 21 日。

展事件处置工作。领导干部在突发事件发生时一定要有这个明确的意识，必须第一时间想到应急预案，第一时间按照应急预案明确的事项启动响应，第一时间根据预案并结合实际情况提出应对措施，开展应急处置工作。2003 年 12 月 23 日晚 10 点，重庆开县境内的中石油川东北气矿发生天然气井喷失控，最终是在次日下午 4 时，技术人员对井口原有两条硫化氢放喷管线实施点火成功，才有效控制了事态发展。但那时硫化氢已喷射了整整 18 个小时，导致 243 人因硫化氢中毒死亡，2000 余人中毒住院治疗，6.5 万余人被紧急转移安置。当地政府当时没有撤离周边群众的应急预案，不知道撤谁、往哪儿撤、怎么撤；但依照川东公司《应急工作手册》中所确定的应急决策的基本原则，应该尽快组织实施点火。事实上，现场抢险负责人就是《应急工作手册》的签发人，在这个紧急关头，却没有运用这一带有预案性质的手册，围绕着是否采取点火措施，犹豫徘徊、逐级请示，从川东钻探公司副经理、总工程师，到公司应急指挥中心，再到北京总部董事长，都没有果断拍板，因为点火有可能引起爆炸，毁掉上亿元的气井，谁也不敢担这个责任，最后还是召开临时董事会集体研究决定。如果他们中的任何一级决策者、指挥员能够依案处置、果断决策，就不会有那么多人死亡和受伤[1]。2006 年 3 月 25 日，距离该井几米之外的矿井也发生天然气井漏事故，当地立即启动应急预案，组织周边群众转移，5 小时内转移了 1 万多名群众，没有出现 1 名群众伤亡，两次事故、两种结果，凸显了应急预案在突发事件

---

[1] 崔丽、田文生：《开县特大井喷案庭审三问》，《中国青年报》2004 年 7 月 16 日。

应急处置中的重要作用。

（4）要勤于修预案。预案是根据已有的经验教训和灾害事故的基本规律编制的，具有一定的确定性，而每一起灾害事故是不可能完全相同的，同类事件具有共性，又有个性，都存在一定的不确定性和差异性，尤其是极端性事件，存在较大的不确定性，这就要求应急预案必须及时更新完善。完成一次重特大灾害事故救援任务、组织一次综合应急演练、开展一次模拟推演，一般都会暴露出应急预案存在的问题，领导干部要及时指导相关部门去修订应急预案，特别是针对全局性问题和最棘手的难点问题，组织重点攻关研究，这样才能确保预案真正管用实用，保持预案的生命力。比如，我们的应急管理体制机制改革了，全国及各省、市、县的应急预案就应该与时俱进地去修订，组织开展专项、部门等应急预案的修订。再比如，每次突发事件响应结束后，我们都应该去检查一下应急预案，甚至于开展一下复盘演练，对处置工作过程、成效和问题等进行全面分析评估，特别是对相关应急预案中体制机制、方法措施的执行情况、合理性分析以及可行的改进方向和对策措施等，进而去修改完善相关应急预案，不断增强应急预案的科学性、针对性、实用性。

（三）做实力量准备

做好突发事件防范应对，尤其是做好应急救援工作，强化应急力量准备是关键；否则，就会让人不托底、不放心。2018 年 3 月 13 日，王勇国务委员代表国务院在向全国人民代表大会作国务院机构改革方案的说明时强调，组建应急管理部的目的之一就是整合优化应急力量和资源，推动形成中国特色应急管理体制。从我国应急救援力量构成情况看，有以下几个特点：一是多元性，基本形成以国家综合性消防救援队伍为常备的主力、军队应急力量为突击、专业救援队伍为协同、社会应急力量为辅助的中国特色应急力量体系。二是行业性，以分灾种、分部门、分行业建设为主，抗洪抢险、森林灭火、生产安全事故救援以及海上搜救、核应急、电网应急等应急力量在灾害事故救援中发挥了重要作用。三是总体不足，与我国经济社会发展总体水平不相匹配，总体呈现"东密西疏""南多北少"态势，中西部灾害易发多发和经济欠发达地区专业应急救援力量亟待加强，不少地方仍是空白，不平衡不充分是主要问题，是突出短板。各级领导干部要紧密结合实际，把区域内的各类应急力量统筹起来，有力有序做好应急力量准备。

（1）建强骨干力量。骨干力量是在突发事件处置中打主力、攻难关的力量，是能起到决定性作用、让人心中有底的力量。做打赢巨灾大难准备，领导干部要始终抓牢骨干力量建设这个牛鼻子，统筹谋划、上下协调，加快补短板、强弱项、填空白。国家需要建强拳头力量、尖刀力量。习近平总书记在党的二十大报告中强调，要"提高防灾减灾救灾和重大突发公共事件处置保障能力，加强国家区域应急力量建设"，明确了国家层面开展应急力量建设的总体思路，就是立足区域救援，建设拳头力量、尖刀力量。

比如，应急管理部在自然灾害防治九项重点工程中建设国家区域应急救援中心，在国家综合性消防救援队伍整合改革中组建消防救援机动总队，目的都是提升快速机动响应能力，打造国家急难重大灾害事故救援的攻坚力量。地方需要补齐力量短板。各地要充分考虑本区域灾害事故特点，全面分析应急力量现状，找到存在的短板弱项，比如四川、西藏的高原救援短板，新疆的沙漠救援短板，云贵川野外洞穴救援短板等，有针对性地明确力量建设总体思路，解决好缺什么、建什么、怎么建、建完干什么的问题。2022 年，应急管理部制定了应急救援力量建设规划，基本确立了国家层面的建设思路、发展目标、主要任务、保障措施，各地也应对本地区应急救援力量建设思路进行明确。基层需要建好先期力量。基层是灾害事故响应的第一单元，是最大程度降低人员伤亡的有力保障。要结合本基层单位范围内灾害事故特点和救援需要，充分整合各类资源，以消防救援站（点）、应急救援站（点）、应急服务站（点）、专职消防队、应急救援队等形式组建应急管理队伍。强化对基层应急力量训练指导，指导建立基层应急力量与其他应急力量联合编组、联合训练演练、联合执行任务的协同联动机制，实现救援资源共建共享、联勤联动。

（2）建立联动机制。应急力量不可能"十八般武艺样样精通"，不同力量的定位不同，装备水平和能力素质也就差别很大。各级领导干部要在这中间发挥好总体规划、统筹协调的作用，建立健全不同应急救援力量间的协调机制，将本地区各类应急救援力量捏合在一起，促进本地区综合能力持续提升。建立应急联动机制，在政府职能部门统筹协调下，形成消防、军队、企业、社会等应急力量协调联动格局，明确响应制度，完善调用程序，确保一旦有事各类力量有序投入、握指成拳、形成合力。力量之间一定要一对一地对接，建立联动机制，不可临时抱佛脚，灾害发生后才去建渠道建机制，现去摸索统筹调度。建立资源共享机制，搭建不同力量间资源信息共享平台，实现应急队伍、专家、装备、器材、场地等优势互补、共享共用。要以预案为抓手完善共享机制，按照总体筹划、各有侧重、互为补充的原则，整合各部门、各力量单元的预案和方案计划，特别是要在应急救援行动中，跨军地、跨行业、跨部门协调配合的具体举措作为预案方案的重要因素，避免主次不清、衔接不畅、任务交叉等。建立联战联训机制，针对辖区内主要灾害或灾种，组织开展多力量、多课题联合演练，让各类应急力量在实兵实装演练中练技能、练协同、练保障，让各级领导干部在近似实战条件下练指挥、练统筹、练协调，提高实际应急应战能力。

（3）改进装备设施。提升应急能力是应急力量有效参与突发事件应对处置的前提条件，应急能力提升的一个很重要条件是改进装备设施。要为骨干应急力量配备关键装备。关键装备是打造应急救援拳头力量的物质基础，在灾害事故发生后具有一招制胜效用，让我们在应对复杂严峻局面时有底气、有能力。针对我国工程抢险力量薄弱的实际，应急管理部于 2019 年 9 月将刚刚由武警水电部队转隶的中国安能纳入国家应急力量体系，加挂应急管理部自然灾害工程应急救援中心，安排近 4.7 亿元为其配备侦测搜寻、通信指挥、挖装保通、水上救援等关键装备。特别是动力舟桥在 2021 年河南新乡洪涝灾害救援中，在不到三个小时的时间里就将 1400 余名被困群众转移到安全地带，被网民称为"救援航母"。要指导专业应急力量用好现有装备。不少队伍的装备都是躺在仓库里，平时不训练、灾时不会用。各级领导干部要督促指导相关应急力量利用现有装备科学安排训练任务、提升专业救援技能，通过高强度训练把装备的效益充分发挥出来。要及时跟踪引进高新救援装备。近几年，我们的安全应急装备质量不断提升，新技术、新产品集中涌现。要及时地把这些高精尖的装备引进来，为突发事件应急处置服务，这也能有效地带动企业的发展。比如，每小时最大抽水量达 3000 立方米的龙吸水移动泵车，最早就是应急管理部在 2018 年山东寿光排涝中向企业租用的，目前已经在全国广泛推广使用。

（4）保持应急状态。这是应急力量能够快速反应、高效执行任务的前提和保证。这些年，各级通过加强灾情形势教育、组织应急拉动检验、开展应急值班备勤、对重点队伍不打招呼抽查等措施，较好地提升了队伍快速反应能力。东航 MU5735 航空器飞行事故发生后，应急管理部紧急从广东调集 4 架直升机前往广西梧州执行救援任务，从下达任务到直升机起飞仅用 1 小时，其间还包括了航前安全检查、航线计划制订和申请审批等一系列流程，这也充分体现了保持应急状态对抢险救援的重要性。各级领导要及时统筹协调相关应急力量、装备、物资向预判灾区实施前置部署，提高勤务等级，以实战行动倒逼应急力量保持应急状态。这几年，每次在台风、洪涝灾害来临之前，在预判地震重点地区和森林防火时节，我们都在相关地区前置应急力量，接到地方增援请求后，以最短时间抵达现场展开抢险救援，取得了较好效果。

（四）做实物资准备

重特大灾害事故发生后，应急物资保障能不能供得上、靠得住，对于拯救生命、稳定秩序至关重要。总的来看，通过抗疫大战，从中央到地方各级都非常重视应急物资保障，工作改进的幅度很大，但仍存在一些问题：一是职能相对分散，采购、生产、接受捐赠、分发调拨、交通运输、邮政快递、仓储配送等职能分散在不同部门、地区和企业，各牵头部门在协调其他部门时存在权威不够、协调不力的情况。二是能力相对有限，储备规模总体不足、品种相对单一、结构不合理，特别是投入普遍不足，个别省份安排本级年度应急物资采购一百万元都不到，不少市县未将其列入财政年度预算，存在"等、靠、要"思想。三是方式相对单一，主要采用单一的政府实物储备，市场和社会作用发挥不够，协议储备缺乏制度性的经费保障，极端情况下履行协议存在一定不确定性。要打通这些难点堵点，需要进一步加强以下几个方面的工作。

（1）优化物资储备。当前及今后一个时期，应急实物储备仍将是应急物资储备体系的主体，必须科学合理规划，加大资金投入，分类分级优化。一要加强需求论证。应立足底线思维，结合本地区灾害特点，确立应急物资储备需求。从国家情况看，应急管理体制改革后，我们充分考虑 2008 年连续发生低温雨雪冰冻、地震等巨灾情况，积极协调发改、财政等部门，按照同时应对两场大灾的标准，增储了 28.58 亿元的中央应急物资，实现了 31 个省（区、市）中央救灾物资储备库全覆盖。二要健全工作机制。加强应急物资保障统筹协调工作，进一步理顺应急物资管理职能，厘清各级灾害应对指挥部门和应急物资储备管理部门及相关部门的职责边界。三要强力推动落实。省级政府要制定储备建议清单，明确市、县储备基本标准，切实抓好县级以下基层应急物资储备，尤其要采取有效措施加强交通不便或灾害事故风险等级高的乡镇应急物资储备，改善储备条件，扩大储备品种，增加储备数量，提升基层应急物资保障能力。

（2）完善储备方式。一方有难、八方支援。联储联供、联调联保是灾时"多方帮一方"的最有效手段之一。各级领导干部在指导本级物资储备的同时，要全面、系统、动态掌握各方储备特别是社会储备情况，在发生重特大灾害之后调用一切可用资源，充分发挥社会主义制度的优越性。一是完善政策制度。建立健全应急征用、征用补偿机制，完善应急物资保障预案，明确极端情况下应急物资保障方式。二是摸清资源底数。切实掌握重要物资企业产业链分布，加强生产能力动态管理，做到应急时刻能知道手上有什么牌、能出什么牌，另外还要摸清本行政区域企业有没有可能转产相关的应急物资，为立足大灾巨灾做足准备。疫情期间，很多央企从零起步转产医疗物资，比如新兴际华等一批企业全力转产医用防护服，强力保障医疗物资供应，利用绿色通道进行投送，为缓解国内初期防疫医疗物资紧缺作出了重要贡献。我们要从中总结经验教训，做细做实储备物资清单、企业清单，并为企业储备生产能力提供政策支持。三是加强区域协同。根据救灾需要，建立和完善相邻地区应急联动机制，强化应急物资区域协同保障工作，明确提报渠道、补偿办法和具体对接工作，形成区域突发事件联合应对合力。

（3）健全配送体系。经过各方面努力，在应对重特大灾害事故中，基本形成了水、陆、空、网多渠道、立体式应急物资配送体系。这里面，要特别注意发挥好空中力量、社会物流体系在高原高寒、山岳水网、偏远偏僻等地区的投送保障作用。着眼应对特大灾害，应急管理部与相关中央国有企业、通航企业，以及京东、顺丰等物流公司，建立了应急物资保障、调配、代储、投送机制和应急物资管理平台；会同交通运输部建立了抗灾救灾高速公路免费通行机制，还组建了多种突击小分队，较好地保证了在断路断网等极端情况下应急物资高效有序调运发放。比如，在四川泸定地震灾害救援中，各方紧急调动十余架直升机、无人机，快速投送救援队伍，转移受伤群众，向地处"孤岛"山区的被困群众运送了大量的医疗、生活、通信等物资和设备；在新疆昌吉州丰源煤矿透水事故救援中，充分发挥社会应急力量网上调配物资保障功能，利用应急管理部与顺丰集团建立的保障机制，将救援急需的抽水软管等一批急需物资，从2500公里之外的北京、江苏泰州空陆接力直接"快递"到事故现场，从下达任务到投送到位仅用11个小时的时间，这在过去是不可想象的。要建立健全政府、军队、企业、社会组织共同参与的调配联动机制，打通从应急物资生产、储备到接收、使用之间的快速传递通道。要完善应急物资社会动员机制，鼓励物流企业、社会组织和志愿者参与应急物资"最后一公里"发放。要利用物联网、大数据和云计算等技术手段，实施应急物资精准匹配、精准配送、精准调控。

（五）做实演练准备

灾害事故的发生、发展具有不确定性。从严从难、从实战出发，深入开展实战化应急演练，是锤炼队伍、检验预案、提升能力最有效的方法。要重点抓好以下三个方面的演练。

（1）抓好灾种演练。我国是多灾之国，无灾不成年，这是基本国情。每种灾害的发生情况和规律特点都不相同，相应的处置方式、手段、对策也就不同。开展灾种演练，主要是使我们熟悉相应灾种的特点特征，熟练具体灾种的应对处置程序，同时也可以提高对突发事件的风险意识，检验应急预案的可操作性。各地区域特点不同，相应的需重点抓的灾种演练类型也就不同。对于我们而言，感到最难应对的就是地震，它具有预测难度大、破坏性大、救援难度大等特点。因此，应急管理部组建以来，重点抓的就是地震灾种演练，我们分别聚焦破解地震初期容易出现的"断、乱、慢"和高原高寒地区救援困难等问题，会同四川和甘肃联合举办了两次抗震救灾大型实兵实战化演习，投入力量之多、动用装备之全、演练内容之广，在国家层面都是少见的。比如，"应急使命·2021"演习时，我们选择地震带上真实的城市、按照预想震级可能形成的危害设置科目，模拟电力、通信和道路中断，县城变成信息孤岛，我们调派"翼龙"无人机，作为空中基站担负应急通信和灾情侦查任务，打通了"生命通道"。2022年9月5日发生的四川泸定6.8级地震，主灾区甘孜泸定、雅安石棉就是当时演练的地点。此外，要以复盘重特大灾害应对工作为抓手组织开展演练。比如，我们全面复盘河南郑州"7·20"特大暴雨灾害，指导河南郑州开展应对特大暴雨灾害应急演练，检验对调查报告中指出问题的整改成效，进一步加强了城市防洪排涝准备。

（2）抓好联合演练。各地区的应急力量很多元，有解放军、武警部队，也有消防、企业、社会力量等，如果没有一个总牵头的部门，如果不搞联合演练，各个救援队伍就会自行其是、多头管理，到时候救援现场肯定是乱糟糟的，无法形成高效救援的合力。通过联合演练，做好练指挥、练协同、练战法、练保障的平时准备，灾害来了，就不会慌乱了。近年来，各地方各部门组织开展了很多实战化、常态化的演练，特别是在军地联演联训等方面都开展了一些有益的实践探索，形成了一些好的经验做法。但也存在少数人员实战观念不强，对"从严从难"理解不到位，致使演练过程违背实际、救援脱离实战等情况。下一步，还是要持续抓好军地间、部门间、区域间联合演练，定期组织专业应急救援力量、社会应急力量、基层应急救援力量与国家综合性消防救援队伍联战联训，推进技术交流、能力融合与战法协同，健全联动机制，做到救援行动"一盘棋"，有效提升多灾种应对、多力量联合、多技术融合的救援能力。

（3）抓好指挥演练。应急指挥体系是灾害发生时候的神经网络，是确保灾害发生后权责清晰、指挥顺畅、政令畅通、运转高效的大脑中枢。可以说，各级领导干部的现场应急指挥能力直接决定着突发事件应对处置成效。2021 年湖北十堰燃气泄漏事故，从事发前 5 点 38 分群众打 110 报警到 6 点 42 分发生爆炸，中间间隔了 1 小时 4 分钟。从调查情况看，不仅反应迟缓，而且官僚主义极其严重，现场拉了两条警戒线什么都不管，没有人赶快清理现场、疏散群众，层层上报、转了一大圈还没报告完那边就炸了[①]。这是一起本可避免的事故。领导干部脑子里一定要有这样一根弦：出现重大风险应当依照预案果断处置，不能前怕狼后怕虎，不能以层层请示代替应急措施。当然，领导们都很忙，很难抽出大块时间来系统学习提升应急素质能力，而通过指挥演练，可以在短时间内熟悉指挥流程、明确指挥事项，达到事半功倍的效果。连续两年的"应急使命"演习，我们都把指挥演练作为其中的一个重要环节，国务院领导同志以其在应急指挥部的实际身份参演，就是希望能够以上率下，让各级都能够对指挥演练重视起来、抓起来。这方面，大多以桌面演练方式开展，我们要敢于在实兵演练中设置随机导调科目，敢于增加意外环节，只有场景想细想全了，灾害来临时领导干部才会心中有数临危不乱。

---

① 《湖北省十堰市张湾区艳湖社区集贸市场"6·13"重大燃气爆炸事故调查报告》，湖北省十堰市张湾区艳湖社区集贸市场"6·13"重大燃气爆炸事故调查组，2021年 9 月 30 日。

二、强化预警响应，打好突发事件应急处置的主动仗

预警与响应脱节，这是一个比较普遍的问题，一直未能引起各方面真正的重视。河南郑州"7·20"特大暴雨灾害中，气象部门16时01分发布第5次红色预警后，郑州于16时30分才启动一级响应，实际上灾难已经发生了，山区90%以上死亡失踪时间集中在一级响应前的13时至15时，引发全国震动和关注[①]。然而不幸的是，仅相隔22天的8月12日凌晨，湖北随州柳林镇又发生特大暴雨，造成21人遇难、4人失联，再次暴露了预警响应方面存在的问题。这场暴雨夜雨特征明显，极端性强，来雨急、总量大，自凌晨3时开始，4时至7时降雨量达373.7毫米，是有气象记录以来的历史极值，镇区平均积水深度3.5米[②]。综合分析存在的问题：一是预警不力，受技术上报不准和预警标准的影响，晚上的天气预报说的是中到大雨，好多群众没有当回事；气象部门22时才开始发布红色预警，好多群众已经入睡。二是响应不力，基层指挥机构没有将红色预警信息通过无线广播、报警设备、手机短信、电台电视、网络媒体等媒介滚动播放，提醒受影响区群众注意防范突发山洪，也没有提前把危险区的群众集中安置到安全地区。三是避险不力，对于应对特大暴雨的转移路线、安置地点等信息，既没有上墙告示，也没让当地居民熟悉，更没有组织演练，有的人是自己通过手机或网络知道有强降雨过程，有的

---

① 《河南郑州"7·20"特大暴雨灾害调查报告》，国务院灾害调查组，2022年1月21日公布。

② 《随县柳林镇遭遇极端强降雨》，随县人民政府，2021年8月13日。

是家里在外工作的人电话告知并提醒他们居住到二楼，才成功避险的。深刻总结这些惨痛教训，我们提出：有风险预警，就要有响应行动，必须建立健全预警与响应之间的联动机制。为此，应急管理部和中国气象局联合印发了强化气象预警和应急响应联动工作的意见，要求建立值班人员 24 小时直联制度，实现暴雨、台风、强对流天气等气象预报预警信息实时共享；建立直达基层责任人的红色预警"叫应"机制，确保预警信息即时到人、防范措施灾前到位；把气象预警纳入应急响应启动条件，合理确定响应级别，明确行动措施等。应该说，预警与响应联动贯穿于风险形成、发展、处置和善后的全流程，是"强化应急工作全过程管理"的具体体现。从近几年应对气象灾害和洪涝灾害实践看，预警响应有以下几个特点需要大家把握。

（一）预警响应，难在精准

习近平总书记在十九届中央政治局第十九次集体学习时提出了精准治理的要求，强调"预警发布要精准，抢险救援要精准，恢复重建要精准，监管执法要精准"。精准预警的要求是放在第一位的，这是精准响应、精准应对的前提。精准预警主要体现在两个方面：一是预警的内容要精准，充分利用各种技术手段，在全面的监测和科学的风险评估基础上，分析决策形成精准的预警信息，这也是发布精准的前提。二是预警的发布要精准，要以高度负责的精神确定适当的发布对象和范围，不能怕说不准负责任，就扩大范围或含糊其词；发布是不是力求精准，这是带动提升预警信息可信度和权威性的关键。从全国的情况看，在精准预警上还存在以下问题：一是监测有盲区，2022年主汛期，四川北川、平武和青海大通的3起山洪灾害，造成人员伤亡的重要原因就是村镇上游暴雨区没有雨量监测设施，而雷达回波监测存在滞后性，难以提前掌握上游降雨和洪水信息，也就难以形成高级别的预警。二是指向性不够强，气象预报存在很多世界性难题，这几年总体看水平在不断提高，短临预报比较准了，但范围仍比较宽，重点还难以具体精准。三是主体过多、信息泛化，同一个气象过程，从国家到省到市县，各级的气象、水利、自然资源等部门都在发布预警，我们的基层干部和老百姓收到的预报、预警和提示信息太多了，久而久之就成了"狼来了"，警示作用削弱。为了改变这种状况，需注意抓好以下几方面的工作。

（1）加强多部门合作。打破部门局限，建立统筹共享的信息平台，将水利、自然资源、气象等部门的数据加以整合，并建立常态化的联合会商机制。特别是，聚焦"成灾"这个关键因素，形成早期通报、提前预警、短临警告、协同联动的工作流程，解决"最初一公里"的问题，确保形成的预警信息在时间、空间、强度、风险四个维度上尽可能做到指向清晰、尺度精准。具体而言，预警的范围要具体适当，预警的风险提示应清晰明确，区域的风险在哪里，重大风险源是什么，涉及人的风险有哪些，对避灾疏散、应急准备等有什么要求和建议。在这个过程之中，要发挥应急管理部门的综合优势和其他部门的专业优势，对突发事件的生成、演进的总体趋势进行前瞻性预判，未雨绸缪地采取措施。

（2）注重多途径传播。进一步健全完善预警信息发布"绿色通道"，通过手机短信、互联网、广播、电视、人防警报、街道显示屏、微博、微信等多种渠道传播预警信息，提升灾害预警快速发布能力。比如，地方各级气象部门发布暴雨、台风、强对流天气等气象红色预警信息，要第一时间电话报告本级党政主要领导、分管领导和防汛抗旱指挥机构负责人，并通知同级应急管理部门主要负责人或分管负责人，确认其收到后做好记录。县级气象部门发布暴雨、台风、强对流天气等气象红色预警信息时，还要通过与当地应急管理部门提前商定的渠道，提醒预警覆盖的乡镇（街道）党政主要负责人、村（社区）防汛责任人，确保预警信息即时到人、防范措施灾前到位。尤其是，针对很多灾害都发生在夜间的实际，基层责任人接到预警信息并采取应急措施后及时反馈，确保既要"叫醒"也要"回应"。

（3）利用多方式执行。要切实建立以预警信息为先导的全社会应急联动机制，让预警信息真正成为应急工作的"消息树"和"发令枪"。在这个方面，我们要借鉴香港特别行政区的经验做法。香港在气象灾害预警上是比较完备的，他们以天文台预警发布为先导，以保安局统筹协调为保障，以相关部门联动为支撑，以新闻媒体互动为手段，以公众自觉响应为基础，实现了预警信息发布及时准确、预警信息传播覆盖全面、部门联动迅速高效、响应措施快速科学，确保有效应对各种气象灾害。这也启示我们：做好精准预警，不仅仅是哪一个部门的事，而是全社会的行动。我们既要按照职责发挥好专业部门的职能作用，也要推动提升各方面各阶层警报就是命令的意识，做好"群防群治"工作，形成警报一旦发出、迅即转化为全社会应灾避险自觉行动这样一种局面。

（二）预警响应，重在联动

联动就是根据预警预报或者风险研判，上下游、左右岸都要运转起来，相关人员都行动起来，到自己该到的位置上去，把职责履行好、把任务受领好、把工作检查好；同时，措施也要动起来，力量预置、物资装备储备等应急准备都要到位，构筑起应对灾害事故的坚固防线。河南郑州"7·20"特大暴雨灾害中，响应联动情况是直接体现在伤亡人数上的，登封市是启动应急响应最早的，也是因灾死亡失踪人数最少的（13 人）；荥阳市启动应急响应最晚，因灾死亡失踪人数最多（96 人）①。综合起来，在联动上主要存在以下问题：一是联动方式不明确，全国各省预警和预警信号业务的分工、流程和应急响应联动方式不统一，差别较大，在区域性联动、上下游联动方面的机制、流程、分工等有些处于空白状态。二是联动标准不明确，预警与启动相关应急响应的联动不紧密，不利于应急响应联动的统筹协调。三是联动措施不明确，高级别灾害预警与停工停课停运等机制未进一步明确和落实。我们要深刻吸取河南郑州、湖北随州特大暴雨造成重大人员伤亡的惨痛教训，强化预警与应急响应联动，提升极端复杂灾害防范应对水平。

---

① 《河南郑州"7·20"特大暴雨灾害调查报告》，国务院灾害调查组，2022 年 1 月 21 日公布。

（1）强化制度联动。应急管理部门组织修订防汛抗旱预案时，要把气象预警纳入应急响应启动条件，并结合当地承灾能力合理确定应急响应级别，明确行政措施。要通过预案和制度，赋予基层果断处置的权限。比如浙江聚焦城市内涝引发的断水、断电、断网、断路、断气等"五断"极端情况，明确停止户外集体活动、停课、停工、停业、停运"五停"工作指引和编制指南，规范了具体适用范围、启动标准和应急措施，保障在极端情况下，基层能够第一时间自主响应、独立作战，果断处置突发险情，最大限度减轻暴雨洪涝灾害损失。

（2）强化信息联动。区域间、上下游之间要健全预报预警信息共享机制，建立值班人员24小时直联制度，实现预报预警信息的实时共享。比如，上游发了红色预警，就一定要通报下游地区，强降雨具体数值更是要第一时间通报，避免极端强降雨引发山洪影响下游群众生命财产安全。目前，全国许多相邻地区之间的应急协同联动机制只是对预警信息的共享提出了原则性要求，下一步应该在实化细化上下足功夫，确保在共享和联动上落实到位。

（3）强化措施联动。收到气象预警信息后，应急管理部门要组织灾害风险综合会商研判，及时报请本级防汛抗旱指挥机构依据预案启动应急响应。收到气象红色预警后，应急管理部门第一时间报请本级党委政府和防汛抗旱指挥机构进一步组织研判，提出"关、停"等强制措施实施意见，依据预案和会商意见果断执行。

（三）预警响应，贵在负责

强化预警响应联动，能不能把各项措施落实下去，能不能取得好的效果，最根本的就在于是否有高度的责任感，就是习近平总书记反复强调的"时时放心不下"①的责任感。可以说，负责与不负责、高度负责与一般负责，结果可能大不一样。具体体现在以下几个方面。

（1）要在落细落实上高度负责。习近平总书记曾讲，宁可十防九空，不可失防万一。最重要的就是要落实安全防范，确保人民群众生命安全这个责任，必须落实到每一处危险区、每一个隐患点、每一户、每一人。当预报有暴雨可能造成洪涝、山体滑坡等灾害时，相关区域防汛包保责任人特别是包乡包村干部要提前下沉一线，督促指导责任区、联系点做好人员转移避险、重点部位巡查、抢险救援救灾等工作，帮助解决遇到的实际困难。村干部就要包组包户到人头，做到高风险区一户不漏、一人不少。2016年7月18日至7月21日，河北省大部地区出现降雨过程，造成114人死亡、111人失踪②，问题主要是一些基层单位防范责任落得不细不实，同时在这场暴雨灾害中，也涌现出许多基层党员干部高度负责的感人故事。比如，磁县陶泉乡五里河村党支部书记赵金文在用喇叭喊破嗓子，一遍遍通知村民转移的同时，又连续几次挨家挨户通知，对行动不便的老人，他不顾自己身材矮

---

① 《中共中央政治局召开会议分析研究当前经济形势和经济工作》，新华网，2022年4月29日。

② 《全省洪涝灾害灾情》，河北省民政厅网站，2016年7月23日。

小，硬是蹬梯子、爬陡坡，将老人们一个个背到了安全地带。其中，80多岁的赵克兴、柴玉香夫妇起初坚持不肯转移，他们说，穷家难舍，1963年、1996年洪水那么大都没有事，肯定淹不了！面对这样的老人，赵金文反复劝说、动员，直到第四遍登门动员后两位老人才同意转移。刚离开不久，山上倾泻而下的洪水从房顶上直接涌进了院子，房屋瞬间冲毁。两位老人转移到安全地带，后怕不已，感激地握着赵金文的手久久不放。赵金文等村干部以高度负责的精神，创造了五里河村房屋倒塌数百间而无一人伤亡的奇迹[①]。

（2）要在科学决策和行动上高度负责。领导干部在灾害风险高的重点时段、关键时刻，应尽可能亲自主持相关部门领导、专家研判，听取各方意见建议，调度重点部门、重点地区应急准备工作，督导落实落细责任措施。会商研判不是一般的汇报，领导表个态提些原则性要求，而是要准确分析灾害风险形势、发展趋势、防御重点，明确应对措施，果断决策、科学决策。现在，有的地方出现简单化倾向，一有灾情就人为往大里报，主要是怕追责；一有灾情预警，没有经过认真研判就较大范围撤离群众。这里面，固然有技术上不够精准的原因，但从深层次分析也是怕担责。为了保证群众生命安全，我们在确实难以精准划定范围时，必须把没有安全把握范围内的群众坚决撤离，毫不含糊。但是要防止不分层次，搞简单化、一刀切，把撤离范围定得太大，既影

---

　　① 赵宏宇、范世辉：《村支书版"孤胆英雄"：携11位老人洪灾逃生》，新华网，2016年8月15日。

响群众生产生活，也影响党委政府公信力。所以，我们要以高度负责的精神尽最大努力精准研判、科学决策和组织行动，尽力通过高水平的指挥行动，让人民群众信赖、放心。

（3）要在胸怀大局上高度负责。每一位领导干部都担负着维护国家安全的职责使命，都要以高度的责任心去落实每一次预警联动响应工作，切不可因见事迟缓、处置不力而造成严重后果。应急管理部组建以来，一直在高度重视联动响应，不管哪里有重大灾害预警，或者发生重大涉险灾害事故，我们都是一盯到底，直到问题解决了，预警响应联动才终止。有些灾害其实是地方为主体在处置，但我们也在那里盯着，下面处理好那是最好的，如果遇到困难问题，可以给予指导帮助，提供专家、装备等支援；如果事情闹大了，国家层面也能早出手，确保有力有效处置，防止形成更大的风险。有些同志也曾对我说，你们这样联动管得多、会很累。累是肯定的！但不管是什么时候，只要涉险人数在 10 人以上，森林火灾 24 小时不灭，或者风险大敏感性强的事件，我们都高度关注、主动联动，有时一天三四个地方，我们一盯一夜，一盯几天几夜，但这样联动的实际效果是好的。比如，福建泉州坍塌事故死亡 29 人，我们联动响应成功救活 42 人；山西襄汾坍塌事故也是死亡 29 人，我们联动响应成功救活 28 人。这些事故一发生，我们部里立即指导现场救援，并派出领导和专家赴现场具体指导，这样的事例很多，实践充分证明上下联动是真正对党和人民高度负责，最大限度减少了重特大灾害事故，有力有效保护了人民生命安全。为此，领导机关应该高度重视联动响应，同时在每次响应过后，要及时总结评估，主动找问题、找短板、找弱项，进而不断提高预警响应的精准性实效性。

（4）要在及时准确上报灾情上高度负责。灾情信息是各级党委政府制定抢险救援救灾决策的重要依据。我们只有及时准确打好信息上报这个基础，才能将党和政府的关怀和温暖及时送达受灾群众手中。在第一讲中，我讲过关于事故上报存在迟报瞒报问题，在灾情上报中，既存在迟报瞒报问题，也存在虚报多报的问题。当然，也有报灾不规范、报灾能力不足的问题。如何以高度负责的精神做好报灾工作？要注重做好以下几个方面：一要理顺报灾渠道。重特大自然灾害发生后，地方各级指挥部要设立灾情统计专班，应急管理部门应牵头专班工作并发挥好归口管理职能，相关涉灾部门以及各有关方面要做好协同配合，加强信息共享，确保对上对外口径一致。二要提升报灾能力。着眼应对大震巨灾和极端性灾害，不断提高应急保通能力，尤其是多灾易灾地区要配备卫星电话等应急通信装备，加强基层灾害信息员业务培训，并提供必要的工作保障。北方一些自然灾害少发地区要定期组织开展报灾演练，确保关键时刻会报灾、报得出、报得准。三要及时查灾核灾。省、市、县三级要逐级建立灾情会商和核查评估工作机制，在党委政府领导下，由应急管理部门牵头，按照灾情统计制度要求，会同有关部门做实做细因灾直接经济损失台账，注重发挥各领域专家和科研院所等第三方作用，运用大数据、无人飞机和遥感卫星等手段，科学全面、客观准确评估核准灾害损失，为编制灾后恢复重建规划或方案提供重要依据。四要严肃报灾纪律。地方各级党委政府和领导干部要不断提高思想认识，严格遵循相关法律法规和灾情统计制度，做到及时准确报灾。要建好因灾死亡失踪人员台账，健全人口信息比对机制，定期组织开展警示教育，出现严重迟报瞒报问题的，要依纪依法严肃追责问责。五要规范发布程序。重大灾情信息要遵循"先上报，后发布"的原则，并预留一定的时间间隔，履行好灾情审核程序。获悉有关重大舆情信息时，应迅速组织排查核实，及时主动回应社会关切，维护好社会稳定大局。

三、强化指挥决策，提升突发事件应急处置的科学性

如何正确处置突发事件、及时高效化解各种危机，关系人民群众生命财产安全、关系国家安全和社会稳定，对各级领导干部都是重大考验。在这么多年处置突发事件过程中，我看到过领导干部的各种表现，有的做得非常好，有的一般，也有的比较差，有的甚至不了解处置突发事件的基本要领，不具备处置突发事件的领导能力，造成处置工作被动。那么，领导干部处置突发事件要把握哪些要领呢？这里我介绍一些实际做法和体会，可以概括为三句话，即冷静、果断决策，统一、专业指挥，勇于担当奉献。

（一）冷静、果断决策

各级领导干部在面对突发事件时都要面临决策问题，应当说，应急管理主要就是应对紧急情况（突发事件）的管理活动，本质就是紧急决策，背后实际体现的是领导干部基本功、态度、立场、

作风、政治素质、事业心、责任感等。在突发事件面前，领导干部都面临巨大的精神压力，首先要自己稳得住，越是应急、越是危急关头越要冷静，紧而有序、忙而不乱，在把握原则、掌控全局的前提下，果断拍板决策。这里面，既要防止各方意见不一，迟迟难以拍板决策；又要防止听不进各种意见盲目决策，犯主观主义、经验主义错误。

（1）全面掌握真实情况。以最快的速度尽可能全面了解现场真实情况是领导干部科学决策的前提。这往往也是处置突发事件遇到的第一个难题，有的信息比较慢，迟迟报不上来，有的信息比较乱，不知道谁是真的，该如何决策、如何行动？上面一个又一个电话催问情况，当领导的不可能心里不急，但是，必须沉住气，保持头脑冷静，防止信息不准决策偏差，造成被动，特别是要防止匆忙决策而发生重大失误。在这方面，我们是有过很多经验教训的，这里我讲两件事，一起灾害、一起事故。汶川"5·12"地震发生后，震中汶川与外界失联长达 33 个小时，成为"信息孤岛"。为此，大量救援队伍、设备都聚集在都江堰，准备向汶川挺进。事实上，汶川地震是带状破裂，震中汶川映秀镇只是破裂起始点，破裂带上的绵竹、北川、什邡等都很严重，仅绵竹死伤就达 4 万多人 ①，由于震后初期普遍断电、断路、断网，当时也缺少全面准确核查信息的手段，影响了重点范围、重点方向

---

　　① 汶川特大地震四川抗震救灾志编纂委员会：《汶川特大地震四川抗震救灾志》，四川人民出版社 2017 年版，第 170、171 页。

的决策，好在指挥部及时发现作了调整，确保了重点救援方向的全面准确。这几年我们在全面准确获取灾情信息方面采取了一些措施，比如，加强了防灾卫星监测，建立了遍布乡村的灾情速报员队伍，在四川等防震重点地区基层单位配备了海事电话。为防止再出现"信息孤岛"，我们还搭建了无人机通信平台，在重点地区消防救援队伍中组建了前突小分队，以确保在极端情况下保持通信畅通，并以最快的速度核查信息，为救援指挥决策提供保障。

处置事故也要十分重视核准真实情况。2021年5月31日，河北沧州渤海新区南大港产业园区鼎睿石化公司6个油罐发生爆燃，先是5个油罐爆燃，部消防局调动周边河北、天津、山东1400多名指战员去扑救。当时我正在召开一个会，接到现场报告说不要紧，第一，没死人，人都撤了；第二，园区正在建设，起火的油罐里装的都是渣油，其他罐是空的；第三，园区建在海边，周边没有群众，也没有重点单位。我还是不放心，因为调动1400多人是相当大的动作，而且是油罐火灾。我就立即赶到指挥中心，看到油罐上的熊熊大火，顿时感到情况不是那么简单，渣油为什么有这么大火？是不是企业撒谎违规储存原油？其他企业是不是也在偷偷储油生产？再一问，着火企业的老板手机关机，找不到人，我感到问题严重，如果问题不大，他躲避什么？一大片罐区，到底是空是实？装的是什么？现场几位领导都说不清，这个时候第6个油罐也开始着火了，其中一个油罐还发生了几十米高的沸溢喷溅。我提醒前方指挥员防范不了解的危险，先用机器人水炮给油罐降温，同时尽快摸清情况，做好方案再采取下一步行动。

对于我们这些带消防队伍的人，什么时候也不能忘记天津港爆炸惨重的教训，遇大火大事一定要沉住气，把现场风险摸清后再采取大队伍行动。我打电话给省里协管应急管理的副省长、省公安厅厅长，请公安厅配合市里立即把公司法人和技术人员找到，把周边企业的法人找到。公安厅和市里一起行动，很快把人找到了，包括那个关掉手机正在转移账上钱款的老板，也一一问清了情况。6个大罐中储存了1万吨稀释沥青，爆燃后打泡沫难以奏效，这6个大罐边上还有3个大罐装满了油，相邻的就是一个9吨LNG大罐，一旦着火爆炸，威力相当于等重量的TNT炸药。整个罐区有43家企业，603个大罐，其中262个实罐共装有22.7万吨各种油。情况摸清楚了，根本不是开始报告的情况，现场扑救风险很大，但如果不坚决采取扑救措施，整个罐区很快都会烧掉炸掉。我们前后方一起研究决定，下决心全力以赴控制风险、保住整个罐区，但必须坚决守住底线，不能死人，更不能群死群伤。我们派一名消防局副局长加强现场指挥，采取四项措施：第一，冷却6个大罐，稳定燃烧，不让烧垮，否则整个罐区会变成一片火海；第二，冷却周边大罐和液化气罐，不能扩大燃烧范围；第三，严控现场、轮班作业，把现场人员控制在最小范围；第四，坚决采取措施卸走液化气，排除身边的炸弹风险。企业老板说卸不掉，专家也说难度大、风险很大，我们商量后下决心接管子引到远处烧掉，烧了16个小时才排空，又注氮保护冷却。就在完成工序后10分钟，紧靠的1号大罐发生猛烈喷溅，火焰达到一两百米高，引燃了LNG罐体上的棉被，烧伤了正在撤离的市应急局局长的后背。经过三天四夜奋战，最终灭掉了大火，保住了罐区，没有发生大的爆炸。大家都感到庆幸，如果不是摸准情况，果断采取措施，很可能救援行动会变成一场巨大的灾难。

（2）切实抓住主要矛盾。应急处置与常规工作不同，一个显著的特点就是需要短时间内作出判断、下定决心，否则处置机会稍纵即逝。要明确主要风险，迅速汇集各方信息，跟进核查关键信息，多角度、全方位形成对救援处置风险的认识，对方方面面的风险因素做到了然于胸，同时依据现场的情况对主要风险及其发展态势作出科学判断：现场最大的风险是什么？风险点在哪里？可能造成什么危害？特别是，要判断出对全局影响的因素及后果，善于从点上的应对处置转换到面上的全局把握，在分析应对处置的利弊条件、考虑事故灾害影响的范围后果后，快速作出判断，决定取舍，采取有力措施，尽最大努力减少灾害事故伤亡、减轻灾害事故损失和降低影响。可以说，在每一起重大事件处置中抓准主要矛盾是成功化解风险的关键所在，如果抓不准，轻者受挫，重者失败。前面第二讲我讲了河南郑州"7·20"特大暴雨灾害的教训，这里我从现场处置抓住主要矛盾的角度再讲点体会。2021 年 7 月 17 日至 23 日，河南省遭遇历史罕见特大暴雨，7 月 20 日郑州死亡 380 人，占全省总数的 95.5%。调查下来，郑州处置存在一连串的失误。其中部署防控和处置工作常态化，没有抓住全局性的主要矛盾、主要风险，这是决定性的、致命的失误。19 日，郑州下了一天大雨，至夜间已有 12 个区县（市）153 个站点超过 50 毫米，18 个站点超过 150 毫米，夜间开始，雨又加大，形势非常严峻，市气象局连续发出红色预警，而在 20 日早晨，市防汛指挥部紧急会议仍然没有果断决定采取"三停"措施，没有紧急转移危险区群众，8 时才发出通知，只提出"全市在建工程一律暂停室外作业、教育部门暂停校外培训机构"，仅建议"全市不涉及城市运行的机关、企事业单位今日采取弹性上班方式错峰上下班"。其实，人们都已经上班、上学，全市都还在正常运行，市委、市政府和市防汛指挥部在这个关键时刻，没有抓住主要矛盾、主要风险是保护全市人民群众的生命财产安全，就没有采取紧急避险措施。上午 10 时许，常庄水库出现管涌险情，市委、市政府主要领导、分管领导和市防汛指挥部的领导一起涌向常庄水库，只将水库作为主要矛盾、主要风险，忽视了全市面上广大人民群众面临的重大风险，结果水库没事，而全市出了大事，市区发生严重内涝，死亡失踪 129 人，山区县（市）发生严重洪涝，死亡失踪 251 人。我们在研究灾害教训时认为，在这次大灾应对中，市里领导没有抓住应对的主要矛盾、主要风险，既有思想麻痹、经验主义的问题，也有全局观、敏锐性不强的问题[①]。

（3）统筹全局确定方案。作为领导干部，要掌控全局、把握主动，在充分理解上级意图、准确研判灾情态势的基础上下定处置决心，同时能够根据救援行动变化发展，动态完善处置方案，做到既有一套可控情况下的行动方案，也要有一套处置突发情况的备用方案。基本的原则是依法依规、尽量选优，有应急预案的，

---

① 《河南郑州"7·20"特大暴雨灾害调查报告》，国务院灾害调查组，2022 年 1 月 21 日。

要结合现场实际、利弊条件、风险隐患等方面因素，一事一策形成相对最优方案；比较复杂的，要充分考虑专家和一线人员意见、综合平衡各方意见，对方案进行综合比较、作出取舍，确定救援效率最高、风险隐患最低、处置效果最好的方案。比如，2018年10月10日、17日、29日和11月3日，雅鲁藏布江和金沙江连续发生四次堰塞湖，前三次我们准确研判，认为可以自然过流，就没有采取人工干预措施，只转移了少数涉险的沿江群众，作了应对突发情况的预案，结果都如期过流，与我们分析研判的高度一致。而第四次，也就是11月3日发生在金沙江白格段的堰塞湖风险巨大，这次山体滑坡体是在10月10日滑坡体上的再次滑坡，而且体量很大，达200万立方米，顺河堆积长200米，我们组织会商研判，经过一夜的反复研究论证，提出四套处置方案：第一个方案是自然过流，但要蓄到10亿多立方米水的时候才能过流，需要组织沿江数百万群众避险，时间长、风险大、代价高。特别是：长时间蓄水既增大了上游地区的受灾程度，又会造成溃坝后下泄水量过大而对下游的电站、桥梁和沿江的民房、学校、基础设施造成毁灭性破坏的后果。第二个方案是马上炸坝，地方已经联系运送几十吨炸药到现场，但爆破会因巨大的冲击波震动而造成两岸山体更大的坍塌，形成新的堰塞体。第三个方案是开挖泄流槽引流，是风险基本可控、次生灾害较少、较为稳妥可行的办法，但大型机械空中没法调运，陆上、水上又没有通道，需要人工新开辟进场通道。第四个方案是组织500名民兵上堰塞体进行人工开渠，但进度缓慢，随时面临两岸塌方的危险。经过反复比较、综合权衡，我们研判认为不能等自然过流，代价太大且不可控，必须坚决采取人工干预措施，于是下定决心采用第三个方案。我与四川、西藏主要领导沟通取得了一致意见，下令连夜组建一百多名干部群众参加运输突击队，同时组织沿江部分涉险群众迅速转移，组织下游电站打造围堰、下游放空。第二天一早我电话请示中央领导同志同意后，下令运输突击队立刻出发。运输突击队开山辟路，一刻不停轮番作业，奋战三天三夜开辟道路 7.5公里，终于将 15 台大型机械运送上去。接着，早已等待在现场的 34 名勇士组成的开渠突击队又连续奋战四天四夜，在堰塞体上成功开挖出一条顶宽 42 米、底宽 3 米、深 15 米、长 220 米、坡比1:1.3 的导流明渠，11 月 12 日实现安全过流，解除了重大安全威胁，确保了下游十多个县几百万人口、6 座水电站和大量基础设施的安全，整个过程实现零伤亡，应急处置工作取得决定性胜利。

（二）统一、专业指挥

从历次应对灾害事故来看，强化统一指挥、专业指挥，最大限度整合运用各类优势资源，发挥理论与实践兼通的专业人员作用，才能有力有序有效应对灾害事故。深入分析 2019 年、2020年四川凉山两次"3·30"灭火伤亡事件，我们认真反思总结教训，认为都与非专业指挥有关，特别是第二次最主要的原因就是指挥失误，没有按照现代指挥的基本要求来实施指挥。2019 年"3·30"木里火场，虽然直接原因是森林中可燃气体爆燃，属于突发自然灾害，但是当时改革还没有到位，省市县防灭火指挥部尚未调整到应急管理部门，上下指挥关系还没有理顺。火场就没有成立前线指挥部，没有全面细致勘察火场，也没有评估安全风险，更没有想到林下可燃物经过烘烤预热会散发出甲烷等可燃气体带来的巨大危险，仅仅靠一位当地林草局领导凭经验带着队伍从山顶向山下去扑救，结果遭遇爆燃，不到20秒钟就造成重大人员伤亡，虽属自然灾害，但组织指挥上确有不足和遗憾，令人非常痛心。2020年"3·30"西昌火场，虽然成立了前线指挥部，但没有建立现代化的指挥体系，没有专业的现场指挥和指挥团队，组织指挥比较盲目，对先后调集5个县的地方专业扑火队等力量运用缺乏章法。在对火场态势还没有全面勘查、科学研判的情况下，就安排刚刚成立、经验不足，又不熟悉当地情况的宁南县地方扑火队，深夜向火场徒步开进。由于夜间视线受限、很难观察判断火势变化，再加上选择了一条地形、植被都比较复杂的路线，结果遭遇飞火被大火围困①。应该说，正是因为组织指挥上选择了错误的力量、错误的时间、错误的地点，直接导致了人员伤亡。回过头来看，如果能够认真落实统一指挥、专业指挥的要求，这次人员伤亡是可以避免的。

我们讲的统一指挥，强调的是统一领导体系、统一思想认识、统一力量管理、统一资源保障，把握全局，防止打乱仗；专业指挥，强调的是建立专业的团队，从指挥员到队伍合成的指挥团队，赋予其权威，把握好指挥的方向、节奏和效果。在具体实施中，

①《凉山州西昌市"3·30"森林火灾事件调查报告》，四川省政府西昌市"3·30"森林火灾事件调查组，2020年12月21日。

还要注意把握好 5 个重点环节。

（1）建立机制，明确任务。无论什么救援行动，历史经验和新的实践都告诉我们，如果救援行动任务不清、责任主体不明，必然打乱仗。第一，建立机制。突发事件处置过程中，根据现场处置需要、上级指示和应急预案要求，迅速建立现场指挥机构，统一指挥现场的应对处置行动，明确会议决策、信息报送、安全防范、督查奖惩、协同响应等制度，形成各有分工、协同配合、责任上肩、高效运转的运行模式。四川泸定 6.8 级地震发生后，四川省抗震救灾指挥部第一时间成立前线联合指挥部，建立现场指挥机制，部、省相关部门现场联合办公，确保了抢险救援行动有序展开。第二，厘清任务。救援行动有哪些任务，主要、次要、难点、险点都在哪儿；哪些事需要人盯人去负责，比如救援安全、舆情管控等；任务区域分为几个方向，可以划分为几个区域、几个阶段，要拉单列表，分步骤、分阶段厘清侦查搜索、灾害处置、转运救护等全过程任务，厘清现场管控、安全守护、后勤保障等具体工作。第三，科学分工。根据救援力量的职责、规模、专长，明确主攻、配属和保障力量的具体职责，清晰划分任务和责任，每一项任务都分配到单位、落实到人头。在大范围抢险救援行动中，必要时可设立分方向指挥部，明确分方向指挥员。在任务区域划分上，可以依图网格化部署、坐标点分割，特别是相邻两个任务区的接合部要明确到坐标点，而且明确接合部由谁负责，防止责任不清出现盲区、大而化之打乱仗。还是四川泸定地震救援，现场注重责任分工，省长担任总指挥长，分管副省长任指挥长，地方党政军群领导参加前线指挥部，明确了指挥部人员编成、各工作组职责分工、现场管理等有关事宜，保证了救援工作各负其责、有序运行。第四，明确标准。要明确各力量任务成效、时限要求、指挥关系、协同要求、安全事项和保障措施，特别是各项任务由谁来主攻、谁来配合、怎么来保安全、出了问题各担什么责任等，都要界定得清清楚楚，衔接得严严实实，交代得明明白白。要把"丑"话说在前面，责任明确到具体人身上，进而以严格的责任制来保证整个行动决心的全面实现。

（2）用好力量，优化协同。任何一场救援行动都需要力量支撑，领导干部要根据灾情统筹调配力量，总的来讲用好力量重点把握以下基本原则：一是足量用兵，争取一次把力量调够备足，重兵投入，一次奏效，力戒"添油战术"，同时要注意是足量用兵，不能过量用兵。不是越多越好，不能人多误工，甚至影响救援行动。二是主力攻坚，坚持"好钢用在刀刃上"，集中优势兵力打歼灭战，主要方向、重点部位投入重兵，从全局上赢得主动，将精锐力量用在关键部位，发挥一锤定音的作用。三是专常搭配，要统筹摆布好各种力量，坚持"以专为主、量能使用"，特别是在森林火灾扑救等专业性较强的行动中，要安排国家综合性消防救援队伍打火头，负责主攻方向、固守重要目标，地方专业队负责次要方向，预备役和民兵地方群众综合保障，配属力量要服从主战力量指挥，防止工作断档，组织好空中力量与地面力量的协同。四是预留机动，留有一定数量的机动力量作为预备队，随时应对现场突发情况；在第一波次力量投入的同时，还要按照二线增援、三线预备的原则筹划好后续力量，视现场处置进展依次投入。

（3）因险施策，专业支撑。灵活多变是战术的灵魂，指挥要坚持一切从现场实际出发。领导干部应努力掌握应急处置战法运用的内在规律，在充分听取专家和一线干群意见的基础上，作出科学正确的决策。一是灵活应变。兵无常势，水无常形。应急救援灾种多，现场发展变化情况复杂，不同的灾种战法运用不同，要因情因势因时选用最有效的处置手段办法，灵活应对，不拘泥于教条，不限定于以往的经验，从而最大限度地夺取救援行动胜利。就森林火灾处置来讲，根据现场情况，扑救手段上宜水则水、宜风则风、风水结合。目前许多地方扑灭山火手段仍很单一，主要是风力灭火机，应当抓紧改进。我记得武警森林部队刚转制过来的时候，灭火也基本上用的是风力灭火机，很少用水。我问他们为什么不用水，他们说山上水少、用水的装备也少。我建议他们凡是有条件用水的，都要尽量用水灭火，缺少装备的抓紧配备；还可以请城市消防支持配合。后来许多场山火都是森林消防和城市消防两支力量联合行动扑灭的，充分显现了联合的优势，现在森林消防用水灭火也已经成为一个主要手段了。还有南北方森林火灾特点不同，北方原始林区植被连片，发生火灾后易出现火烧连营，扑救重点是防止大火迅速蔓延失控；南方丘陵山地地形复杂、植被茂密、小气候复杂多变，扑救需紧盯人员安全，避险措施要落细落实。二是强化专业。要正确处理好总指挥与专业指挥的关系，充分发挥专家团队、专业救援力量的优势作用。总指挥的主要职责是统筹全局，把握方向，下定正确决心，协调各方，统一行动，提供有力保障；具体指挥控制、协调行动、解决技术难题，要充分发挥专业指挥的作用，发挥行业专家和部门的辅助作用，在重大决策上虚心听取他们的意见，依靠他们去指挥协调处置行动。在湖南长沙自建房倒塌事故救援行动中，我们就在指挥部下面设立一个5人现场指挥小组，由湖南省分管副省长、长沙市市长、事故救援专家组长、建筑工程公司总经理和部消防局副局长组成。部消防局副局长任组长，负责指挥现场各方行动，现场解决出现的各种问题，不仅效率高，而且很专业、很周到，得到指挥部领导的一致肯定。三是攻防并举。进攻和防护同时进行，避免顾此失彼。领导干部到现场指挥，一定要了解规律，尊重规律，不能心一急就不顾规律，盲目指挥。比如，在组织森林火灾扑救的同时，对可能蔓延的区域提前开辟隔离带，对重点目标组织重点保护，对可能产生飞火的区域全面打湿、预置力量和提前转移群众；在扑救地下建筑火灾中，从进风口进攻，在出风口设防；扑救多层建筑火灾，从着火层进攻，在着火层的上下层进行防御。现场要想灭得更好，要充分相信依靠专业指挥员，充分调动他们的积极性、发挥他们的指挥才能。当然，领导干部平时就要注重专业指挥人才培养、专业团队建设，要选一些真正高水平、求真务实的专家以备急需，不要临时抱佛脚，这也是底线思维。领导干部不可能什么都懂，什么都精通，一定要充分发挥专家的作用，我们应急管理部不仅领导班子就是由各方面的专家、行家组成的，而且建有各方面的专家库，我身边就有几位熟悉全国各地化工企业、设备的专家，熟悉全国各大流域防汛和水利专家，还有熟悉矿山事故处理等方面的专家，一有事情就问他们，方案和决策听听他们的意见，有大的现场请他们去，心里就比较踏实。四是善用装备。要尽可能避免人与灾害的直接对抗，有条件的可利用无人化、远程化、智能化的高科技装备实施救援，运用高性能、机械化的特种装备，处理常规力量不好解决的难点和险点，切实通过科技支撑提高应急处置专业化水平。五是极限准备。救援行动准备不可能做到完美无缺，不可能总按照预定行动计划发展，这些年，我多次接到森林火灾的报告：总体控制住了，还有最后一点，很快就能最后解决，当天没有接到报灭，第二天早上一问，夜间一场大风，又蔓延了、失控了；有的是上午说还有最后一点，下午一场大风又扩大了，只能重新再部署、再组织力量。因此，要始终立足向最复杂最困难情况发展变化，多想失控了怎么办、力量不足怎么办、耦合极端天气怎么办。一定要留有备手，提前做好各项准备，尤其是人员疏散转移、队伍安全避险等情况准备充分，确保人员安全。

（4）跟进督导，动态优化。一是分级指导。有的救援行动时间长、不确定因素多，从组织指挥来讲，一定要从头到尾跟踪抓落实，防止措施落不了地，决心实现不了。要坚持通常情况属地负责、分级处置、常态指导；异常情况重点关注、因险施策，并提前预置力量；特殊情况提前介入、提级响应，特别是对预判可能失控和重大敏感事故灾害，第一时间调度、会商、实施精确指导，特别是在关键时刻要提级指挥、一锤定音，把处置风险和灾害损失降至最低。二是动态跟踪。救援行动经常出现突发情况或困难，比如，处置达不到预期效果，装备战损严重，物资供应不足，发生次生灾害，配属力量不能按时到位，相互间协同配合不顺，上下指挥不够顺畅，上报情况不够准确等。这些都会对救援行动产生大的影响。作为领导干部，一定要客观公正地分析评估，分清楚哪些问题和困难是不可避免的、哪些是人为造成的、哪些可以解决、哪些不可抗拒，及时采取有针对性的改进措施。三是决心要大。面对困难，领导干部要善于统筹解决问题，综合考虑救援需求，及时理顺各种关系，必要时可前出到现地督导。遇到灾情突变、威胁人员安全等情况时，就要迅速调整决心，重新作出安排，对非常的情况就要采取非常措施，该下大决心的就要下大决心。2019年"12·5"广东佛山森林火灾，当地连续90天无降雨，天干物燥、火势大，加之周边村镇、加油站等重要目标多，当地专业队伍力量薄弱，处置困难，对群众安全造成很大威胁。我们当即研究决定紧急调动福建森林消防队伍610人千里驰援，经过两天的奋战，迅速控制了火势，最后只剩下悬崖上的火点。现场组织多种方式攻坚久攻不下，因为地上水枪打不到，天上飞机不敢飞，人也上不去，现场准备让它控制燃烧。我和部森林消防局局长、部消防局局长都在部指挥中心，我们商议，还是要下决心抓紧彻底解决掉，我们建议挑选几个精兵组成突击小组登山攻坚作业，取得了成功，后来这成为一种管用的攻坚战法，不只是能及时解决掉最后的火点，更重要的是有效防止小火不灭酿成大火复燃，前功尽弃。

（5）粮草先行，抓好保障。保障工作决定着救援行动的成效。

要立足最复杂情况，把断网断电断路、下雨下雪大风等可能出现的情况想在前，相关准备做在前。前线指挥部通常就近开设在安全可靠、交通便利、便于保障的开阔位置，利用固定设施或帐篷开设，指挥条件必须有通信传输设备、有地图保障、有电力照明，确保指挥链条上下贯通。重点抓好 5 个方面的保障：一是通信保障。要统一协调，统一划分通信频道和呼号，制定现场通信规则，必须建立两种以上保通手段，确保通信全程畅通。二是气象保障。组织气象部门及时提供气象服务，定时定点对风力、风向、温度、湿度等作出预报预测，为前线指挥部决策和一线指挥提供辅助支持。三是交通保障。组织公安交警部门及早介入，协助为救援队伍运送相关物资，对开赴救援现场的车辆进行指挥疏导，落实交通管制措施，确保道路畅通。交通管制要注意军地联动、协同行动。四是后勤保障。统筹组织好一线力量的前送和伴随保障，同步做好医疗救护的各项准备，重点做好生活物资、装备油料等供应。比如，救援飞机的使用要做到空地一体、精确作战，除了气象保障以外，还有加油、起降、维修、传输和空域管理保障等。五是治安保障。加强救援现场警戒和区域社会治安，严厉打击借机盗窃、抢劫、哄抢救灾物资、传播谣言、堵塞交通等违法犯罪行为，全力维护社会大局稳定。

（三）勇于担当奉献

应急管理部门组建的 4 年多来，大大小小处理了几百起突发事件，有的时候一天要应对多场灾害事故，许多是我们主动担当作为的。作为灾害事故应急处置的主管部门和领导干部，对于各种风险，既要依法依规按职责层级办事，又要保持积极主动的态度，主动关心帮助，特别是对专业力量相对薄弱的地方，要多问一点、多管一点，不能都等着下面报告、请求，不能都等事大了才去管，那样处置的难度更大、损失更大，最终危害的是国家和人民。在 2020 年山西榆社"3·17"森林火灾处置中，我们坚持底线思维，果断决策，在地方未申请动用国家森林消防队伍增援的情况下，紧急调动内蒙古、吉林森林消防总队 800 人以拉练的形式向河北、山西交界机动，形成了专业力量前置的部署格局。3月 20 日在榆社火灾持续燃烧 4 天仍未有效控制、五台山名胜风景区又突发森林火灾的紧急关头，立即调动预先前置的兵力迅速进入山西境内扑火，比正常调动增援至少节省了 2 天时间，为迅速扑灭 2 起火灾赢得了先机，发挥了关键作用。这次行动主动出手解决得比较顺利，当然也有比较棘手、压力大的时候。2019 年山西沁源"3·29"森林火灾，一开始国家森林草原防灭火指挥部办公室卫星监测到一个 72 个热点像素的火警，省里还没有往上报，经进一步判断和查证确定是明火，火场范围很大，火线长约 21 公里，最宽达到 8 公里，不仅火场面积大、投入力量多，而且地形异常复杂，呈鸡爪状，当地老百姓称为"鬼域"，植被茂密，大多数为易燃性极强的油松。既有北方火场面积大易蔓延的特点，又有南方山地丘陵地带火场小气候复杂多变的特点，扑救异常艰难，容易发生伤亡。在 3 月 14 日沁源的另一场森林火灾中已造成 6 名扑火队员牺牲。就在我们研究要不要出手主动帮助时，突然接报四川木里"3·30"森林火灾发生重大伤亡事件，27 名森林消防指战员和 1 名县林草局局长、3 名群众牺牲，而且火势还在蔓延。这是应急管理部成立后发生的最大队伍伤亡事件，社会各界高度关注，我们压力非常大，必须全力以赴处置。在这种情况下，沁源的火情，省里没有请求帮助，我们还要不要主动出手，确实是两难：出手，就是主动担责，这么复杂的火、这么大的火场、参战力量成千上万，再出现伤亡事故，我们就是直接责任，加上几天前刚刚发生江苏响水"3·21"特大爆炸事故，举国关注，10 天内又发生四川木里"3·30"特大伤亡事件，这一连串的大事会让部里更加被动，影响应急管理部的声誉，也很难向党中央、国务院和社会各界交代。如果不出手，没有国家专业力量支援，又担心火势继续蔓延失控，而火场周边有 6 个乡（镇）39 个行政村 51 个自然村和 18 家企业，2.7 万人生命安全受到严重威胁，一旦出了大问题，我们怎么对得起老百姓？我们应急管理部是新成立的，我们不可能不考虑这个牌子的声誉，也不可能感受不到面临的巨大压力，但是作为党的领导干部，我们必须首先对事情本身、这场大火负责，这就是对党和人民负责，在这个艰难时刻我们必须顶住压力、敢于负责、下定决心，派出指导组赶赴现场协调指挥灭火行动，紧急调派内蒙古、甘肃森林消防总队和机动支队 1300 名指战员向中心突击，机动投入火场，陆续调集 14 架飞机紧急增援。这个期间，我一边陪国务院领导同志赴四川处理木里"3·30"事件，一边不间断调度山西火场情况，那时候两边大火连续几天不灭，现场专业队伍也打得很艰难，风险很大。尽管内心极其煎熬，但每天都给沁源现场指挥、部森林消防局副局长打电话鼓劲，反复要求不要着急，稳扎稳打；在摸清整个火场情况、部署好力量、落实好安全措施的基础上，又鼓励他们坚定信心、决战决胜。现场指挥的副局长每天早晚给我报告进展情况，他的敬业精神、专业水平和指挥才能，得到现场指挥部领导和同志们的一致赞扬。经过连续 6 个昼夜的艰苦奋战，4 月 5 日成功将山西大火扑灭了，做到没有伤亡 1 人、没有烧毁 1 个村庄、没有损失 1 个重要目标、没有发生 1 起其他事故，成为应急管理部成立以来森林灭火的经典案例。山西省委、省政府给国家森林草原防灭火指挥部办公室、应急管理部写感谢信，山西省委书记、省长后来又到应急管理部专门致谢。支援的队伍撤离的时候，山西老百姓自发组织，夹道欢送，沿途的收费站人员列队敬礼欢送。

重特大灾害事故处置，往往伴随着很大的风险，现场处置危害性、紧迫性、不确定性都很大，领导干部指挥处置责任也很大、风险很高。不仅要有冷静的头脑、科学的态度，还要有顽强斗争、不怕牺牲的精神。无数事实证明，在重大风险面前，主动迎战才有生路，逃避退缩只能是死路一条。特别是在危及人民群众生命财产安全的重大事故灾难面前，我们领导干部必须勇于担当负责，要既当指挥员又当战斗员，在复杂严峻的斗争中挺身而出。

在这里讲一下江苏响水特大爆炸事故的处置过程。接报后，我们面临三个问题：第一个问题，要不要立即去现场？当时，我们几位部领导都在部外参加会议，接到部指挥中心电话，县里报告有 30 多人受伤，还没发现有人死亡，请示要不要派危化司的同志主动去？我打电话给省应急管理厅厅长核实，他和副省长正赶赴现场。我立即赶回部指挥中心，让盐城市消防支队的同志把无人机飞起来，看了整个现场，心里就都明白了，爆炸形成了直径100多米的巨坑，周边厂房全部炸塌，爆炸时正是上班时间，而且现场多处还在烧、还在炸，伤亡肯定很大，我必须立即去。我感到这次爆炸相当于天津港"8·12"大爆炸，天津港大爆炸时消防人员牺牲了104人、公安民警牺牲11人，我们的力量如果盲目进入火场是非常危险的。这就面临第二个问题，大部队要不要马上进入现场？我们先派经验丰富的消防支队政委和总工程师进去侦查，探明了情况，里面到处都是危化品，大火还在烧，不知道会不会再爆炸，大规模进入风险很大，但是发现大量人员被埋需要紧急救援，怎么办？我们心里都明白，冒险进入我们的队伍会有伤亡，而不迅速抢救大量被埋压的职工都会失去生命，作为国家专职救援队伍，我们别无选择，必须不惜一切代价全力以赴抢救群众，果断派进去900多名消防指战员分片包干搜救。我们现场指挥部也同时进去，知道非常危险，但必须与一线指战员在一起，给大家信心力量，也有利于现场决策。第三个问题，大部队进入现场时有8个火场，其中3个危化大罐在剧烈燃烧，是先集中力量扑灭大火还是全力救人？我们现场观察分析认为，火场太多，风险难控，三个大罐最为棘手，立即灭掉难度很大，硬干风险很高；让它们烧掉，随时又有罐体坍塌造成大面积流淌火的风险，危险更大。而现场救援已经全面展开，每个点上都在争分夺秒抢救生命。为此，我们艰难决定先灭掉另外几场火，对于三个大罐保持冷却、稳定燃烧，先集中精力抢救生命，当凌晨5点三个大罐火势有所减弱后集中力量发起总攻，将现场大火全部灭掉。这一夜真是生死考验，所幸我们没有人牺牲，一名应急厅副厅长受伤，一名消防员踩到了浓硝酸、浓盐酸、浓硫酸等强酸混合液里双脚残废。后来体检，在现场救援的人基本都中毒了。虽然我们付出了代价，但我们成功救出86人，尽最大努力挽救了生命、减少了事故危害。这次现场总指挥是江苏省消防总队总队长，他在指挥处置及现场清理中作出突出贡献，他和一批现场表现突出的指战员受到部党委记功表彰。

习近平总书记讲，斗争精神、斗争本领不是与生俱来的[①]。不经历几次"风吹浪打"，不捧过几块"烫手山芋"，不当几回"热锅上的蚂蚁"，怎么可能练出真本领！有同志说，你们应急管理部门处理突发事件的机会多，而我们缺少锻炼机会。我想，各行当都有各自的风险、各自的担当，都有各种各样急难险重的任务，领导干部只要珍惜、敢于出手，就会有应急处突锻炼的机会。其实，人的本事往往是逼出来的，有的是形势所逼，有的是他人所逼，最重要的是自己逼自己，人的一生尤其是成长阶段，不逼自己几次，就不知道能学多少本事，也不知道自己能挑多重的担子，能干多大的事。回想起我年轻的时候，因为出过几次手，逼了自己几次，后来处理大事难事的机会就越来越多。我们只要勇于接最危险的任务，甘于做别人不愿做的事情，把承担应急处突任务作为提升自己的"磨刀石"，就能在应对风险挑战中得到更多的磨

---

① 《习近平谈治国理政》第3卷，外文出版社2020年版，第227页。

砺更好地成长。

习近平总书记在 2021 年春季学期中央党校（国家行政学院）中青年干部培训班开班式上强调艰苦奋斗、以苦为乐的精神永不过时，永远需要发扬；强调当共产党的干部，对个人的名誉、地位、利益要看得淡、放得下。年轻干部无论是立身处世还是从政干事，首先要解决好"我是谁、为了谁、依靠谁"的问题，不断追求"我将无我，不负人民"的精神境界。应急管理具有高负荷、高压力、高风险的特点，我们要求全系统的干部特别是年轻干部不计个人得失，不怕吃苦、不比安逸、不比待遇，在为民造福、保民平安中实现自身价值。我们每年都有一些同志在执行应急处置和抢险救援任务中受伤致残甚至献出宝贵的生命，他们在危难时刻挺身而出，刀山敢上、火海敢闯，救民于水火、助民于危难、给人民以力量，用年轻而宝贵的生命践行了"对党忠诚、纪律严明、赴汤蹈火、竭诚为民"的铮铮誓言。2021 年 11 月 5 日，我们召开首届全国应急管理系统先进模范和消防忠诚卫士表彰大会，习近平总书记亲自接见受表彰的代表。我们表彰了 99 个先进集体、190 名先进个人、8 名一级英模和 30 名二级英模，他们是应急管理改革发展进程中涌现出来的杰出代表。这里，我主要介绍两位一级英模，他们是怎样奋斗的。一位是应急管理部安全生产应急救援中心副主任、总工程师肖文儒。肖文儒同志从 1983 年参加工作起，就一直从事安全生产应急救援。38 年间，他先后参加了 700 多起矿山、隧道、山体垮塌等事故灾难的救援，冒险深入灾难现场，亲历过与队友的生死诀别，多次与死神擦肩而过，成功解救了 1000 多名被困职工，创造了多个救援奇迹。2017 年辽宁阜新某煤矿发生透水事故，救援现场瓦斯浓度高达 4% 以上，遇一点火星就可能爆炸，他和救援队员们一起在井下连续救援 11 个小时，成功解救了 83 名被困矿工。肖文儒同志是真正把对党和人民的无限忠诚，落实在每一次救援行动中，是把优秀论文写在大地上的杰出工程师。另一位是安徽省合肥市庐江县消防救援大队原政治教导员陈陆。2020 年 7 月 22 日，陈陆同志在抗洪抢险时因营救被困群众而壮烈牺牲，年仅 36 岁。牺牲前，陈陆同志连续奋战 96 个小时，先后转战 5 个乡镇，行程 600 多公里，带领战友成功救出 2600 多人，由于长时间在水中浸泡，他的双腿红肿，膝盖肿得像馒头，队友们劝他休息一下，但每次他都是当先锋打头阵，最后是因为一处堤坝突然溃坝被卷入激流冲走而英勇牺牲，搜寻他的遗体就用了 49 个小时。在 2020 年抗洪抢险中，我们牺牲了 6 名指战员，他们用自己的生命保护了成百上千群众的生命安全。应急管理部成立 4 年多来，我们有 223 名消防指战员和应急管理干部壮烈牺牲，他们把最美的青春和最宝贵的生命献给了祖国，用鲜血和生命守护人民的幸福安宁，用短暂而光彩的一生书写了对党和人民的无限忠诚。现在我们将肖文儒、单玉厚、张在贵、蔡睿、陈陆、李隆、侯正超、江永木等英模的大照片挂在应急管理部的机关大楼里，就是要让所有应急人不仅要永远铭记他们，更要以他们的事迹激励自己为党和人民不懈奋斗。

第 五 讲

推进应急管理体系和能力现代化

应急管理是国家治理体系和治理能力的重要组成部分，承担防范化解重大安全风险、及时应对处置各类灾害事故的重要职责，担负保护人民群众生命财产安全和维护社会稳定的重要使命。要发挥我国应急管理体系的特色和优势，借鉴国外应急管理有益做法，积极推进我国应急管理体系和能力现代化。

——2019 年 11 月 29 日习近平在主持中共十九届中央政治局
第十九次集体学习时的讲话

习近平总书记明确指出，要积极推进应急管理体系和能力现代化①。通过深入学习领会习近平总书记关于加强应急管理体系和能力建设、推进国家治理体系和治理能力现代化、健全公共卫生应急管理体系等一系列重要讲话指示批示，并在实践中不断深入研究，我对如何推进应急管理体系和能力现代化形成了三点基本认识。第一，应急管理是国家治理体系和治理能力的重要组成部分，应急管理体系和能力现代化必须置于国家治理体系和治理能力现代化大局之中来认识和把握。总的来讲，应急管理体系和能力依托于国家治理体系和治理能力，依托于国家安全体系和能力，依托于中国特色社会主义制度，本质上是先进的、特色是鲜明的，具有很强的优越性。推进应急管理体系和能力现代化，重点在于按照中央关于推进国家治理体系和治理能力现代化、推进国家安全体系和能力现代化统一部署，充分发挥我国应急管理体系的特色优势，针对应急管理体系和能力短板，适应更加严峻复杂的安全形势，满足人民日益增长的安全需要，构建一套现代化的应急管理制度和能力体系，更加充分彰显中国特色社会主义优越性。我国应急管理基础总体薄弱，决定了这将是一个艰难和长期的过程。第二，推进应急管理体系和能力现代化，必须在涵盖各类突发事件、统一的大安全大应急框架下实施，既包括应急管理部门负责的自然灾害类、事故灾难类突发事件，也包括卫生健康部门

① 习近平:《在中共十九届中央政治局第十九次集体学习时的讲话》,《人民日报》2019 年 12 月 1 日。

负责的公共卫生类突发事件和公安部门负责的社会安全类突发事件等。习近平总书记 2019 年 11 月 29 日在主持中央政治局第十九次集体学习时的重要讲话，2020 年 2 月 14 日在主持召开中央全面深化改革委员会第十二次会议研究完善重大疫情防控体制机制、健全国家公共卫生应急管理体系、提高应对突发重大公共卫生事件能力水平时的重要讲话，以及 2020 年 9 月 8 日在全国抗击新冠疫情表彰大会上的重要讲话，虽然针对不同类型的突发事件，但习近平总书记提出的加强应急管理体系和能力建设方向思路和部署要求一以贯之，都突出体制机制改革创新，突出以防为主、将风险隐患化解在成灾之前，突出防抗救相统一、各环节相衔接，突出应急准备和基层能力建设，突出科技支撑和人才保障。第三，应急管理体系和能力现代化，首先是人的现代化，是现代化理念指导下一整套现代化体系的集成。人的现代化包括人的思想观念、能力素质、行为方式、社会关系等方面的现代化，其核心是坚持以人民为中心，始终把人的生命安全和身体健康放在第一位，把人民至上、生命至上的执政理念贯穿应急管理全过程；其目标是最大努力从根本上源头上避免或减少各类突发事件及其造成的损失，尽可能减少非常态应急，尽可能把非常态纳入常态，最大程度保护人民群众生命财产安全，实现国家长治久安；其关键是牢固树立安全发展观和灾害风险管理理念，做到"两个坚持、三个转变"，推动公共安全治理模式向事前预防转型，而其根本，是共产党人矢志不渝的初心使命，是党和国家对人民特别是对生命安全的高度负责。

一、构建现代化应急管理体系的探索和成效

在应急管理实践中，我们坚持推进应急管理体系和能力现代化，以人的现代化为基础，探索出从六个方面构建现代化应急管理体系的有效路径。虽然是基于防灾减灾救灾、安全生产、应急救援的实践探索，但是这些经验做法也基本适应于其他类型突发事件的应急管理。

（一）现代化的应急指挥体系

现代化应急指挥体系是现代应急管理的重要标志，是有力有序有效应对突发事件的重要保证。现代化应急指挥体系由组织机构、运行机制、信息平台、专业支撑等四大要素构成，具有五个主要特征：权威高效、规范有序、信息畅达、专业支撑、执行有力。其中，"权威高效"强调应急指挥必须遵循统一指挥、指令精准、令行禁止的原则，要有一切行动听指挥的刚性纪律。《中国共产党中央委员会工作条例》明确："中央政治局常务委员会对重大突发性事件作出处置决定和工作部署"，我们必须把党的领导贯彻应急管理和应急指挥全过程，完善党领导突发事件应急处置的决策指挥机制。地方上有些省份成立应急管理委员会，像广东省应急委分别由书记、省长担任第一主任和主任，统筹四大类突发情况的应对处置。广东省委、省政府对省应急管理厅充分授权，明确省应急管理厅发出的应急指令，就是代表省委、省政府发出的指令，不仅全省应急管理系统要执行，各地党委、政府和各部门都要执行。

现代化应急指挥体系建设是一个系统工程，绝不仅仅是指挥大厅的现代化，还是信息平台、信息库的现代化，首要的是指挥体系。要建立完善党领导下的统一指挥、专业权威、上下贯通的组织体系，按照标准化、系统性、统一性原则科学设置指挥机构的指挥职位和职能，把部门间、军地间、前后方指挥统一起来，形成科学、规范、高效、权威的指挥体系；通过完善应急预案、工作手册、行动方案等，形成科学规范的指挥规则和应急流程；要建设强大的信息支撑平台，包括事前的风险监测与预警研判、事中事后的信息采集与决策支持等，充分利用现代化的信息技术手段为应急指挥决策提供可靠的信息支撑；特别重要的是，要建强专业指挥与支持团队，通过实战锤炼和培训演练，打造一支专业化的指挥员和专家队伍，实现精准专业的指挥、协调和控制。概括起来最关键的就是坚强的指挥班子、权威的指挥系统、精准的监控平台、专业的干部队伍和高效的支援力量。

在一定意义上，应急就是打仗，只不过面对的是突发事件，是各种灾害事故。应急指挥就是作战的"大脑"，现代化的应急指挥必须学习借鉴军队作战指挥，努力避免机关化的倾向。军队作战指挥随着理念、技术、装备等不断发展，其现代化水平不断提高，一线指挥的作战单元在不断缩小。有学者总结，军队作战指挥的演变经历了如下历程：二战时期以"师"为作战单位，不管是斯大林还是希特勒，打的是师长的战争；到了越南战争及20世纪80年代的战争，演变成团长、营长的战争；到了21世纪，战争以信息化为特点，实际上就成为班长的战争，阿富汗战争就是班长的战争。作战指挥既是一线作战指战员根据现场形势在决策指挥行动，也是后方强大的支撑团队甚至是军队最高指挥团队，通过实时分析前方输送的一线信息再综合敌情等各方面情报向一线指战员发出具体作战指令，即前后方有效结合的系统化指挥。

可以看出，现代化指挥已经不局限于现场一线指挥的概念，它是一个完整的系统化体系。首先，包括以现代化的作战指挥理念、知识、技术、装备等武装起来的一线作战指战员，既是现场作战指挥的决策者，也是后方指挥部所需信息的提供者以及更高指挥决策的执行者。其次，包括强大的指挥信息系统，正是依靠上下贯通的指挥信息系统，使得一线作战指挥超出现场的范畴，为更高层次、更多方面参与提供了平台。再次，包括后方的指挥及专家支撑力量，依靠现代化的技术手段突破现场指挥的限制，后方指挥部就能够发挥更大的作用，特别是后方提供强大的信息、方案、预案、技术等支撑，把情报完美融合到一线指挥之中，有效提升指挥的科学性和有效性。

应急管理部组建以来，我们充分发挥综合优势和有关部门的专业优势，搭建了全国应急指挥系统，建强了专家团队，实现了可视扁平化指挥，但有的时候还不能很好地覆盖到灾害事故现场。前面讲到了，四川凉山两次"3·30"森林火灾造成重大人员伤亡，一个主要原因是现场指挥不规范、不专业，更谈不上现代化，同时也有后方指挥没有形成、没有发挥应有作用的原因。那时队伍刚刚转隶，地方指挥体系尚未转改理顺；即使现在，老实说，在我们的指挥体系中，后方的专业支撑仍是薄弱环节，全面准确的信息数据库、专业有力的咨询专家团队仍较短缺。举两个例子，第一个是 2020 年 4 月 16 日北京丰台大红门储能电站南楼发生火灾，引发北楼发生爆炸，造成 2 名消防员牺牲。有同志对我说，一线指挥员、消防员没有处置过储能电站火灾，不了解这种新型火灾的特性，属于"意外"。我说：既是意外，也是必然，这与我们能力不足和现代指挥体系缺失直接相关。如果我们建有强有力的后方支撑团队，通过应急指挥系统实时向前方提供有针对性的灭火方案和防范建议，就能够避免前方消防指战员对新情况新问题无所适从，就能减少伤亡和损失。第二个是城市大型综合体火灾。城市大型综合体本身就很复杂，通常有几十万平方米，最大的 170 万平方米，里面什么都有，发生火灾后消防力量怎么进入？必须要有强大信息库作为支撑，在灭火救援时就能全面掌握大型综合体内部的构造设置、危险源分布、被困人员等精准信息，如果不及时掌握这些信息而靠一线消防员冒着危险一处处摸排是不行的。总之，应急处置要靠现代化的指挥体系，充分把体系的优势发挥出来。即使灾害事故发生在偏远的地方，并在应急处置时遇到最复杂的环境、最难啃的骨头，有了现代化的应急指挥体系，一线处置力量就能及时得到专业、权威、高效的指导和帮助，基层干部和一线消防指战员就不是孤军作战，这样的应急处突才真正有力有效、战无不胜。

目前，按照中央的要求，我们已经建成国家应急指挥总部，按照构建大安全大应急框架和常态应急与非常态应急相结合的原则，探索建立实战化的应急指挥机制，加强指挥规则设计，形成科学、规范、高效、权威的指挥体系，并配套建立完善各类支撑性的信息数据库和专业的咨询团队，比如全国灾害综合风险普查形成的各类致灾因子、承灾体数据库，人口分布数据库，城市重大安全危险源数据库等。在这方面，各地都积极探索，其中深圳走在了全国前列，既建成了统一的城市运行指挥平台——政府管理监督指挥中心，又建成了城市级数据中心、城市级云计算平台和政务信息资源共享平台等一系列核心数据引擎，在社保、医疗、教育、交通、应急等领域充分运用云计算、大数据、物联网等数字化技术，使得服务水平和应用成效大大提升，深圳信息社会指数居全国各大城市首位。相比较而言，全国多数城市在"智慧城市""信息社会"建设方面还有一定差距。总之，构建现代化应急指挥体系系统性强、专业要求高，还需要加快建设，并在实战中不断提高。

（二）现代化的风险防范体系

坚持以防为主、关口前移，是现代应急管理的基本特征和要求。应急管理基础在预防、功夫在平时，习近平总书记反复强调要坚持防患于未然[1]。在党的二十大报告中还明确要求，坚持安全第一、预防为主，建立大安全大应急框架，完善公共安全体系，推动公共安全治理模式向事前预防转型。我们理解，越是现代化

---

[1] 《习近平关于防范风险挑战、应对突发事件论述摘编》，中央文献出版社 2020 年版，第 187 页。

越要把"防"摆在前面，强化"防"的理念，算清生命账、经济账、社会效益账，从源头上规避灾害风险、避免事故发生。2018年3月中央宣布组建应急管理部，为什么没有像俄罗斯一样叫紧急情况部，也没有直接叫应急部，而是加了"管理"两字？我们理解中央对应急管理部的要求，不仅是事后的应急，还要做好全过程的管理，特别是强化预防和应急准备，最大程度减少突发事件及其损失。改革的深意也在这里，当然，这样要求更高，我们压力更大。

现代化的风险防范体系具有前瞻性、综合性、系统性等特征。"前瞻性"强调要对各类灾害事故风险进行前瞻研究，有超前意识，防止因"想不到"问题发生。"综合性"强调要对各类不同的安全风险进行关联性研究，理清"灾害链""事故链"，开展综合风险评估和管控，实现从应对单一灾种向综合减灾转变；"系统性"强调要从风险辨识、评估、监测、管控等全过程建立完善风险管控体系，形成全方位、立体化的风险预防和控制体系。为此，要着力抓好六个关键性环节：一要前瞻研究，对各类重大风险、系统性风险特别是对可能迟滞甚至中断中华民族伟大复兴进程的全局性重大风险，要综合研判、统筹谋划、集中力量应对，坚决避免其发生。二要前端把关，尊重科学、尊重自然，任何时候都必须把保护人民生命安全、身体健康放在第一位，对不符合安全环保条件的项目坚决把住关，严格守牢安全底线。三要工程防御。习近平总书记亲自部署实施提高自然灾害防治能力九项重点工程，由应急管理部和国家发展和改革委员会、财政部牵头，有十多个部门参加，各地积极性很高，全国上下投入 7000 多亿元，确保了三年明显见效。在此基础上，"十四五"规划中再布局一大批重点任务，提升洪涝干旱、森林草原火灾、地质灾害、地震等自然灾害防御工程标准，增强防灾能力。现在，我们已有一批城市在建设海绵城市、智慧城市、安全示范城市，但仍处于起步阶段，在防灾理念、科学规划和投入上还有不小差距，特别是在防范大灾、巨灾上精心谋划不够，有的实际用于防灾的投入严重不足。四要监测预警。建立监测预警协同机制，加快构建空、天、地、海一体化全域覆盖的灾害事故监测网络，提高多灾种和灾害链综合监测、风险早期识别和预报预警能力。特别是要加强大震预报攻关，抓紧建设地震预警系统。日本已经建成世界上最先进的地震预警系统，我国地震预警系统还处于建设推广阶段。通过实施国家地震烈度速报与预警工程，目前四川、云南、福建、北京、天津、河北、山西、西藏、青海、甘肃、新疆等 11 个省（市、自治区）完成地震预警功能建设目标，地震预警信息服务可于震后 7 秒左右通过专用终端、电视、手机等渠道向公众提供 4 级以上地震预警信息。到 2022 年底实现重点地区地震预警服务全覆盖，在华北、南北地震带、东南沿海、新疆天山中段、西藏拉萨重点区形成秒级地震预警能力，在全国形成分钟级烈度速报能力；到"十四五"末实现地震预警全国覆盖。五要排查整治。健全灾害综合风险普查机制，实施第一次全国自然灾害综合风险普查，着力摸清灾害风险隐患底数。大力实施安全生产专项整治三年行动和安全生产十五条硬措施，努力从根本上消除事故隐患。这是动态的必须形成制度规范，压紧压实企业单位主体责任。江苏率先探索建立安全风险报告制度，出台《江苏省工业企业安全生产风险报告规定》；安徽出台的"十四五"安全生产规划明确提出，全面推行单位风险隐患自知自查自改和公示承诺、风险申报制度。六要转移人员避险。灾害事故发生后，首先要考虑人的生命安全，把人员转移安置摆在突出位置。全国从上到下将及时转移避险作为减少人员伤亡的最有效的一个手段。应急管理部、中国气象局联合印发《关于强化气象预警和应急响应联动工作的意见》，督促各地将灾害预警纳入响应启动条件，建立直达基层责任人的临灾预警"叫应"机制，强化预警发布后受威胁群众及时组织转移等防范措施落实。国家防办还专门印发《关于加强强降雨期间山丘区人员转移避险工作的指导意见》，地方各级防办进一步作出细化部署并狠抓工作落实。近年来，浙江开发应用数字化信息工具"浙江安全码"，对受台风等灾害威胁人员转移精准管控，实现应转尽转，不落一户、不漏一人，并且转得出管得住，最大程度保障了人民群众的生命安全。

（三）现代化的应急救援力量体系

应急救援急难险重，专业性、技术性强，必须有一支专常兼备、反应灵敏、作风过硬、本领高强的应急救援队伍作保障，这也是构建现代化应急管理能力的必然要求。现代化应急救援力量体系应具有多层级、多主体、综合性、专业化、机动性等特征，不仅要重视数量，更要重视质量，要具备一定的专业素质、专业装备，而且要有尖刀和拳头力量，具有很强的跨区域机动救援能力，关键时刻能够第一时间到达，控制局面、解决难题。2019年，我率团访问俄罗斯紧急情况部，他们在这方面的经验做法值得借鉴。俄紧急情况部系统力量充足，共有应急救援部队28万人，其中消防部队25万人，约占俄总人口的1.5‰，民防部队专业救援力量3万人，拥有各领域的救援专家，是实施综合性救援的尖刀和拳头力量。俄十分重视空中力量建设，拥有欧洲规模最大的空中消防力量，民用重型、超重型直升机占比大，适用于多种特殊应用场景。紧急情况部下设航空和航空救援技术局，下属1个航空救援公司和5个区域航空救援中心，号称一个半小时内可以将救援力量快速输送到全国任何一个地方。

在2018年深化党和国家机构改革中，党中央决定把公安消防部队、武警森林部队两个军20万官兵集体转隶到应急管理部，组建国家综合性消防救援队伍，2021年底，党中央决定进一步增编，这是构建现代化应急救援力量体系的重大举措。习近平总书记亲自为这支队伍授旗并致训词。我们把习近平总书记重要训词作为统领队伍建设发展的"魂"和"纲"，按照应急救援主力军和国家队定位，加快转型升级，坚决担负起全灾种、大应急的综合救援任务，打赢了一场场大仗硬仗，初步走出了一条中国特色消防救援队伍建设新路子，得到党中央、国务院和社会各界充分肯定。同时，我们把由武警水电部队转制的中国安能公司及时纳入国家应急力量体系，在多次防汛抢险救灾中发挥了关键作用；统筹使用地震、矿山、危化品等专业救援队伍；加强与军队应急救援力量联动，军队制订了参与抢险救援的调动预案，大大提高了军队作为突击力量参与抢险救援的快速反应能力；加强国际救援能力建设，我国成为亚洲首个拥有两支获得联合国认证的国际重型救援队的国家。我们积极培育和支持社会应急救援力量发展壮大，组织社会力量大比武、大培训，并选拔优秀队伍与国家综合性消防救援队伍联战联训，出台了《社会应急力量参与重特大灾害抢险救援行动现场协调机制建设试点方案》《社会应急力量救援队伍建设规范》等制度文件和标准，积极引导规范有序参与救援行动。

　　我国社会应急力量近年来发展较快，有了一定的规模和能力，但目前既有数量不足的问题，更有素质能力不足和政策法律保障不足的问题。我们建部以后做过一次调查统计，全国共有社会应急力量 1709 支，共计 60 多万人，且参差不齐、流动性很大，与我们庞大的人口基数不相称。日本 1995 年阪神淡路大地震发生后几个月内，就有 100 多万人的志愿者赶赴灾区救援[1]。德国消防队伍主要由职业消防队和志愿者消防队构成，全国人口 8200 万，消防志愿者队伍有 100 多万，遍布各大中城市和乡、镇、村，接警后 10 分钟之内就能抵达现场，85% 的事故灾难被遏制在萌芽状态。德国志愿者消防员的准入、培训、能力标准与职业消防队员完全相同，享有同样完善的法律和政策保障，享受相对优厚的福利待遇，成为德国应急救援队伍的重要组成部分。更重要的是，

---

　　① 王瓒玮：《日本城市地震灾后社会治理研究：以阪神淡路大地震为中心的探讨》，《中国石油大学学报（社会科学版）》2018 年第 34 期。

德国还建设和培养了近25万人的青少年消防队、2000余支儿童消防队，而且数量还在不断增加①。这些都极大地增长了青少年这方面的知识、能力，也增进了青少年对应急救援事业的感情，使青少年儿童志愿队伍成为德国消防队伍的强大后备力量。德国和日本大力发展消防志愿者，不仅是为了提高消防能力，也是有国家战略谋划的，更重要的是培养整个国民特别是年轻人的国家意识、社会责任，培养的是全民的应急能力、行动能力、执行能力。日本、德国都是二战战败国，国防力量很少，消防员就是和平时期的战士，大力发展消防志愿者，既可以节约国家资源，又可以增强人民体质，增强国家力量，其谋划是很深远的。我们要从战略上重视发展社会应急力量，加快补上这块短板。

总体来看，我国构建现代化应急救援力量体系才刚刚起步。下一步，要重点提高国家综合性救援队伍综合救援能力，加强基层应急力量和能力建设，扶持和规范社会救援力量发展，在装备配备、日常训练和人员保险等方面提供进一步政策支持和法律保障。坚持国家和地方"两条腿走路"，根据实际需要适当增加力量规模，优化科技装备配备。重点打造国家尖刀和拳头力量，依托国家综合性消防救援队伍，科学布建国家消防救援机动力量，建设区域应急救援中心。重点加强国家航空应急救援力量建设，配置一批应急救援大飞机，承担综合航空应急救援任务。当然，力量体系现代化也涉及方方面面，比如，针对应急救援时可能遇到

---

① 昌业云：《德国专业化应急救援志愿者队伍建设经验及其借鉴》，《中国应急管理》2010年第8期。

的语言障碍问题，需要加强应急语言服务体系建设，依托专业团队提供重大突发事件快速救援语言保障服务，如中外语言、少数民族语言、方言、残障人手语的翻译，帮助提高救援效率，更好保障人民群众生命财产安全。

（四）现代化的应急物资保障体系

通过抗疫大战，从中央到地方各级都非常重视应急物资保障，习近平总书记特别要求把应急物资保障作为国家应急管理体系建设的重要内容，对健全统一的应急物资保障体系作出部署。现代化应急物资保障体系应具有统一管理、科学储备、快速精准、全程监控、节约高效等特征。

抗疫开始时的物资严重短缺，使我们立即警觉起来，如果我们遇到大灾，特别是同时遇上两场大灾，我们该如何应对，该如何建设现代化的救灾物资保障体系？为此，我们一方面搭建物资管理平台，建立快速调拨机制，加强研判，按需供应，不要下面申请，主动提醒，提前预拨，在近几年防汛救灾工作中，我们通过每日会商主动掌握灾区防汛救灾物资需求，把救灾物资按需及时拨到位。另一方面，我们经过测算，向中央申请大力加强物资储备，2020 年中央财政在十分困难的情况下，专门拿出 28.58 亿元增储灾害救助、防汛抗旱、森林草原防灭火等应急物资，支持力度之大前所未有。目前，我们会同有关部门编制印发了"十四五"应急物资保障规划，进一步优化物资储备布局，加强实物储备、落实产能储备、完善社会储备、鼓励家庭储备，构建现代化应急物流体系，提升应急物资保障的科学化、信息化、智能化水平。

救援装备也是应急物资保障的重要内容，主要为提高救援效率和保护救援人员安全提供支撑保障。我们围绕现代化救援保障需求，加强国家综合性消防救援队伍应急物资储备库及战勤保障站建设。分灾种制定救援装备物资储存与携行标准，推动装备物资标准化储备管理、模块化遂行机动，全国各级消防救援队伍建有应急装备物资储备库（站）780个，储备各类救援装备600万件（套）。以服务实战加强战勤保障，建立运行综合保障中心，组建313支战勤保障队，落实野外救援"六车联保"（包括宿营、餐饮、盥洗、淋浴、冷藏、洗涤）保障模式。针对遂行高原救援任务需求，我们还强化防寒、供氧等特殊保障，确保队伍战斗力。

（五）现代化的科技支撑和人才保障体系

科技支撑和人才保障在现代应急管理中具有战略和基础地位。现代化科技支撑和人才保障体系要为应急管理提供理论、学科、技术、知识、信息、智力等一系列专业支持，必须加强相应的理论研究、学科建设、科技研发、检测检验和教育培养、技能培训、人才管理、专家队伍建设等各项工作。

一直以来，国家很重视应急管理的科技支撑和人才保障体系建设，近些年部署实施了自然灾害防治、应急管理等领域重大科研专项，20多所高校开展了应急管理学科建设并建立专门院系。卫星、遥感、大数据、物联网等技术在防灾减灾救灾领域的应用不断深入，多个部门联合成立了国家应急广播中心，实现应急广播服务全覆盖，及时发布监测预警信息、通报灾情和救援进展、科普安全知识和应急技能等，对提高全社会安全防范意识和能力起到重要作用。但是，相比于发达国家，目前我国应急管理科技支撑和人才保障能力总体偏低，已成为制约我国应急管理能力水平提升的瓶颈问题。我们对自然灾害的形成机理和演化规律研究不足、风险监测手段落后、关键技术自主化程度不高、安全检查查不出问题等，都与科技创新能力不强、人员专业素质不高直接相关。作为世界上地震灾害损失最严重的国家之一，我们在巨灾实验场建设方面还是空白，缺乏相应的情景构建。美国地质调查局 2018 年做过一个《海沃德地震情景构建：工程影响》评估，假定旧金山湾区东湾海沃德断层上发生 7.0 级地震，受影响核心地区涉及 5 个市 611 万人，可能造成 800 人死亡、1.6 万人受伤、5000 座建筑倒塌、2400 人被埋压、2.2 万人被困电梯，有 15.29 万人需要转移安置，东湾居民将面临 6 周到 6 个月供水中断，预计损失将超过 820 亿美元。此外，地震还可能引发约 450 起大火，一些大火可能蔓延成一场或几场特大火灾，甚至摧毁数百个城市街区。针对地震可能造成的影响，报告提出了增加城市建筑弹性、增配消防专业装备等方面的改进意见。如果我们的大城市发生 7 级以上地震，到底会发生什么样的情景，会有多少楼房倒塌、会有多少人被困地铁和电梯，会引发多少起大火爆炸，需要如何制订应急预案、如何有针对性地强化预防和力量准备，我们还缺乏科学测算和情景构建。应急管理学科建设也比较滞后，应急管理和应急救援涉及方方面面，培养人才首先要把学科建设起来，目前这方面与实际需求差距很大，比如说我国生产和使用的化工产品高达4.5万种，但危化品事故救援没有相应的专业，化学系毕业生只有一些基本知识，要从头开始学习安全管理知识和经验。应急管理具有高负荷、高压力、高风险的职业特点，实操性很强，自身的规律性很强，对应急管理人才培养和政策保障也要尊重其规律和特点。

俄罗斯在应急管理人才培养方面有战略考量和长期积累，沙俄时期就开办了消防院校，建立基础理论学科，目前院校教育体系完备，紧急情况部现有俄罗斯民防大学、俄罗斯消防科学院、圣彼得堡消防大学等6所专业院校和4所科研机构，拥有全俄急救和放射医学中心。学校实行军事化管理，主要为应急管理部门和救援队伍输送专家和指挥员。我在俄罗斯民防大学访问时，校长介绍，俄罗斯法律规定，各州州长、副州长每年要到该校参加为期2周的应急培训。相比之下，我们起步晚，应急教育技术人才短缺、基础薄弱，正在积极借鉴国际国内好的做法，抓紧推进现代化科技支撑和人才保障体系建设。应急管理部建立后，我们已在北京建立第一所"中国消防救援学院"，经中央批准，国家自然灾害防治研究院也已经挂牌，目前正在筹建"应急管理大学"和地震等自然灾害实验场，并积极鼓励各地发挥自身优势，创建应急管理学院和科研院所，加快补齐科技支撑和人才保障的短板。

（六）现代化的应急管理法治体系

习近平总书记强调，要坚持依法管理，运用法治思维和法治方式提高应急管理的法治化、规范化水平。现代化的应急管理法治体系应包括一套完整的法律法规体系、预案体系、标准体系、执法体系等，具有系统完备、科学规范、动态更新等特征，重在应急管理体系现代化建设的法治化、规范化和权威性，运用制度威力应对风险挑战的冲击。近几年来，我们着力把党的十八大以来应急管理重大理论创新和实践创新提炼上升为法规制度，推进全灾种、全过程的综合性法律立法工作，先后出台了生产安全事故应急条例、消防救援衔条例等一批法律法规，修订了安全生产法、消防法等，目前正在配合修改突发事件应对法，加强了应急预案体系建设的指导，制定了一批标准规范。按照习近平总书记在十九届中央政治局第十九次集体学习时的指示，我们正在抓紧研究制定自然灾害防治、应急救援组织、国家消防救援队伍和人员、危化品安全等方面的法律法规，着力在法治轨道上推进应急管理体系和能力现代化。各地也积极探索，在应急管理法规制度建设上形成了很多创新性成果。例如，山东在全国率先出台自然灾害风险防治办法，将各类自然灾害风险调查、评估、监控、防御和监督保障等活动予以统一规范。江苏率先制定电动自行车管理条例，强化宣传教育引导、路面执法管理、源头安全监管和社会联动共治，有效提升了群众交通安全意识，全省电动自行车交通事故起数和死亡人数明显下降；江苏省人大常委会还出台了关于强化应急管理体系和能力建设的决定，从监测预警、指挥调度、应急救援、应急保障等四个方面作出具体规定。广东制定安全风险分级管控办法（试行），实施重大风险管控挂牌警示，定期向全社会公布各行业领域重大风险及管控情况，将安全风险分级管控和隐患排查治理双重预防机制建立向前推进了一大步。山东、贵州、湖北、河南、大连等多地制定实施重大安全风险隐患举报奖励制度，细化奖励标准、落实重奖承诺，积极构建安全生产社会共治格局。深圳率先颁布了深圳经济特区突发公共卫生事件应急条例，成为疫情后全国首个颁布施行的突发公共卫生事件应急法规。

总之，应急管理体系和能力现代化是以习近平新时代中国特色社会主义思想为指引、以国家现代化治理体系为依托的有机系统，还需要大家深入思考、系统谋划，同向发力、整体推进，并在实践中不断探索完善。国家"十四五"规划专门部署统筹发展和安全、保障人民生命安全，把应急管理体系建设放在了重要位置。

二、面临的问题短板及"十四五"规划措施

（一）对照中央改革要求还有明显差距

党的十八届三中全会通过的《关于全面深化改革若干重大问题的决定》明确提出，建立隐患排查治理体系和安全预防控制体系，遏制重特大安全事故。近 9 年来，相关工作取得积极进展，隐患排查治理体系不断完善，但预防控制体系尚未全面有效建立。

一是安全发展理念树立不牢。树立安全发展理念和正确政绩观是根本性的预防。这些年我国安全形势保持稳定，但影响安全发展的深层次矛盾和问题还没有根本解决，主要差距是在人的安全发展理念不牢特别是领导干部的安全发展理念不牢方面，一些地区和部门单位不能完整、准确、全面贯彻新发展理念，学习贯彻习近平总书记关于安全生产的重要论述不深入、不扎实，没有统筹好发展与安全。我们解剖近些年来发生的百余起重特大生产安全事故，安全发展理念不牢固导致底线失守是根本原因。

二是全流程预防控制落实不到位。习近平总书记强调：要深刻认识安全生产工作的艰巨性、复杂性、紧迫性，坚持以人为本、生命至上，全面抓好安全生产责任制和管理、防范、监督、检查、奖惩措施的落实。要细化落实各级党委和政府的领导责任、相关部门的监管责任、企业的主体责任[①]。落实安全预防控制，体现在政府决策、部门监管、企业内控多个关口，一些领域生产安全事故频繁发生，主要就是这些关口把关不严、层层失守。在政府决策方面，一些地方没有把好行业准入关、规划立项关等，导致安全风险输入、放大进而导致事故频发。近年来发生的很多起重特大事故与地方政府招商引资把关不严有关。在部门监管方面，一些部门在安全监管工作中职责不清、推诿扯皮、明哲保身，对于部门间职责交叉的安全监管工作消极后退、对于涉及人民生命安全的事项重放轻管甚至只放不管，或者只管合法的不管非法的，

<hr>

[①] 《习近平关于防范风险挑战、应对突发事件论述摘编》，中央文献出版社 2020 年版，第 185 页。

人为造成监管盲区和漏洞，而地方党委政府对此未及时研究、明晰责任、推动解决。在企业内控层面，一些企业为了利益不断扩张，却不注重安全管理，对下属、控股、参股或托管企业以及所属的从业人员安全管控不力。还有不少企业甚至一些大型央企国企，安全管理人员和技术人员不能满足实际需求，临时聘用外部人员或将相关业务外包给其他企业负责，安全管理松散混乱。

三是企业安全投入不足。保证安全投入是安全生产法的强制性要求，也是落实企业主体责任的必然要求。但是，一些企业为了追求发展速度和利润指标，安全投入能省就省、设备更新能拖就拖。2022 年，上海石化、茂名石化、甘肃滨农科技等化工企业接连发生火灾、爆炸事故，除安全措施不落实外，用于老化设备更新改造和维护的安全投入不足也是重要原因。同时，企业的业绩考核导向存有偏差，大部分集团总部和国有资产监管部门在对企业的业绩考核中，产量、收入、利润等权重很大，安全生产权重很小，对安全投入情况基本没有具体要求。如在企业业绩考核中，A 级企业一般为 130 分以上，但发生一起较大事故仅扣 0.4 ～ 1.2 分，一起重大事故仅扣 1.2 ～ 1.6 分。此外，相比科技、教育、环保等领域，安全投入缺少宏观定量指标，更未与 GDP 挂钩考核，缺乏宏观调控激励措施。这些考核规定已经严重滞后，不适应新时代人民群众对安全发展的新期待了。

（二）一些基础薄弱的方面还存在明显短板

虽然建部以来我们十分重视抓应急能力建设并取得积极成效，

但由于基础薄弱，起点低、难度大，能力短板仍较突出。

一是部分地方应急管理体制机制短板突出。有些地方的极端天气灾害防范应对尚未有效纳入统一的指挥体系，灾害性天气预报和灾害预警相混淆，气象预报精准性权威性不够，预警和响应不衔接不联动，导致应急被动、效率低。有些地方指挥体系实际运行还不顺畅，少数地级市和县（市、区）专项指挥机构还没有理顺，应急指挥还存在"中梗阻"。

二是航空救援能力短板突出。航空器机型单一、数量少，按照 2 小时集结 10～15 架航空器覆盖灾害多发区、其他地区进行季节性部署来测算，目前执行航空消防任务的中型以上直升机明显不足，大型固定翼灭火飞机尚属空白。现有航空护林站数量不足与设施老旧的问题突出，野外取水点、机场供水等设施也不完善。相比较而言，美国森林消防拥有各类航空器 660 余架，其中波音 747、C-130"大力神"等大型灭火飞机 32 架，"空中国王"等固定翼飞机 176 架，S-64、贝尔 204 等直升机 425 架，C-415 水上灭火机 4 架，承担索降、投送、巡护、侦察和航空化学灭火等任务。加拿大森林面积为 3.47 亿公顷，是我国森林面积的 1.5 倍，但加拿大拥有防火灭火飞机 1000 余架，为我国航空消防中型以上直升机数量的 13 倍之多[①]。

三是应急管理干部能力短板突出。应急管理部门基本上是全天候、全灾种、全过程、全链条应急，任务重、责任大，在组建

① 金永花、权威：《促进我国森林消防装备制造业高质量发展的政策体系构建研究》，《消防科学与技术》2022 年第 41 期。

时虽然从有关部门划转了安全生产、防汛抗旱、森林草原防灭火、地震地质灾害救援、灾害救助及综合应急管理等职责机构编制和人员，但一些地方"转事不转编、转编不转人、转人不转专业人员"问题突出，导致不少县级应急管理部门甚至没有防灾减灾救灾专业干部，根本不具备应急救灾指挥协调的专业能力，并且长期以来基层在安全生产监管执法中查不出问题的情况仍未有大的改观。

四是基层应急能力短板突出。一些县应急管理局只是把原来的安监局换了个牌子，领导班子配备不合理、专业结构不适应、能力素质跟不上，应急管理部门的综合优势没有得到有效发挥；32.7%的乡镇街道没有设置应急管理工作机构，已设置的也多是原安监站的"翻牌"，专职人员平均仅有2名且身兼数职，人少质弱不适应应急管理工作任务的矛盾非常突出。国家消防救援队伍只部署到县级，而且还有少数县空白，作为补充的乡镇消防队大多是临时队伍，专业救援能力不足。农村防灾减灾救灾能力亟待提高，近20年来，全国80%以上的灾害造成的人员伤亡和经济损失分布在农村，群众大多缺乏安全常识，防灾避险意识和自救互救能力不足。

五是科技支撑能力短板突出。我国在自然灾害防治、安全生产等领域技术装备研发的基础性创新尚需加强，代表国家水平的安全防范综合性实验室、试验场等科研平台，以及人才队伍、创新成果等与发达国家差距较大。对我国面临的巨灾风险研究缺乏系统性，全灾种全链条的综合风险评估、监测预警、情景构建、应急响应等关键技术亟待突破。特别是情景构建能力的不足在一定程度上限制了我们防范应对大震巨灾的针对性和实效性。

(三)"十四五"国家应急体系规划措施

《"十四五"国家应急体系规划》作为国务院印发的"十四五"时期国家重点专项规划,同时也是应急管理部门组建后针对应急管理体系和能力建设的首个五年发展规划,与以往的应急管理专项规划相比,更加注重处理好政府与市场、中央与地方、长远与近期的关系,聚焦目标研判、防范化解重大风险、应急管理体系和能力现代化建设,围绕 2025 年、2035 年目标提出重大工程项目、重大政策和重大改革举措,尤其注重发挥重大工程项目的关键载体作用,凝练出一批实实在在的补短板强弱项工程项目①。

到 2025 年,应急管理体系和能力现代化要取得重大进展,形成统一指挥、专常兼备、反应灵敏、上下联动的中国特色应急管理体制,建成统一领导、权责一致、权威高效的国家应急能力体系,安全生产、综合防灾减灾形势趋稳向好,自然灾害防御水平明显提升,全社会防范和应对处置灾害事故能力明显增强。到 2035 年,建立与基本实现现代化相适应的中国特色大国应急体系,全面实现依法应急、科学应急、智慧应急,形成共建共治共享的应急管理新格局。围绕上述目标,"十四五"期间重点从七个方面发力:一是深化体制机制改革,打造统一权威高效的治理模

---

① 《〈"十四五"国家应急体系规划〉国务院政策例行吹风会实录》,国新网,2022 年 2 月 14 日。

式。二是夯实应急法治基础，培育良法善治的全新生态。三是防范化解重大风险，织密灾害事故的防控网络。四是加强应急力量建设，提高急难险重任务的处置能力。五是强化灾害应对保障，凝聚同舟共济的合力。六是优化要素资源配置，增强创新驱动的发展动能。七是推动共建共治共享，筑牢防灾减灾救灾的人民防线。

针对应急管理体系和能力建设的突出短板问题，规划也提出了针对性改进措施。在安全生产预防体系建设方面，将通过更加注重安全治理体系构建、本质安全提升、安全管理数字化转型，不断提高安全生产管理系统化、精准化和智能化水平。具体来说，一是建立危化品安全预防控制体系，实施化工园区安全提质和危化品企业安全改造工程，以危险工艺本质安全提升与自动化改造、安全防护距离达标改造、危险源监测预警系统建设为重点，推进化工园区示范创建，建设化工园区风险评估与分级管控平台；推进城镇人口密集区危化品生产企业搬迁改造。二是强化矿山安全预防控制，开展煤矿瓦斯综合治理和水害、火灾、冲击地压等重大灾害治理，基本完成尾矿库"头顶库"安全治理及无生产经营主体尾矿库、长期停用尾矿库闭库治理。三是以信息化推进预防控制智能化，实施"工业互联网＋安全生产"融合应用工程，建设行业分中心和数据支撑平台，建立安全生产数据目录。

在健全应急管理体制机制方面，重点健全领导指挥体制和强化部门协同机制。按照常态应急与非常态应急相结合要求，建立国家应急指挥总部指挥机制，地方各级建设本级应急指挥部，形成上下联动的应急指挥部体系，同时进一步理顺防汛抗旱、森林草原防灭火等指挥体制。在部门协同上，充分发挥议事协调机构的统筹作用，进一步明确应急管理部门和各相关部门在事故预防、灾害防治、信息发布、抢险救援、环境监测、物资保障、恢复重建、维护稳定等方面的工作职责，健全重大安全风险防范化解协同机制和灾害事故应对处置现场指挥协调机制。

在加强航空应急救援力量建设方面，重点抓好三项重点工作：一是加强航空应急救援队伍建设。加强常态化航空力量部署，统筹布局现有航空救援关键力量，增加森林航空消防机源和数量，实现森林草原防灭火重点区域基本覆盖。引导和鼓励大型民航企业、航空货运企业建设具备一定规模的专业航空应急队伍，支持相关航空企业、飞行院校组建应急救援航空队伍。二是完善航空应急场站布局。改造现有航空护林场站，新建一批全功能航站和护林机场。在森林火灾重点区域，合理布设野外停机坪和直升机临时起降场、灭火取水点和野外加油站，结合现有军民用机场设施，加快形成"骨干机场—航空场站（机场）—野外停机坪—临时起降点"成体系的航空消防起降网络，实现应急航空救援全覆盖，基本实现航空应急力量2小时内到达灾害事故易发多发地域。三是完善航空应急救援保障机制。推进应急救援航空指挥平台建设，建设央地间上下贯通、部门间横向联通、政企间相互衔接的全国应急航空调度信息系统。推动应急管理部门与民航部门、航空领域企业建立应急救援飞行保障机制。

在提升应急管理干部能力方面，采取"两手抓"：一手抓干部队伍建设。树立讲担当重担当、重实干重实绩的用人导向，选优配强各级应急管理领导班子。完善应急管理干部素质培养体系，建立定期培训和继续教育制度。推进应急管理系统、国家综合性消防救援队伍干部交流，加强优秀年轻干部发现培养和选拔使用力度。加大专业人才招录力度，提高应急管理干部队伍专业人才比例。一手抓专业人才培养。建立应急管理专业人才目录清单，拓展急需紧缺人才培育供给渠道。实施应急管理科技领军人才和技术带头人培养工程，依托应急管理系统所属院校建设培养专门人才的应急管理大学，建强中国消防救援学院，鼓励各地依托现有资源建设一批应急管理专业院校和应急管理职业学院。

在加强基层应急能力建设方面，主要有三方面措施：一是以机构队伍为重点，建立健全基层防灾减灾救灾力量体系。实施基层应急能力提升计划，加强和规范基层综合性应急救援队伍、微型消防站建设，推动设立社区、村应急服务站。加强灾害信息员、安全监督员、应急志愿者等群防群治队伍建设。二是以网格化治理为切入，提升灾害综合治理能力。将防灾减灾救灾纳入基层网格化治理体系，发挥好村居"两委"和网格员作用，组织居民开展预案编修、应急演练、隐患排查、灾害防范，设立安全指示标识，规划转移路线，确保有危险时能快速组织人员转移避险。三是以宣传教育为抓手，提升全民防灾减灾意识和能力。推动将安全素质教育纳入国民教育体系。依托科技馆、灾害遗址公园等设施，设立各类科普宣传教育基地，建设数字化科普平台和虚拟体验馆，开展法规宣传、科普教育、应急体验、自救互救模拟。平时广泛开展安全宣传"五进"活动，在全国防灾减灾日等节点全面深入组织开展形式多样的科普宣教活动。

在加强科技支撑和信息化建设方面，重点加强四方面建设。一是实施科技创新驱动一揽子工程建设。着力夯实应急管理基础研究，建设自然灾害风险综合防范、生产安全事故防控、复合链生态灾害事故防治、矿山重大灾害治理、防汛抗旱应急、地震应急、城市安全、应急医学救援等国家级实验室和部级实验室。扩大重点业务实用技术和装备研发基地，支撑提高重大安全风险防控和重特大灾害事故救援能力和水平。建设应急管理领域国家科技资源共享服务平台和重点灾害地区综合防灾减灾技术支撑平台，结合大数据应用，实施大灾巨灾情景构建。二是完善灾害事故监测预警网络。在持续加强单灾种监测预警能力建设的同时，强化自然灾害和安全生产监测预警的衔接融合，加快完善城乡安全风险监测预警公共信息平台，实现城乡安全风险监测预警"一网统管"。推动各地因地制宜普遍建立城市安全综合监测预警中心，强化大数据分析及可视化展示，对城市运行态势进行实时、全面、精准监测，实现城市安全重大风险隐患早识别、早预警、早处置。三是系统推进"智慧应急"建设。强化信息化、大数据赋能，加快应急管理应用系统和业务场景开发，实现监督管理、监测预警、指挥救援、灾情管理、统计分析、信息发布、灾后评估和社会动员等业务的线上线下融合，提升智能化管理水平。四是建设数字化指挥救援体系。推进国家、省、市、县综合指挥调度平台和地方应急指挥平台示范建设，实现各级政府与行业部门、重点救援队伍互联互通、协调联动。

三、领导干部推进应急管理体系和能力现代化需要着力抓的重点工作

习近平总书记在党的二十大报告中强调，要完善风险监测预警体系、国家应急管理体系，完善重点领域安全保障体系和重要专项协调指挥体系，建立大安全大应急框架，推动公共安全治理模式向事前预防转型，为推进应急管理体系与能力现代化进一步指明了方向、提供了根本遵循。应急管理体系和能力现代化建设要做的事情很多，关于防范风险、处置能力已在第二讲、第四讲中讲述，《"十四五"国家应急体系规划》已经对七个重点方面的建设作出部署，这里主要从制度、机构、队伍、能力四个方面讲些意见建议，以提请各级领导干部关心重视抓一抓在人的现代化方面当前存在的短板弱项。

（一）抓健全安全责任制

近些年来，我国安全生产、防灾减灾取得历史性成就，关键一条是落实各级领导干部责任制，特别是"党政同责、一岗双责、齐抓共管、失职追责"的责任制。在肯定责任制发挥关键作用的同时，我们从近10年100多起重特大灾害事故教训中也清醒地看到，安全生产责任制还需要不断健全完善、落实落细。

各级领导干部首先要从根本上抓责任制的健全和落实。这里讲的"根本"，一是树牢安全发展理念这个根本，是坚持以正确的

政绩观考核干部这个根本，是从规划开始全过程坚持安全第一这个根本，不能把责任制理解为不出大事就没有安全责任。二是要把安全责任贯穿到干部思想教育、规划建设、政绩考核各方面、全过程，健全安全责任考核机制，推动把统筹发展和安全、实现高质量发展落到实处，把对党和人民负责、特别是对人民生命安全负责落到实处。其次，要带头狠抓安全责任制落实。领导干部是不是真重视安全、真重视防控风险，干部群众是明白的，不只是看你讲话时说什么，出事时做什么，而是更多地看你是不是带头地做、认真地抓、动真地考。因此，领导干部的实际行动、表率作用十分重要，要带头执行安全责任制，梳理自己的责任，依法依规列出自己的责任清单，一项一项认真对照落实。还要压实各方面的责任，把责任压给各级班子、每个成员，压到每个单位、每个具体人，并督促大家都认真抓，切实扛起一岗双责的责任。同时，对部门之间、条块之间职责不清的，要按照法律法规和中央精神界定并严格落实责任，对新情况新问题和一时难以分清的，也要按照业务相近的原则明确主责辅责，实在分不清主辅的，实行捆绑作业，共同负责。坚持一个重要原则，就是不允许责任悬空，确保责任到人。对落实安全责任好的经验做法要及时总结，一些比较成熟的要推动上升为地方性法规，为国家应急管理法治建设探索路子、提供经验。最后，要通过检查运行体系、机制和执行能力，把安全责任落实一抓到底。坚持目标导向和问题导向相结合，对各方面抓责任落实过程中面临的困难和问题要重视，多调研了解情况，推动解决问题，确保责任落实落地。比如，基层有的工作比较弱，特别是最后一公里、最后一米落实难，作为领导干部必须要有"时时放心不下"的责任感，绝不能"大撒把"，对风险高的、不放心的地方和单位要到实地去检查督导，不能光听汇报，不能人家汇报什么就是什么，要综合各方面的信息特别是当事群众的意见，还要眼见为实，查岗查哨。对发现的问题不能仅仅把板子打到基层干部身上，还要从下看上，查找责任传导、指导检查、实际支持等方面的不足，从体系、机制、能力上系统性推动解决实际问题。

（二）抓指挥机构机制建设

中央深化党和国家机构改革组建应急管理部，加强了党对应急管理工作的全面领导，完善了应急管理的基本格局，打造了面貌一新的应急管理队伍，提高了应急管理支撑保障特别是信息化水平，推动了应急管理效能整体提升，新体制新机制新队伍的优势日益显现。一些省份按照中央统一部署高质量完成改革任务的同时，还结合本地实际在改革上更进一步，取得更好的成效。如江苏、山东等地积极推进安委会办公室实体化运转，实现了省市县各级机构、编制、人员全面到位，有力加强了安全生产的统筹协调和督促落实。四川大力加强抗震救灾指挥部办公室建设，设立专业工作班子辅助指挥决策、实体运行，为领导同志关键时刻到指挥部坐镇指挥提供了有力支撑。随着时间的推移，新的应急管理体制优势正在逐步显现，需要上下协同、合力推进。

中央深化应急管理体制改革的决策部署是一个科学的设计、

整体的改革，必须坚决贯彻执行，不能合意就执行、不合意就不执行，不能想怎么改就怎么改，改歪了，是要付出惨重代价的。2021年河南郑州特大暴雨灾害的一个深刻教训就是相关地方政府贯彻落实中央关于应急管理改革决策部署不到位，应急指挥机构机制混乱，关键时刻缺乏统一指挥[①]。抓指挥机构机制建设，是各级领导干部职责所在，不仅是相关部门负责同志的职责，也是党委、政府主要和分管负责同志的职责。首先，要加强指挥机构、健全指挥班子。目前，指挥机构仍以承担防灾减灾救灾、安全生产各议事协调机构职责的应急管理部门为依托。指挥机构必须具有权威性，像广东就通过党委政府的进一步赋权予以强化。对个别地方的防汛抗旱、森林防灭火指挥部职责仍未转隶到应急管理部门或者转隶后又"叠床架屋"在水利、城市管理、气象等部门分设专项指挥部办公室等情况，要本着上下对应的原则抓紧清理和调整，不折不扣落实中央改革部署，确保统一指挥、上下联动；对高温、强对流、低温雨雪冰冻等极端天气灾害，其防范应对应纳入各级防汛抗旱指挥部框架下。指挥机构发挥作用必须有强有力的指挥班子，特别是指挥部总指挥或委员会主任要切实加强领导，平时要指导支持指挥部或委员会办公室加强能力建设，设立专业的工作班子辅助指挥决策并实体运行，关键时刻要亲自坐镇指挥。其次，要完善指挥机制。围绕指挥系统运行，要有一套常

---

① 《河南郑州"7·20"特大暴雨灾害调查报告》，国务院调查组，2022年1月21日。

态应急与非常态应急相结合的应急指挥机制，并且平时就要运转起来。在各级指挥部内部，通过完善应急预案、工作手册、行动方案等形成科学规范的指挥机制、规则和流程。要着力处理好领导干部在指挥部坐镇指挥与深入一线靠前指挥、应急现场党政领导干部领导指挥与国家综合性消防救援队伍等专业救援力量专业指挥等方面的关系，加强与军队、武警、民兵预备役对接，强化军地指挥协同联动。最后，要强化指挥保障支撑。充分调动指挥部各成员单位积极性，支持应急管理部门发挥指挥部办公室的牵头抓总和统筹协调作用，加快建设一套信息互联互通、便于会商决策的现代化应急指挥平台，把气象、水利、自然资源、公安、综治、交通、电网等方面的信息联通起来，可以随时视频调度现场情况，全面掌握可以调用的各类应急资源，支持科学高效指挥。同时，加快建立全面的应急指挥决策支撑综合数据库，汇集各相关部门的地理信息、实时监测等数据资源，特别是把自然灾害综合风险普查、重大危险源调查等成果用好，为指挥提供有力支撑。针对一些地方特别是市县两级存在的向应急管理部门转职能不转编、转编不转人、转人不转专业干部等问题，应全面排查、集中整改。2021年国家层面对改革运行情况进行了深入调研和评估，各地也应主动开展全面评估，强化改革的权威性，既总结经验、巩固成果，又查找差距，及时改进完善。各地要善于运用实战检验改革，抓好每一次重大灾害事故应对，评估改革落实情况和实际运行质效。比如，地震易发地区要重视利用一般和较强地震提高拉动检验层级，全面检验应对机制是否健全、流程是否顺畅、力量和物资是否准备充分。

（三）抓班子和干部队伍建设

有健全的指挥机构，还要有过硬的班子和干部队伍。应急管理工作急难险重，建强省、市、县各级应急管理部门领导班子特别是选好应急管理部门主要领导十分重要。应急管理部门主要领导应有特殊要求，要政治性强，责任心特别强，有敢于斗争精神，敢担当、善协作，最好要有比较丰富的实际工作经验，具备一定的专业能力，把最不放心的事交给最放心的人来干。同时要更多关心这支队伍，习近平总书记强调："应急管理部门全年 365 天、每天 24 小时都应急值守，随时可能面对极端情况和生死考验"；"应急管理具有高负荷、高压力、高风险的特点，应急救援队伍奉献很多、牺牲很大，各方面要关心支持这支队伍，提升职业荣誉感和吸引力[①]。"我们一直在建议各地把优秀中青年干部放在应急管理部门领导岗位上锻炼培养，让他们在风口浪尖的实战中增长才干。对应急管理系统干部我们采取多种办法加强能力建设，不仅注重在实战中给干部压担子，提高处理大事、难事的能力，而且针对突出问题短板加强专题培训，强化风险监控、研判、预警手段运用，同时实施执法督查考评和事故灾害调查评估，不断提升干部发现问题、解决问题的能力。江苏响水爆炸事故发生后，我们组织 1000 多名化工专家，对全国 300 多个危化品重点县深入

---

① 《习近平在中央政治局第十九次集体学习时强调充分发挥我国应急管理体系特色和优势　积极推进我国应急管理体系和能力现代化》，新华网，2019 年 11 月 30 日。

排查、定点服务；黎巴嫩贝鲁特大爆炸事故发生后，我们又组织专家对全国硝酸铵等重点危化品开展了 3 轮排查。通过组织专家，较好地缓解了应急管理专业人才资源不足的问题，我们的干部与专家共同工作，向专家学习，提高了他们善于发现问题、敢于指出问题、有效解决问题的能力。在党中央、国务院亲切关怀下，这几年我们建立了干部双重管理、表彰奖励、综合执法、待遇保障等制度，并在不断健全一整套具有职业特点的保障制度体系。各地要结合实际创造性抓好落实。

打造过硬机构和队伍，还要健全乡镇和街道应急管理组织体系，确保基层应急管理工作有人抓、有人管，出了事你能找到人，"最后一公里"有人能给你落实下去。我们一直在积极推广江西、浙江、福建等地采取的"站队合一"模式（基层应急管理站＋消防队）加强基层应急力量建设，希望每个乡镇（街道）都建立一支常设的应急力量，既抓风险防范，依法承担安全监管执法、消防安全管理等职责，又抓应急救援，平时开展应急力量培训，突发情况下组织实施先期应急救援处置。同时，一些地方还积极探索设立乡镇（街道）消防所，承担消防安全管理和应急救援工作，目前全国设立比例将近四成，特别是江苏、山东、河南等地专门安排事业编制设立实体化基层消防所，实际作用很明显，受到基层欢迎和肯定。

（四）抓能力保障体系

重点是提高两个能力，一个是防的能力，一个是救的能力。

提高"防"的能力要着力从根本上解决问题。习近平总书记指出，要大力加强防灾备灾体系和能力建设，舍得花钱，舍得下功夫，宁肯十防九空，有些领域要做好应对百年一遇灾害的准备①。这些年，习近平总书记亲自部署提高自然灾害防治能力九项重点工程，对城镇燃气管网更新改造工程、危化品生产企业搬迁改造等多次作出重要指示批示，既推动了能力提升，又教给了我们方法，我们理解，就是关系公共安全的基础工程要舍得投入、落到实处，要主动预防，不能看到风险、短板仍然长期欠账。比如，森林要规划建设防火道、隔离带、停机坪；北方城市要下决心补齐防洪排涝欠账；地震危险区要把地上做结实，提高抗震设防等级；临崖临水危险路段要建设防护栏、防护墩等生命线防护工程，提升本质安全水平。作为地方领导干部要多考虑本地可能面临的巨灾风险，重视开展巨灾风险科学研究，支持本地的高校和科研院所建立防灾减灾救灾、安全生产等重点实验室，开展针对巨灾风险的综合评估、监测预警、情景构建等研究工作，组织编制和实施中长期规划方案，久久为功抓好巨灾防范应对工作。这件事情国家在做，各地也要根据自己的实际需要积极去做，这样更有针对性。提高"救"的能力要着力在专业化救援上下功夫，包括建立专业化的应急指挥体系、建设专业救援队伍、加强专业培训等。应急指挥体系和指挥机制前面已经讲了，不再重复。就救援队伍建设而言，要坚持"两条腿走路"，一方面建强用好国家综合性消

---

① 习近平：《国家中长期经济社会发展战略若干重大问题》，《求是》2020年第21期。

防救援队伍，大力发展政府专职消防员队伍，作为常备使用力量，努力实现乡镇救援力量的基本覆盖；另一方面，要把全社会各方面专业力量组织起来，纳入综合应急救援体系，一旦发生灾害事故，可以迅速调派相关力量有效处置。同时，要积极借鉴发达国家建立体系化、规模化、综合性的应急救援实训基地的有益经验做法，加强队伍面对复杂场景的救援能力培训，特别是建设灾难仿真搜救实训场所，模拟强震、极端暴雨等大灾后可能出现的大型城市综合体毁坏、遍地多发的火灾、城市洪水激流、涝水倒灌地铁和城市隧道、地下管线破裂等复杂场景，让救援人员通过培训获得身临其境的灾难体验，解决极端情况下不知所措、无从下手的救援困境，最大程度提高救援效率、保护人民生命财产安全、减少救援人员伤亡。

加强应急管理体系和能力建设，既是一项长期任务，也是一项紧迫任务。在党中央、国务院的坚强领导下，新时代应急管理事业取得历史性的成就、发生历史性的变革，应急管理体系和能力现代化雏形已经基本形成，进入快速推进的关键时期。"十四五"期间是至关重要的五年"窗口期"，需要上下同心加倍努力，以只争朝夕的紧迫感责任感，尽快补短板强弱项，适应国家治理体系和治理能力现代化需要，为全面建设社会主义现代化国家提供有力保障。

第 六 讲

突发事件信息发布和舆论引导

舆论导向正确，就能凝聚人心、汇聚力量，推动事业发展；舆论导向错误，就会动摇人心、瓦解斗志，危害党和人民事业。

——2016年2月19日习近平在党的新闻舆论工作座谈会上的讲话

要按照及时、准确、公开、透明的原则发布信息，主动发布权威信息，回应社会关切。

——2015年6月4日习近平在主持中共中央政治局常务委员会听取"东方之星"号客轮翻沉事件救援和应急处置工作情况汇报会议上的讲话

突发事件信息发布和舆论引导是突发事件应对处置的重要组成部分，也是党的新闻舆论工作的重要内容。在我国经济社会深刻变革、利益格局深刻调整和媒体格局急剧变化、舆论生态日趋多元的大背景下，做好突发事件信息发布和舆论引导工作，直接关系事件顺利应对处置，关系人心安定、社会稳定，关系党和政府形象，同时也是防范化解重大风险和提升社会治理水平的客观要求。

在实际工作中，有些领导干部对做好这项工作存在畏难情绪，认为突发事件应对处置本身已经够难的了，再加上日趋复杂的舆论环境和社会心态，实在难以拿捏和掌控。那么，突发事件信息发布和舆论引导到底难在哪里呢？

一、正确认识做好突发事件信息发布和舆论引导工作面临的形势

总的来看，突发事件信息发布和舆论引导之所以难，与突发事件本身具有的紧迫性、破坏性、公共性和难以预料性密切相关。特别是随着世情国情党情的深刻变化和传播方式的深刻变革，做好突发事件信息发布和舆论引导面临着许多新的考验。主要有三个方面。

（一）这是党和人民新要求的考验

我国是人民民主专政的社会主义国家，人民是国家的主人。

我们党历来高度重视保障人民的民主权利，发展全过程人民民主，这其中就包括人民的知情权。进入新时代，党把人民对美好生活的向往作为奋斗目标，享有充分的知情权也是美好生活的一部分。加强信息发布工作，让人民享有获取公共信息的权利，是我们党立党为公、执政为民的具体体现，是发展社会主义民主政治、建设社会主义政治文明的现实需要，也是党委、政府密切联系群众、转变党风政风作风的内在要求。近些年来，中办、国办先后印发《关于建立健全信息发布和政策解读机制的意见》《关于进一步加强政府信息公开回应社会关切提升政府公信力的意见》等文件，都对及时有效发布信息、回应关切，特别是做好突发事件信息发布和舆论引导提出了明确要求。

与此同时，随着人民群众公共意识、法治意识、权利意识的不断增强，对社会公平正义的要求和期盼更高。突发事件是影响人民群众获得感、幸福感和安全感的最重要因素之一，也最能挑动公众神经、激发社会情绪。因此，人民群众对突发事件应对处置的要求更高，既希望结果有力有效也希望过程公开透明，既想知道"怎么了"也想了解"为什么"，既要求结果公正也要求程序正义。每一起突发事件的应对处置过程，都是一次接受人民群众拿"聚光灯""放大镜"进行全环节审视的过程，也是一次向人民群众报告工作、接受监督的过程。任何应对处置上的瑕疵，都可能被聚焦放大；任何信息发布上的不及时，都可能引发猜测和质疑，影响党和政府的公信力。

（二）这是意识形态斗争新形势的考验

一方面，随着我国改革进入深水区，各类深层次矛盾问题和风险挑战不断显现、交织叠加，加之社会节奏加快、竞争加剧，经济社会发展的阶段性特征对社会心理和情绪的影响也日益加深。这些矛盾问题、风险挑战和社会情绪都会在舆论中体现出来，化解矛盾、理顺情绪、凝聚共识的任务越来越重、难度越来越大。另一方面，随着世界百年未有之大变局加速演进和中国日益走向世界舞台的中心，我国面临的国际环境日趋复杂。美国和西方加大对我国战略围堵遏制，加速对我国渗透颠覆和西化分化，特别是利用互联网等渠道对我国进行意识形态渗透，与我国争夺阵地、争夺民心、争夺话语权。新闻舆论工作处在意识形态斗争最前沿，我们不能天真，不能大意，更不能退缩。

特别是一些突发事件虽然事发突然，但绝非偶然，背后往往是各类社会矛盾的积累。一些问题久拖不决，加上敌对势力乘机插手利用，互联网聚焦放大，如果不及时有效处置引导，一些利益诉求就可能演变成政治诉求、非对抗性矛盾就可能演变成对抗性矛盾。互联网是相通的，境外舆论场的纷扰喧嚣都会通过不同形式投射到境内。这些年，一系列重大突发事件背后，都有西方反华势力借机生事、炒作煽动的影子，矛头直指我们党和政府、国家体制。我们必须保持高度警惕，积极稳妥应对处置，不给他们提供把柄和口实。

（三）这是新闻传播新格局的考验

一场前所未有的信息革命，推动整个世界快速进入信息化社会。5G、大数据、云计算、物联网、人工智能等新技术快速发展，移动应用、社交媒体、网络直播、个人账号等新应用新业态不断涌现，国际国内、线上线下、虚拟和现实等界限日趋模糊，加速重塑媒体格局、舆论生态和传播方式。

回头来看，新闻传播领域这一翻天覆地变化的过程，不过就是短短 30 年。20 世纪 90 年代以来，随着互联网技术的飞速发展，我国新闻传播领域转型升级经历了四个重要节点：一是 20 世纪 90 年代，我国正式接入国际互联网，网络媒体开始兴起，很快打破了报纸、电视、广播等传统媒体一统天下的局面；二是从 2008 年开始，互联网再次迎来飞跃式发展，当年 6 月我国网民数量突破 2.53 亿人，超过美国跃居世界第一，[1] 微博等社交媒体开始出现，推动传播格局深刻变化；三是 2013 年前后，随着 4G 技术飞速发展、微信和自媒体兴起，移动终端用户开始超过电脑用户，新媒体数量超过传统媒体，形成传统媒体和新兴媒体"两个舆论场"，自媒体成为很多社会热点事件的发酵曝光源头；四是 2019 年以来，5G 技术开始广泛运用，特别是短视频、直播平台异军突起，舆论场真正进入全媒体时代。据统计，截至 2021 年 12 月，我国网民数量已经达到 10.32 亿，互联网普及率达到 73.0%，其中手机网民占比达 99.7%，即时通信、网络视频用户规模分别达 10.07 亿和 9.75 亿。[2]

---

[1]　中国互联网络信息中心（CNNIC）:《第 22 次中国互联网络发展状况统计报告》，2008 年 7 月 24 日。

[2]　中国互联网络信息中心（CNNIC）:《第 49 次中国互联网络发展状况统计报告》，2022 年 2 月 25 日。

那么，什么是全媒体呢？所谓全媒体，通俗来讲，就是"两个全"：一是媒体形态全，传统媒体、新媒体、自媒体、社交媒体以及短视频、直播平台等，全息全效、交错交织；二是全民皆媒体，舆论场从"人人都有麦克风"步入"人人都有摄像头"时代，拿起手机，人人都是记者、评论员、主持人，任何事情都能说上几句。全媒体时代，全媒体格局、舆论生态、受众对象、传播方式都带来深刻变化，主要体现在五个方面。

一是从传播速度看，从 2G 时代的 20kb/s 到 5G 时代的 100mb/s，通信传输速率呈几何级增速，信息传播和扩散能力极强，舆情的升级速度更快、发展转换更急，进入随时爆发、全时传播的阶段，往往形成"秒杀"。2022 年 9 月 16 日下午湖南长沙电信大楼发生火灾，相关着火视频瞬间传遍全网，一个小时内新浪微博话题阅读量就超 8000 万次。2022 年 9 月 18 日贵州三荔高速重大交通事故，官方正式通报情况之前，关于事故车辆是转运涉疫隔离人员的信息和涉事车辆照片已经广泛传播，倒逼官方迅速发布权威信息。二是从传播规模上看，传播量级和方式呈"爆炸式增长"和"病毒式传播"，许多热点突发事件传播动辄都以"亿"为单位，形成"现象级舆情事件"。2022 年 6 月 10 日"河北唐山烧烤店打人事件"视频曝光后，一天之内该事件占据新浪微博热搜榜 11 个榜位，阅读量达 38.9 亿次；占据抖音热榜 6 个，播放量 5.3 亿次；百度热榜 16 个，阅读量 6500 万。三是从传播形式看，随着音视频技术的发展，短视频和网络直播已成生活常态、媒介常态、社会常态，传播的"现场感"和公众的"在场感"大大强化，舆情发酵过程中的煽动性、交互性和感染性越来越强，共生舆情、次生舆情并存的特征进一步凸显。视觉冲击力较之文字更能挑动人们的情绪，数据显示，2021 年近 50% 的热点事件经由视频发酵。[①] 四是从传播空间看，5G 媒介系统进一步突破了空间距离和地域限制，视频时代实现了跨语言、跨文化、跨时空特点，网民不再只关注自己身边的事，而是"围观"所有利益相关、兴趣相关的热点事件，网上网下、虚拟现实相互交织、相互影响，舆情的关联性、诱发性、隐蔽性大大增强。五是从传播主体看，年轻网民和社会公知已经成为舆论场中最活跃、最积极的群体，他们更关心社会公共事务和特定群体权益，更勇于表达意见和展示观点态度，呈现出高关切度、高共情度、高参与度特点。特别是一些"标签化"的身份元素，更容易挑动敏感神经、挑起社会情绪。

总的来看，全媒体时代深刻改变了我们的社会结构和社会关系，一方面，网络化生存、网络化生活已成常态，社会公众通过网络跨时空、跨地域发声互动，直接影响社会公共事务。另一方面，网络新媒体平台日益成为汇聚新闻信息、探讨公共事务、推动社会变革的"超级舆论集散地"，互联网已成为最大的舆论场和舆论斗争主战场。

说实话，在全媒体时代，要做好突发事件信息发布和舆论引

[①] 《新媒体蓝皮书：中国新媒体发展报告 2022》，社会科学文献出版社 2022 年版，第 93 页。

导工作，确实是有难度的。但这是时代发展的要求、党和人民的期盼，是我们各级党委、政府和领导干部必须担负的重要责任，也是我们必须面对的一个重大课题和必须迈过去的"一道坎"。

二、突发事件信息发布和舆论引导工作取得的成效与面临的主要问题

新闻舆论工作是党的一项重要工作，是治国理政、定国安邦的大事。我们党始终高度重视新闻舆论工作，党的十八大以来，习近平总书记发表了一系列重要论述，提出了一系列新思想新观点新论断。比如，针对领导干部抓宣传工作，习近平总书记强调，"领导干部要做实干家，也要做宣传家"①，"各级领导干部要增强同媒体打交道的能力，不断提高治国理政能力和水平"②。针对舆论导向的重要性，习近平总书记强调，"舆论导向正确，就能凝聚人心、汇聚力量，推动事业发展；舆论导向错误，就会动摇人心、瓦解斗志，危害党和人民事业"③。针对重大突发事件，习近平总书记强调"要按照及时、准确、公开、透明的原则发布信息，主动发布权威信息，回应社会关切"④。针对舆论监督，习近平总书记强调"舆论监督和正面宣传是统一的，而不是对立的"，"对

---

① 《习近平在中共中央政治局第一次集体学习时强调　切实学懂弄通做实党的十九大精神　努力在新时代开启新征程续写新篇章》，《人民日报》2017年10月29日。

② 《论党的宣传思想工作》，中央文献出版社2020年版，第358页。

③ 《论党的宣传思想工作》，中央文献出版社2020年版，第185页。

④ 《中共中央政治局常务委员会召开会议听取"东方之星"号客轮翻沉事件救援和应急处置工作情况汇报　就做好下一步工作作出部署　中共中央总书记习近平主持会议并发表重要讲话》，《人民日报》2015年6月5日。

舆论监督要有承受力，不能怕自己的'形象''利益'受到损害而限制媒体采访报道"①。习近平总书记的系列重要论述，为我们做好新时代新闻舆论工作指明了努力方向、提供了根本遵循。

虽然突发事件信息发布和舆论引导工作面临新考验新挑战，但通过这些年来的亲身实践，我切身感受到，党的十八大以来，随着国家政治生态日益清明、媒体格局调整升级和网络生态清理整治，应该说，我们党的新闻舆论事业无论是体制机制还是理念做法上，取得的发展进步都是十分显著的，突发事件信息发布和舆论引导工作也是越来越娴熟、越来越规范，总的形势是好的。

从我个人经历讲，我年轻时做了多年宣传工作，2008 年到公安部工作后还兼了几年办公厅主任，分管新闻工作，是中央对外宣传工作领导小组成员。那段时间，公安机关正面临着空前的舆论压力，特别是 2008 年、2009 年，发生了一连串重大舆情事件，如云南"躲猫猫事件"、贵州"瓮安事件"、湖北"邓玉娇事件"、杭州"飙车 70 码事件"等，每一件都舆情汹涌，有的甚至直接引发大的群体性事件。当时大家都感到压力很大、很不适应，公安机关的整体形象也面临空前挑战。这种压力和不适应的外在原因是，适逢北京奥运会，我国对境内外媒体全面开放，加之微博等自媒体产生，舆论生态发生了巨大变化；而内在原因是社会发展快、变化大、要求高，当时我们的队伍、业务、体制机制和能力素质、编制力量都跟不上，因此出现被动是必然的，工作上的不适应也必然折射到舆论上。

---

① 习近平：《论党的宣传思想工作》，中央文献出版社 2020 年版，第 188 页。

面对这种严峻的局面，在中央领导同志和中宣部的指导下，我们痛定思痛，研究新闻规律、把握自身特点，把提升新媒体时代舆论引导能力放到一个战略性的位置上来抓，提出"枪杆子笔杆子两手都要抓、两手都要硬""舆情就是警情""正确的处置就是最好的引导"等一系列新理念、新要求，建立一系列新机制，经历了一个从到处救火、被动应对到主动作为、有效引导舆论的过程。当然，自身努力提高和适应只是一个方面，最重要的还是党的十八大以后，全国舆论大环境积极向上，发生了根本性变化，各种舆情事件明显减少，即使出现大的舆情，也很快就能应对处置好。

2018 年 3 月，应急管理部成立，中央决定我担任主要负责人，接过组建新部、跑好"第一棒"的重任。针对重大灾害事故多发频发、复杂敏感的实际和新闻舆论在应急处置中的重要作用，我从一开始就把新闻舆论工作作为应急管理体制改革的重要内容，从平台建设和工作机制上进行整体设计和重构。一方面，专门组建新闻宣传司，统筹全系统的新闻舆论工作；改组原《中国安全生产报》，创办全新的《中国应急管理报》，并建强应急管理系统新媒体矩阵；与中央广播电视总台、新华社等中央主要媒体建立战略合作机制，形成应急宣传报道的良性互动。另一方面，坚持将新闻舆论工作与应急处置工作同时启动、同步谋划、一体推进，通过建立部门间和部省间协调联动的新闻舆论应急机制、制定分灾种分领域的新闻舆论应急预案、健全完善"一个窗口对外"的灾害事故权威发布机制、强化主题宣传、讲好"逆行者""火焰蓝"赴汤蹈火感人故事等一系列行之有效的做法，在灾害事故应对处置中发挥了重要作用。

可以说，应急管理部成立以来，应对处置的一系列灾害事故总体都是顺利的，信息发布和舆论引导也是成功的。这其中最主要的经验，概括起来就是四句话"16个字"：建强机制、及时介入、公开透明、把握规律。

"建强机制"就是，建立国家灾害事故应急指挥机构总体统筹下的信息发布和舆论引导协同工作机制，应急管理部门与宣传网信部门、地方党委政府和主要新闻媒体、社会各方力量既相互配合、协调联动，又各司其职、各负其责，形成发布引导合力。

"及时介入"就是，一旦地方发生重大灾害事故，部里都第一时间介入，及时调度了解情况，从国家层面给予指导支持、调派救援力量，并同步启动新闻舆论应急响应，派出事件应急处置工作组时，让专业宣传干部参加，指导协助地方开展信息发布和舆论引导工作。

"公开透明"就是，突发事件应对处置过程中，始终把保障人民群众的知情权放到重要位置，动态发布抢险救援救灾工作进展，及时安排专家权威解疑释惑，宣传动员社会公众应急避险和积极参与防灾减灾救灾，让人民群众在信息的公开透明中享有参与感和监督权。

"把握规律"就是，始终坚持新闻传播规律和应急处置规律相结合，既尊重新闻舆论的导向性，也把握应急处置的专业性，让积极正面的新闻舆论服务于应急处置，让有力有序有效的应急处置支撑新闻舆论，实现舆论效果和处置效果的有机统一。

这么多年来，我一个总的感受是，虽然突发事件的信息发布和舆论引导工作比较难，但由于党中央的高度重视，宣传部门、网信部门的指导支持，加之大的社会舆论环境和网络生态持续向好，大家处理这类事件的信心足了，也比较得心应手了。

当然，放眼全国，并不是所有的部门都像我们应急部门这样天天与突发事件打交道，也不是所有的地方都会经历大的突发事件。从这些年各地应对处置突发事件的实践来看，虽然各级党委、政府对突发事件信息发布和舆论引导工作的重视程度普遍提高，实际处置过程中也创造了许多好的经验做法，但同时，也有一些地方和领导干部无论是思想理念上还是工作方法上，对信息发布和舆论引导工作都还存在诸多不适应、不规范、不协调，严重影响了突发事件应对处置的效果，透支了党委、政府的公信力，损害了党和国家的形象。

这些年，我曾多次组织负责新闻宣传的同志深度分析典型重大突发事件的信息发布和舆论引导工作，通过比较其中的得与失，希望能找出一些做好这项工作的共性和规律。在这里，我简要介绍四起我们曾重点研究的典型案例，目的是帮助大家在遇到类似问题的时候能够正确应对处置。

（一）甬温线动车脱轨事故

2011 年 7 月 23 日 20 时 30 分 05 秒，甬温线浙江省温州市境内，从北京南站开往福州站的 D301 次列车与杭州站开往福州南站的 D3115 次列车发生动车组列车追尾事故，造成 40 人死亡、

172 人受伤。24 日晚，铁道部在温州召开的新闻发布会遭遇"舆论翻车"，受到广泛质疑，形成重大次生舆情。客观地讲，这个事故的信息发布，确实是压力大、难度大，但我们怎么也没想到一开始就会造成被动。此次新闻发布会的过程大家知道了，那么到底失败在哪里呢？是不是就是因为新闻发言人没说好？我们研究认为，问题可能主要出在三个方面。

一是重视不够。高铁动车的安全关系到人民群众的出行安全和生命安全，与每个人的切身利益都直接相关，加之当时中国高铁动车刚刚在国际上打出品牌、成为国人的骄傲，出了事故必然是举国关注、世界瞩目。然而，当时铁道部和现场处置指挥部把这个事看轻了，这么大的事，第一场新闻发布会既没有铁道部的领导，也没有指挥部的负责同志出来面对媒体进行发布。实际上，部领导是最了解事发整体情况的，也是最权威的发言人。但他们认为这是新闻发言人的职责，于是安排还在外地出差的铁道部新闻发言人匆匆赶过来出席新闻发布会进行发布。这首先给人的感觉就是主管部门思想上和态度上不重视，为舆论质疑和社会不满埋下了伏笔。

二是准备不足。铁道部新闻发言人从外地临时被征调过来，一下飞机就直接赶到发布会现场进行发布，对事件基本情况不甚了解，更不要说掌握全面情况。这么大影响的一个事故，没有进行认真周密的准备就匆匆上阵，必然会陷入被动，这还只是信息发布上的准备不足。还有就是发言人对这场舆论大考的思想准备不足，"铁老大"的心态过于主观自信、态度欠诚恳，在记者追问之下出言不当，爆出了"至于你信不信，我反正信了""这是一个奇迹"等表述，因此，这次新闻发布会"翻车"是必然的。

三是有违规律。一方面，像高铁动车这样的与人民群众切身利益密切相关的领域发生事故后，就成了公共安全事件，不再是哪个部门自己一家的事，处置过程必须公开透明，取得社会的理解和支持，同时接受社会的监督；另一方面，出现重大人员伤亡，社会最关注的是救人，抢险救援应该坚持抢救生命第一的原则，不能让人们感到为了尽快通车而急于"掩埋车厢"，应急处置的决策和措施必须要充分考虑到社会接受程度和老百姓的心理感受，不能只顾事故处置效率而不遵循新闻传播规律。

（二）"东方之星"客轮翻沉事件

2015 年 6 月 1 日 21 时 32 分，重庆东方轮船公司所属"东方之星"号客轮由南京开往重庆，当航行至湖北省荆州市监利县长江大马洲水道时翻沉，造成 442 人死亡。这是新中国成立以来我国内河航运史上遇难人数最多的事件。

按以往经验看，这起事件不但救援处置难，信息发布和舆情引导也很难：一是因为遇难的人太多了，且大多数是老年游客，年龄身份敏感；二是媒体高度关注，事件发生后关于沉船原因、客轮状况、气象预警等各类信息很快就被媒体翻了个遍，已经暴露出不少问题；三是事件性质特殊，灾害和事故交织，原因错综复杂，不好定性。这三个因素叠加在一起，要发布和引导好，可不是一件容易的事。

然而，这么一件高难度的重大突发事件，最终在党中央、国务院高度重视和各方协同发力下，总体处置很成功，没有引发大的舆论炒作，科学高效救援和应急处置工作也获得国际舆论高度关注和积极评价①。为什么这次能取得成功？我们研究认为，主要有四个方面的因素。

一是各方高度重视。事件发生后，习近平总书记立即作出重要指示，时任李克强总理等国务院领导同志紧急赶赴现场指挥救援和应急处置。部省、军地各方面力量紧急行动，全力开展搜救。在国务院工作组统一指挥下，中宣部会同交通运输部、国家卫计委、湖北省和解放军等第一时间建立协调联动机制，共同研究新闻发布方案，统筹做好新闻报道、信息发布、热点引导、媒体采访等工作，为事件稳妥顺利处置提供有力舆论支持。

二是发布及时权威。6月2—13日，现场指挥部紧扣救援工作进展和阶段性特点，以国务院前方指挥部新闻中心名义，安排由多个参与处置部门共57人次出席发布的15场发布会，滚动发布信息；每次发布会之前，都根据舆论关注点确定发布主题和内容，不回避敏感问题，多轮次进行权威发布和主动解释说明，尽力满足公众知情权。

三是一线担当负责。为抢救生命，现场指挥部和一线应急救援队伍争分夺秒开展工作，担当负责的精神通过媒体宣传报道赢得了社会的认可。同时，指挥部负责同志亲自上阵，直面问题、

---

① 《国际舆论积极评价中国应对"东方之星"号客轮翻沉事件》，《人民日报》2015年6月7日。

回应关切，也有效提升了信息发布的权威性和公信力。时任交通运输部部长、国家卫计委主任和广州军区参谋长、湖北省军区司令等领导均亲自参加发布会。

四是叙事精准得当。针对事件发生经过、救援方案步骤、善后调查追责等公众和舆论聚焦的问题，及时安排救援、气象、水文、航运等领域的专家接受采访、解疑释惑、正面引导。针对网民和家属哀悼遇难者的愿望，"头七"举行现场哀悼活动，组织善后和报道过程中尽最大努力维护遇难者尊严、抚慰家属心理，体现党和政府的人文关怀。

当然，事件最后调查结果的发布，也是把握得好的，既宣布是一场特别重大的灾难性事件，也不回避相关部门和单位在日常管理和监督检查中存在的问题，对 43 名责任人进行了处理，体现了法治精神和实事求是的态度。

（三）天津港火灾爆炸事故

2015 年 8 月 12 日 23 时许，位于天津市滨海新区天津港的瑞海国际物流有限公司危险品仓库发生特别重大的火灾爆炸事故，造成包括参与救援的消防员在内的 165 人遇难、8 人失踪、798 人受伤，震惊世界。党中央、国务院高度重视，习近平总书记作出重要批示，时任总理李克强等国务院领导同志赶赴现场指导救援处置。然而，大家都知道，这起事故的信息发布和舆论引导工作特别是前期的处理，总体来说是很不成功的，引发了一连串的次生舆情，受到各方批评和质疑。事故调查报告中专门指出，"事故发生后在信息公开、舆论应对等方面不够及时有效，造成一些负面影响"。为什么会这样？我们研究认为核心的因素有三个。

一是上下不一致。事故发生在天津港，企业主体是天津港集团，属地是天津市滨海新区，港口危险货物监管的主管部门是交通运输部，危险货物报关申报和危化品综合监管的主管部门分别是海关总署和安监总局。事故发生后，因为性质和后果的严重性，由于对事故责任的认识不一致，国家相关部委与事发地天津及天津港集团不仅没有站出来承担各自责任，反而从一开始就试图撇清关系、推诿责任。上下认识的不一致，导致了信息发布的混乱无序。

二是领导不担当。8月13—23日，天津市共组织了14场新闻发布会，数量不可谓不多，但发布人频繁更换，层级不高，缺乏权威性。特别是这样一个伤亡惨重、举世关注的特大事故，前6场发布会中都没有出现天津市的市级领导，引发舆论强烈批评。作为天津市事故救援处置总指挥部总指挥的时任天津市委代理书记、市长黄兴国，一直到8月19日第10场新闻发布会，才在中央的明确要求下"千呼万唤始出来"，饱受舆论质疑。

三是准备不充分。14场新闻发布会内容高度同质化，最主要的就是灾情通报，其变动主要体现在数字的变更，而对于社会公众和媒体关心的环境污染等次生灾害情况、当事公司背景、遇难人员抚恤、损失赔偿等，在发布会中大多未得到主动回应。《新京报》统计，在前6场新闻发布会中，记者提问超过60个，其中过半问题未能当场得到答案。第三场发布会，记者共提8个问题，有 5 个被直接回答"不知道";第四场 9 个问题中,4 个被回复"不了解"或"没办法给答复",1 个被回复"下一场给答案"。^① 就在第六场新闻发布会上,有记者提问:"此次爆炸事故救援由哪位领导牵头,如何组织指挥的?"主持此次发布会的市委宣传部副部长、市政府新闻办主任回答,"这个问题下来以后我尽快详细了解"。记者感到非常惊讶,又大声追问:"您作为宣传部部长,这怎么能不了解呢?"这一问答把负面舆情推向了高潮。

总的来看,最核心的问题,还是出在领导不担当上,正因为领导不担当想躲事,导致发布会组织的混乱和无序,最终导致系统性的新闻发布和舆论引导很不成功。

(四)深圳渣土受纳场滑坡事故

2015 年 12 月 20 日 11 时 40 分,位于深圳市光明新区的红坳渣土受纳场发生滑坡事故,造成 73 人死亡、4 人失踪。由于伤亡重大,加之深圳毗邻港澳,受到境内外媒体高度关注,3 小时内就有境内外 40 余家媒体近百名记者赶到现场采访报道(事后统计,累计有境内外 83 家新闻媒体的 538 名记者前来采访报道^②),深圳面临空前舆论压力。

国务院工作组第一时间去了现场,最开始是作为应对处置自然灾害去的,专门成立了"12·20"滑坡灾害调查组。去了后经过深入调查,才发现是一起特别重大的生产安全事故。说实话,

① 何光、王佳慧:《天津港爆炸事故官方 6 场发布会的已知与未知》,《新京报》2015 年 8 月 17 日。
② 《舆情引导"供给侧改革的深圳实践"》,深圳市网信办,2016 年 4 月 26 日。

这种定性的突然变化，对所在地方党委、政府的压力是巨大的，对信息发布和舆论引导工作也是很大的挑战。但是，这起事件最后处理得是很好的，不但没有引发大的舆情，还受到社会舆论总体肯定。这又是为什么呢？

我们研究认为，主要也是抓好了三个关键。

一是领导担当。应对处置期间，时任深圳市委书记每次主持指挥部会议时，都专门研究信息发布和舆论引导工作，并亲自确定每场发布会的发布主题和发布人，深圳市市长亲自审改发布稿件，市政府负责同志都曾作为主发布人参加新闻发布会。在国务院调查组将事件定性为生产安全事故后半小时内，深圳市立即召开新闻发布会，由市委书记和市长率相关市领导和光明新区领导出席，在镜头前集体向全社会鞠躬道歉，赢得社会好评。

二是直面问题。深圳市委书记多次在指挥部会议上强调，舆论引导工作要实事求是、坦诚客观，有一说一，不掩盖和隐瞒事实，正确、准确引导舆情。例如，对敏感的失联人数不回避，多次按最新统计予以变更，虽有增有减，但由于做了有理有据的解释说明，得到了舆论的理解。如针对外界质疑救援缓慢，专门安排救援单位走上发布台，坦陈救援的难度。此外，新闻报道也没有煽情和不切实际的高调，重点放在了尽力救援和弘扬人性光辉上，并探究这场灾害给深圳这样快速发展的城市带来的惨痛教训，给人留下"救灾很不易，深圳在尽力"的印象。①

---

① 叶伴：《周末茶座：中国政府的舆情应对能力日显娴熟》，《南方周末》2016年1月7日。

三是公开透明。事故发生后，深圳微博发布厅在 1 小时后就作出了发布，5 小时后举行第一场新闻发布会，6 天内共召开 10 次发布会①，几乎每半天就举行一次，密集通报事故基本情况和救援处置进展，及时、准确、公开、透明发布信息。其间，还组织多次媒体集中采访，政务新媒体"深圳微博发布厅"从事发当日开始，持续发布救援处置进展动态信息。这一系列动作，为事故处置赢得了主动。

通过剖析以上四起典型案例，我们得出一个重要启示，就是：无论遇到多么复杂敏感的突发事件，只要我们应对处置得当，并以高度负责的态度组织信息发布和舆论引导工作，尊重新闻传播规律和事件处置规律，勇于直面问题、敢于担当负责，发布和引导工作是能够做好并取得积极效果的。问题的关键，就在于以什么样的态度去做。

前面说了，现在全国各级党委、政府和领导干部对突发事件信息发布和舆论引导工作都普遍更重视，工作机制也更成熟。但是，从全国范围来看，我们也不得不承认，一些地方和部门并没有认真吸取诸如甬温线"7·23"动车事故和天津港"8·12"火灾爆炸事故等一些重大突发事件的信息发布和舆论引导中的教训，导致屡屡重蹈覆辙，甚至一些低级错误仍在屡屡重演。分析目前存在的突出问题，主要出在两大层面。

---

① 李小甘：《坚持以人民为中心走好网络群众路线》，《深圳特区报》2016 年 6 月 30 日。

从工作层面看，主要有"三不"：一是工作不平衡。经过这些年突发事件应对处置实践的考验，全国总体呈现"少数相对适应，多数基本适应，不少地方还不适应"的局面。总的来讲，是发达地区好于欠发达地区，东部好于中西部，省市好于区县，处置过重大突发事件、有过经验教训的地方好于没有经受过考验的地方，参加应急处突任务较多的部门好于较少参与应急处突任务的部门。二是机制不顺畅。这主要表现在"三个脱节"：即领导决策机关与新闻舆论部门脱节、新闻舆论部门与实际处置部门脱节、上级指挥部门与下级处置部门脱节，未能形成统一指挥、协调联动、权威高效的工作格局。特别是有的地方在处置突发事件时，未将新闻舆论部门作为指挥部的核心单位，导致其处于"边缘化"和"不知情"的位置，难以有针对性地开展工作。三是能力不适应。主要体现在领导干部不懂新闻规律、缺乏新闻素养，不善于领导信息发布和舆论引导工作，惯用行政命令方式，有的甚至瞎指挥、出洋相。此外还体现在新闻专业人才匮乏，应对经验欠缺，应对手段单一，不能给领导当好参谋，很难适应全媒体时代的需要。

从思想观念层面看，主要存在三个误区：一是老观念作祟。一旦出现突发事件、碰到舆情，仍是习惯"捂、拖、躲"和"封、堵、删"的老套路，没有认识到现在已经根本不是20年前甚至10年前那个时代了。全媒体时代是信息无处不在、监督没有死角的时代，人人都是记者、评论员、监督员，出现突发事件想要瞒是瞒不住的、躲是躲不掉的。二是敷衍应付。认为言多必失，遇到突发事件能少说就少说，能简单报就简单报，能敷衍过去就敷衍过去，尽量别放大、别造成影响，怕影响形象。领导干部也是能不出面就不出面，认为信息发布和舆论引导就是宣传部门和新闻发言人的事，怕沾是非，当甩手掌柜。三是责任上推。认为本地媒体好协调，中央媒体和外地媒体难协调，网络媒体和自媒体没法协调，只要中宣部和中央网信办把中央媒体、外地媒体和网上协调好，就算是了事了。客观来说，中央有关部门的资源调动和协调能力是比较强的，但我认为不能这样做，因为这不仅是新闻宣传的性质、规律决定的，更是我们人民民主专政的社会主义国家性质所决定的，是发展全过程人民民主的必然要求。我们还是应当从自身工作上努力，前面的典型案例告诉我们，舆论上的被动主要是自己应对失当造成的，成功的关键也在于自己的主动积极作为，推是推不掉的。

三、如何做好全媒体条件下突发事件信息发布和舆论引导工作

经过这些年应对处置实践，对于做好突发事件信息发布和舆论引导工作，现在各方面已经有一个基本的共识，就是20个字：及时准确、公开透明、有序开放、有效管理、正确引导。对于各级党委政府和领导干部来说，最关键的，是坚持以人民为中心的发展思想，坚持人民至上、生命至上，真正做到思想重视、态度端正，方法得当、行动坚决，切实把信息发布和舆论引导工作与突发事件应对处置工作同步研究、同步部署、同步推进，切

实把信息发布和舆论引导贯穿于应对处置的全过程和各环节，牢固树立党委、政府和新闻媒体、社会公众共同承担、共同应对的理念。

这里，我结合工作实际，对做好全媒体时代突发事件信息发布和舆论引导工作讲些个人的意见和体会，主要有六个方面。

（一）要坚持胸怀大局

新闻舆论无小事，可以说事事连着政治、件件关乎大局。习近平总书记强调："宣传思想工作一定要把围绕中心、服务大局作为基本职责，胸怀大局、把握大势、着眼大事，找准工作切入点和着力点，做到因势而谋、应势而动、顺势而为。"[①]

做好突发事件信息发布和舆论引导工作，首要的就是要心系"国之大者"、始终胸怀大局。这个"大局"，既是党和国家工作大局，也是中华民族伟大复兴战略全局和世界百年未有之大变局。在此基础上，才能统筹好网上网下、国际国内、大事小事，更好地维护社会大局稳定。

为什么这些年经常出现一些网上很热、舆论热炒，全国聚焦、世界关注，但当地还自我感觉良好、觉得没什么事的情况？为什么同一件事情，会出现上下、内外的感受和"温差"这么大？很大程度上就是因为事发地少数领导干部政治站位不高、心中无大局，只盯着自己的一亩三分地，哪怕事情已经损害了党和国家形象，而自己还全无感觉，甚至有些感觉到了也不以为意。

---

① 《论党的宣传思想工作》，中央文献出版社 2020 年版，第 14 页。

在胸怀大局方面，习近平总书记为我们各级领导干部作出了很好的榜样。我印象特别深刻的一件事就是，2014 年 2 月 25 日，在京津冀遭遇严重雾霾、PM 2.5 连续几天爆表，老百姓正为糟糕的空气质量感到十分焦虑的时候，习近平总书记在考察调研首都工作之前，事先没有通知，先悄悄走访了南锣鼓巷，和居民们聊起了雾霾和环境问题，并回顾了他小时候北京春天黄沙漫天的情景。在此过程中，习近平总书记全程都没有戴口罩。相关信息和照片通过微博披露后，迅速引发热议。我当时和大家一样，看到这个消息后，在严重的雾霾天里顿时感到心里洒进了阳光，切身感受到习近平总书记在和大家同呼吸、共命运、心连心，一下子增添了战胜雾霾的信心。习近平总书记是在用亲身行动教育我们，对待环境污染问题，也是要有大局观的，既要历史地、全面地看待这个问题，认识到治理环境需要有一个过程，更重要的是希望大家一起来共同努力、积极面对，下决心解决污染问题。凤凰网评论说，"习近平总书记选择此时出行，展现了领导人的责任担当"①。美国《华尔街日报》就此评价称"在北京空气污染指数连续呈现危害人体健康水平之际，习近平成功地展示出与市民休戚与共的决心"②。

那么，作为领导干部，我们该如何把胸怀大局体现在具体的信息发布和舆论引导工作中呢？我认为，以下四个方面是必须做

---

① 王石川：《从习近平逛南锣鼓巷感受"同呼吸、共命运"》，凤凰网，2014 年 2 月 25 日。

② 《习近平现身南锣鼓巷引热议》，《环球时报》2014 年 2 月 26 日。

到和做好的：一要勇于担当。习近平总书记特别强调："对于舆论引导，我们有些部门和同志担心说错话，坦率地说谁也不是神仙，主动做工作，说错一两句话，是可以原谅的。如果遇到重大问题，静默失语不主动做工作，不敢担当，造成严重的舆论误导，那才是不可原谅的。"① 根据有关规定，突发事件处置的地方和部门是信息发布的第一责任人，各级党政机关主要负责同志是"第一新闻发言人"，对信息发布负有主要责任。在突发事件面前有没有担当精神，关键时刻能不能站出来、顶得起、冲得上，体现着一位领导干部的党性、胸怀和气度。越是挑战严峻、情况复杂，越要牢记责任、主动担当，不能推卸责任、躲在幕后。

二要靠前指挥。突发事件是危机，能不能转危为安、化危为机，关键看我们如何应对处置，这其中就包括舆论的应对。各级党委、政府对此要有清醒的认识，涉及突发事件信息发布和舆论引导的关键时刻，要承担起新闻信息的及时发布者、权威定调者和自觉把关者的角色。应急处置指挥部负责同志特别是主要负责同志既要挂帅又要出征，亲自定基调、核口径、把导向，重大问题亲自上阵、直接发声，真正把事件处置过程中掌管全局、掌握资源、指挥决策的优势，转化为信息发布和舆论引导过程中协调各方、统一认识、统筹联动的优势。

三要务实坦诚。突发事件的信息发布和舆论引导一定要以事实为依据，尊重事实、实事求是，坚持党性原则，绝不能为树政

---

① 孙业礼：《"担当"成为一种新的价值尺度——学习习近平同志关于党的建设重要讲话中的哲学思想》，《北京日报》2014年5月5日。

绩、树形象而刻意歪曲事实。特别是对于群众和舆论反映的问题瑕疵，要及时说明原因，表明诚恳接受、立即改过的态度，不能讳疾忌医、遮丑护短，否则将使党和政府的公信力掉入"塔西佗陷阱"，陷入说得越多、信任度越低的恶性循环。正如《人民日报》就天津港火灾爆炸事故的新闻发布发表评论指出的："对政府工作人员来说，很多看起来百口莫辩的问题，真诚直接地说点家常话，并没有那么难解释。"① 深圳"12·20"滑坡事故信息发布和舆论引导之所以成功，一个很重要的原因也就是实事求是、客观坦诚。

在这里，我从亲历者的角度，重点讲一讲两个"3·30"森林火灾的例子。

第一个"3·30"，是 2019 年 3 月 30 日，四川凉山州木里县立尔村发生森林火灾，包括 27 名森林消防队员和 4 名地方扑火人员在内的 31 人在扑火转场途中突遇山火爆燃，不幸遇难。

这次事件，是应急管理部成立以后遇到的第一次，也是最严重的一次灾难。31 日消息一经披露，瞬间冲上热搜，成为网上热点和舆论焦点。网民纷纷表达对牺牲消防员的惋惜和哀悼，赞扬他们向火而行的英雄壮举。同时，网上也有不少质疑的声音，有的认为这是因为消防体制改革不当造成的，应急管理部是由以前的国家安监总局为班底组建的，领导指挥不了这支队伍，刚改革就出这么大的事，以后不知道还要出多大的事。

面对质疑，我们没有作任何解释。事实上，这轮消防体制改革是自上而下的，部一级这时已经完成改制了，而四川省的森林

---

① 朱虹：《辟谣时，不妨多些大白话》，《人民日报》2015 年 8 月 17 日。

草原防灭火指挥体制还没有改。在这种复杂情况下，出了这样大的意外事故，该由谁出面处理？如何定性和把握？这是对我们这个新建部的考验，也是对我这个一把手的考验。

2019年4月1日现场搜救一结束，我就打电话与四川省委主要负责同志商量，提议由应急管理部会同四川省委、省政府4日（清明节期间）在凉山州举行悼念仪式。为什么要这么做？这是基于对事实的尊重、对英雄的尊重。

其实，在3月30日夜里接到第一个有30多人失踪的电话报告后，我在立即派两位副部级领导同志带队赶赴现场组织救援的同时，就同步安排专家到现场进行勘查调查。现场并不复杂，搜救一结束，调查的事实和原因也已经搞清楚，就是森林中的可燃气体长期积聚，遇到风向突变的林火，导致林火瞬间强度加大、发生大面积爆燃。这是一场自然灾害造成的灾难，是难以预料的。带队的县林草局局长干了一辈子林业，有丰富的防灭火经验，他也没有遇到过这样的情况。

在查明事实的同时，我在现场还深入了解了灭火的经过，内心深受震撼，为我们消防救援人员和扑火队员的英勇事迹深深感动。2019年春节前后，凉山州森林消防支队指战员们先后扑灭10多场森林火灾，整个春节都是在火场度过的。这批20岁左右的孩子，在人民群众欢度节日、同龄人享受平安幸福生活的时候，他们为了守护国家森林、保护人民生命财产安全，放弃团圆、放弃节日，出生入死、向火而行。特别是当我在他们宿舍亲眼看到，许多消防员参加上一场灭火战斗的衣服还泡在盆里没来得及洗，就接到这次新任务又上了火场，结果再也没能回来，我再也控制不住自己强压着的感情，泪水直流、心如刀割！他们是真正为国家和人民利益而牺牲的，对他们，应该有一场代表国家的褒奖和悼念！

就举行悼念活动一事，我 4 月 1 日当天签报应急管理部向中央的请示，中央领导同志当天就给予批复。所以，我们应急管理部和四川省委、省政府一起，4 月 4 日在凉山州举行了一场庄严隆重的追悼活动，习近平总书记等中央领导同志送花圈，王勇国务委员代表党中央、国务院专程到四川凉山出席并讲话，悼念活动全程安排电视和网络直播，各大主流媒体和网络媒体对救火英雄的英勇事迹进行深入宣传报道，在全社会掀起尊崇救火英雄的舆论热潮，整个清明节前后网上网下满满的正能量。

第二个"3·30"，是 2020 年 3 月 30 日晚，一年之后的同一天、同一个地方四川凉山州（西昌市），再次因为扑火发生重大伤亡事件，19 名宁南县专业扑火队员不幸牺牲。

我了解到灭火指挥和人员牺牲经过后，既感到愤怒、悲痛，同时又深深感到羞愧、自责。事件发生的直接原因是指挥失误，但根本原因是前一次"3·30"事件后，当地没有引起真正的重视，领导思想认识的问题、防灭火体制机制不顺的问题、人员装备等基础建设落后的问题等，都没有得到解决。这种情况下，同一天、同一个地方出大事是偶然的，而出事、出大事则是必然的。我们必须正视问题，绝不能再重蹈覆辙。

面对中央领导同志的批评，面对社会和舆论的指斥、质疑，我们没有解释、推责，没有回避问题和责任，本着对党和国家、对消防指战员和森林草原防灭火事业高度负责的态度，根据事件本身的是非曲直，实事求是坦承不足、诚恳接受批评，并主动请示中央领导同志批准，由我们牵头会同相关部门对四川省森林草原防灭火专项整治进行为期一年的督导。

与前一年侧重宣传消防英雄扑火事迹不同，这次宣传报道主要侧重于对火灾亡人事件的调查，通过深刻反思、吸取教训，开展集中督导整治、理顺体制机制，以及加强基础建设，来提升我们的森林草原防灭火整体能力和水平。

我举这两个"3·30"的事例，就是想讲明：我们无论是信息发布还是舆论引导，一定要实事求是、坦诚面对，是就是是、非就是非，不能为了形象而不顾是非曲直。只有秉持真诚坦诚的态度，真正对党和人民、对事业负责，才能把事件处置好、把舆论引导好。

四要提高媒商。就是善于与媒体沟通，提升自身的媒介素养。在全媒体条件下，领导干部要学会与媒体一起成长，在工作中建立与媒体机构定期交流沟通机制，努力争取媒体的理解支持。此外，还要有基本的新闻常识和媒体素养，防止出现"雷人雷语"或因细节不当引发炒作。前些年屡屡引发炒作的"手表哥""皮带哥""微笑哥"，就是例子。

关于用好新闻媒体、加强与媒体的沟通合作，我觉得，一个重要的问题，就是要正确认识和对待舆论监督。一些领导干部对媒体有畏惧心理，特别是受不了、听不得舆论批评和监督，"必欲去之而后快"。这种心态是不对的。一方面，要看到，经过这些年的发展建设和清理整治，我们的新闻媒体和舆论环境总体是好的，是党和政府联系人民群众的纽带，也是重要的执政资源。另一方面，要认识到，新闻媒体的属性决定了他们本来就是要挖新闻的，监督也是媒体的本能，要理解、支持、配合媒体开展工作，善于通过舆论的力量达到引发社会重视、凝聚社会共识、推动社会共治的目的。当然，反过来，对媒体的报道行为也要进行一定的监督和引导：对新闻媒体不全面、不准确的报道，只要不是恶意的，总体要宽容包容；对断章取义、标题党、低级红高级黑，要予以批评、及时纠正；对违背事实、颠倒黑白、造谣煽动的，要坚决斗争、严肃处理，本级处理不了的，及时报告上级党委及宣传部门调查处理。

关于发挥媒体在突发事件应对处置中的作用，还有两点需要特别强调，一是媒体报道要与决策预警联动，宣传警示作用要贯穿事件防范应对和应急处置全过程，而不仅仅只是事发后进行监督报道。比如，气象灾害的预警响应，媒体就应该及时报道、滚动发布，帮助打通预警"最后一公里"、尽可能到户到人。郑州"7·20"特大暴雨灾害很重要的一条教训，就是媒体的红色预警报道严重滞后，当天下午特大灾难已经发生了，媒体网站晚上才开始滚动播报气象预报预警信息。而头一天当地报纸还在报道"本周前期多雨，或来阵阵清凉"，淡化和误导了群众对灾害的警觉，这与信息预警机制不健全、媒体不了解当时实际的防汛紧张形势直接相关。二是动员引导群众要讲明具体要求。突发事件发生时，需要群众配合做好应对处置的，比如大的灾害需要转移避险等，应该通过媒体平台，把现实情况的紧急性、危险性讲清楚，把需要群众怎么配合、配合什么讲明白，不能云山雾罩、只提要求不教方法。

（二）要把握规律特点

我们经常讲，新闻舆论工作要遵循新闻传播规律，要把握好"时、度、效"。但是，在突发事件应对处置实践中，有的地方和部门却常常把握不好，导致引导不力、效果不佳，新闻媒体与负责处置的部门还常常相互指责对方不配合。这是为什么？这是因为新闻传播有规律，突发事件应对处置也有其本身的规律，两个规律结合不好，就无法产生好的效果。

下面，我以湖南长沙"4·29"特别重大居民自建房倒塌事故为例，讲一讲把握好两个规律的重要性。

2022 年 4 月 29 日 12 时许，湖南省长沙市望城区一居民自建房发生倒塌，60 多人被埋压。

因为事关重大，根据习近平总书记指示要求，国务院立即派出工作组赶赴长沙指导救援处置。我是 4 月 30 日上午陪同国务院领导一起去的。按照以往经验，单体建筑物倒塌现场救援一般两三天就能基本结束，而这次很特殊，跟以往完全不一样，开展救援的现场条件、难度系数和危险性远远超乎想象。

事实上，事故一发生，各类媒体网站特别是新媒体就给予了高度关注，倒塌现场画面和房屋、房主情况，以及一些被埋压学生的情况已经传遍全网。开始，因为无法准确核实被埋压的人数，加之学生身份敏感，当地出于稳妥考虑，没有对外公布失联人员数字。但是，这么大一件事，这么敏感的群体，加之许多家长因为联系不上自己的孩子，已经自行赶到长沙寻找。这个时候，如果不公布失联人员数字，只会增加外界的质疑，滋生谣言和猜测。所以，我们到了现场后，立即敦促湖南省长沙市尽快实事求是进行公布，不仅要公布认定的被埋压者数字，还要公布失联人员数字；同时，每天安排一场新闻发布会，由长沙市市长出席发布，介绍救援进展情况，以公开透明来取信于民、安定人心。

接下来，现场指挥部面临一个"双重压力"：一是安全救援的压力。因为现场救援条件极端复杂危险，如果用大型机械设备推拆，肯定会造成坍塌移动，并极易引发倒塌建筑体的二次坍塌甚至引发周边楼体对向倒塌，不但无法挽救被埋压者的生命，对他们造成二次伤害，甚至危及救援人员的安全。二是社会舆论的压力。由于消防员采取从坍塌体下掏洞的方式救人，每前进一点都非常艰难，并且从现场外面看不到大的救援动作，特别是黄金72小时即将过去，一些媒体和网民就质疑为什么现场还是原样？为什么不上大机械设备"揭顶救援"？救援队伍在废墟上敲敲打打，是不是出工不出力？时间越往后，舆论的压力越大。

双重压力之下，指挥部面临艰难抉择。当时，也有指挥部成员提出尽快上大型机械开展破拆和清理，以缓解各方压力。但是，我们很清楚，这个时候指挥部必须保持冷静清醒，必须兼顾救援效果与救援安全，对被埋压的生命包括救援人员生命负责，不能被舆论牵着鼻子走。说老实话，要是图效率，我们直接上大机械强力推进，24 小时就能将现场清理完毕，那样快是快了，但可能一个活的生命也救不出。黄金 72 小时，是指受困者存活概率最大的时间段，但并不是过了 72 小时就不能存活了，就必须把现场全部清理掉了。基于此，指挥部决定，尊重科学、尊重生命，按现场实际情况部署开展救援。

那么，面对舆论对"救援缓慢"的质疑怎么办？那就现场释疑，同时讲好救援故事，开展针对性的引导。

在继续通过发布会等形式动态发布救援工作部署进展的基础上，指挥部又采取了三个方面的动作：一是安排电视和网络平台对救援现场进行直播，向全社会展示救援现场 24 小时不停地救援，直观展示救援环境的难度和危险性，让老百姓看明白、能放心；二是安排建筑、工程和救援领域的专家解释倒塌建筑的结构特点、救援难度，以及为何不能上大型机械设备直接揭盖子破拆、下一步救援推进考虑等，详尽解答网民的疑惑，引导大家与我们想到一起，相信党和政府、耐心等待救援；三是讲好救援过程中生动感人的故事和扣人心弦的历程，在反映救援人员为拯救生命、冒着危险夜以继日开展救援的同时，聚焦放大每一位获救者惊心动魄的救援过程和被救出那一刻的激动瞬间，让老百姓的心绪与救援进展同频共振、共同起伏。

最终，整个救援工作以事实结果证明了当初决策的正确性。经过救援人员 6 个昼夜不停救援，10 位有生命体征的幸存者全部成功救出，最后的一位女性获救者在 5 月 5 日凌晨（第六天）被救出，被埋压超过 131 小时，创造了生命的奇迹。社会和舆论对整个救援工作也给予了充分肯定。

长沙居民自建房倒塌事故案例，较好地诠释了尊重新闻传播规律和事件处置规律的重要性。从新闻传播规律来说，更为注重时效、鲜活，讲究生动和贴近，媒体往往希望处置部门说得越快越好、越多越好，越详细、越靠近现场越好，这是媒体吸引眼球和流量的本质要求。但从突发事件来说，从发生、发展到结束，有其自身的规律，应对处置只能顺应这个规律，不能违背这个规律。一般来说，突发事件应急处置更为尊重科学、注重程序，必须确保现场秩序安全可控、处置过程有力有序、调查结论科学严谨，这些都需要有一定的时间和空间来完成。

做好突发事件的信息发布和舆论引导，关键就是要在新闻传播规律和应对处置规律中寻找结合点、把握平衡点，进一步明确职责、区分性质，实现处置效果、舆论效果和社会效果的有机统一。

当然，这里还要强调的一点是，虽然突发事件信息发布和舆论引导遵循新闻传播规律的同时要遵循应对处置规律，但绝不是说新闻传播规律是从属的，就不那么重要了。这两个规律同等重要、不可偏废。特别是作为指挥决策机构和领导干部，要善于听取新闻宣传部门的专业意见和建议，不能违背新闻规律作决策。在一些重大突发事件中，因为有宣传部门的参与决策，舆论效果总体是好的。如上面的长沙居民自建房倒塌事故，当时参加前方指挥部工作的中宣部同志就提出了及早发布权威信息、如实公布失联人数、组织专家解读、提前做引导预案等工作建议，都发挥了很好的作用。

这里，我想讲一讲如何把握好"时、度、效"的问题。一般来说，"时"就是要掌握时机节奏，在确保真实准确的前提下，第一时间介入、第一时间发布权威信息，防止陷入被动。此外，什么问题要立即报道、什么问题要看看后续进展再报道，以什么名义、方式和渠道报道，都要精心谋划、谋定而后动；"度"就是要把握分寸尺度，什么问题适宜在什么范围内报道、什么问题要强化报道、什么问题要淡化报道，都要因时制宜、因事制宜，精准研判、精准发力；"效"就是要讲究实际效果，抓住党委、政府和广大人民群众关注的重点问题，找准思想认识共同点、情感交流共鸣点、利益关系交汇点和化解矛盾切入点，综合进行信息发布和引导，提高针对性、实效性，增强说服力、亲和力和感染力。

对于正常的新闻宣传和舆论引导，把握好这些"时、度、效"的内涵就行了。但是对于突发事件应对处置来说，还应特别注意考虑问题的高度、角度和态度。

所谓"高度"，就是看你做决策部署是不是从党和国家工作大局出发、从应对处置工作全局出发、从人民根本利益出发。

所谓"角度"，就是看你处理问题的时候是不是站在人民群众的立场上，把屁股端端地坐在老百姓的这一边，多为人民群众、为受害者、为利益受损群体着想，注重保护他们的切身利益。

所谓"态度"，就是要时刻清醒认识到，我们是人民的公仆、人民的勤务员，是为人民掌权、必须接受人民监督的，要有诚恳自觉的态度，不能摆架子、打官腔，也不能唱高调、简单粗暴，不顾群众实际需求和实际感受。

这些年来，我在实际工作中这方面的感受比较深。比如，在一次地震救援救灾中，虽有大批食品、饮用水等救援救灾物资及时运往县里，但因为基层转运分发不顺畅，仍有一些灾民没有领到食物。而当地县领导在接受媒体采访时说"我们不缺物资"引发众怒，数百灾民打出"我饿""干部说假话"的牌子，将当地政府一位领导堵在路上讨要说法，造成不好的影响。

2021年国庆长假期间，中西部多地遭遇严重秋汛，我们看到网上有灾民缺少物资的信息，立即打电话问相关地方要不要物资支持，都说不需要、没问题，物资是充足的。而实际上由于基层落实不力，有一些乡村的灾民连续几日都没有拿到物资，在网上呼吁和请求援助。因为出现多起民间自救行动和灾民网上发布自救手册，于是，一些自媒体借机炒作无人问"晋"，一时闹出不小的舆情。

客观地说，在救灾中尤其是大面积受灾、数以万计的群众需要转移安置救助的情况下，开始的时候出现一些工作不到位也确实难免。但是，在群众有呼声、网上有反映、上级有询问之后，仍然反应迟钝、情况摸不准、救助不到位，引发舆情事件，那就不应该了。这既反映出我们的信息系统和指挥体系上下脱节，也暴露出干部的作风和能力问题。

遇到突发灾害事故，领导干部一定要注重人民群众特别是受灾群众、受害人的感受，不能轻易否定群众反映的困难和问题，不能急于表现成绩。对外表态一定要实事求是、留有余地，不可把话讲满。因为遇到大灾大难，我们工作中难免会有考虑不周、照顾不到的地方，会出现这样或者那样的问题。这个时候，要全面掌握信息，及时根据群众的需求和呼声来调整工作、解决问题，感谢社会关心、自觉接受监督。

也许有同志会说，基层是想让上级领导放心、让全社会放心才这么表态的，这里就有一个立场的问题。党要求我们各级领导干部任何时候都必须把群众的利益放在第一位，特别是在救灾中，第一位的就是把受灾群众的生活安排好，只有群众满意了，党才会满意、领导才会满意。我们绝不能做那些自以为能让上级领导满意、最终却让群众失望的蠢事。

现在传媒界有一个热词，叫"共情"。这是国外首先提出来的，最早是个心理学概念，又译作同感、同理心、投情等，是指体验别人内心世界的能力。在我们国家，处置突发事件时强调"共情"，我的理解，其实就是坚持人民的立场、深切体会受灾群众和全社会的感受，是一种与人民群众命运与共的感受和感情，这一点很重要。

有的突发事件中，信息发布没有考虑到社会和群众的感受，实际效果往往事与愿违，甚至引发次生舆情。比如，有的短短一个新闻稿或一个连线采访，介绍各级领导高度重视就占了一半甚至一大半，公众真正想了解的内容没几句，就会引发反感。坦率地说，各级领导干部的重视，能直观体现我们党委和政府坚持人民至上、生命至上的执政理念和对人民生命财产安全负责的态度，发布信息如果对此完全不提，也是不实事求是的。但要把握好分寸，不能过了、适得其反。特别是不能在灾难面前刻意为领导高唱赞歌、评功摆好，那样就成了"低级红、高级黑"了。

那么，在尊重规律特点的情况下，突发事件的信息发布和舆论引导有什么普适的规则呢？一般来说，总的要求就是"四句话"16个字：快讲事实、重讲态度、慎讲原因、多讲措施。在具体操作过程中，重点把握好"四个环节"：事件发生后，第一时间发布基本事实信息（包括时间、地点、类别、伤亡情况、救援处置情况等）——动态发布处置工作进展（持续开展救援情况、最新核实伤亡情况、善后安置救助措施、事故调查进展、责任追究情况等）——依法发布调查结果（法定时限内公布事件原因、性质、责任认定和处理追究措施等）——及时提供服务类信息（防范预警信息、疏散避险措施、交通管制信息、安全科普常识等）。

实践中，对外发声也有几类常见的处理方式：一是早说。属于应对处置工作职责范围内、社会关注度高、关系群众切身利益，并且已有初步结果的突发事件，能第一时间说的要尽量第一时间说，防止因出现"信息真空"而导致舆情发酵升级、造成工作被动。二是少说。对情况、性质尚不明确的事件，要审慎把握，坚持先说事实、慎说原因。有的恶性事件和灾难，要注意避免发布太多的细节和过程，防止误读引发社会恐慌和普遍不适。三是慎说。涉及国家大政方针、外交国际事务、边境事务、敏感问题，以及属于中央和国家事权、超出自身职权范围的，未经授权不能随便说。四是多说。涉及体现党委政府积极作为、主动担当，人民群众共同应对、众志成城的内容，以及需要引导社会公众客观理性看待、积极支持配合的事情，就可以多说一些。

（三）要掌控发布秩序

突发事件信息发布成功的前提是有序发布、安全发布，维护正常的发布秩序、掌控主动权和主导权十分关键。我认为，重点在于把握好"一、二、三"："一"是一个窗口发布：突发事件发生后，要坚持一个机构牵头负责，在指挥部的统筹下实行归口发布，不能各唱各的调、各吹各的号，不能抢风头、争露面，坚决避免因多头发布、各自为战引发混乱。同时，信息发布要确保真实、准确、权威、统一，特别是涉及伤亡人数、财产损失、影响范围、事件性质、处置措施、责任主体等社会关注的关键信息，必须口径准确一致，不能前后矛盾，否则将严重影响权威性和公信力。湖北新冠疫情初期，就多次出现因为发布信息不准确、口径不一致的情况，连续产生次生舆情，引发社会公众对湖北省整体疫情防控工作和有些干部能力素质的质疑。突发事件应对处置过程中，即使再忙再累，对于发布的信息和数字的准确性必须细心核准，不能有半点含糊。

一个窗口发布的关键，是要按照"属地管理、分级负责"和"谁处置谁负责、谁主管谁负责"的原则，明确由谁来发布。原则上，负责突发事件应对处置的地方和部门是信息发布和舆论引导的第一责任主体，承担信息发布的首要责任，必须依照法律法规和有关规定，及时准确、全面客观发布事件信息。国家层面成立应急处置指挥部的，由指挥部或其授权的部门或地方发布信息，2022年"3·21"东航客机失事事件就是由国家应急处置指挥部授权中国民航局牵头组织新闻发布。事件应对处置有专门法律规定或有国家层面预案的，信息发布按照相关规定执行。此外，各其他相关处置方虽然不承担发布主责，也不应置身事外，应在指挥部统一领导下，加强信息共享和相互沟通，及时准确发布各自职责范围内的事件信息，同时积极向指挥部提出发布意见建议、提供救援处置动态信息，同心协力完成好信息发布工作。

"二"是两个战场协同：发生突发事件特别是重特大突发事件，实体仗和舆论仗要同时开打、协同推进，要对事件实体应对处置和信息发布、舆论引导工作实行统一指挥、统一部署、统一行动，坚决防止出现"两张皮"。经过这些年来一系列重大突发事件的考验，现在各级各部门对此都有了比较深刻的认识和较为成熟的机制，成立应急处置指挥部时，一般都会下设专门负责信息发布和舆论引导的专门工作组，由应急处置部门和党委宣传、网信部门以及主要媒体、相关专家组成，全过程介入应急处置、实时掌握工作进展，并从社会反映和舆论风险的角度对应急处置部署举措进行评估研判，提出针对性对策建议，并在指挥部统一领导下，牵头开展信息发布和舆论引导工作。

"三"是三个秩序管好：突发事件的现场是公众关注点、舆论聚焦点和记者集中点。如果说突发事件的应对处置是一场硬仗，那么，事发现场就是主战场、主阵地，必须守土有责、守土负责、守土尽责。要管好现场秩序，突发事件发生初期，各方救援力量和媒体记者涌入。这个时候，加强对现场的管控、维护抢险救援秩序是第一位的，否则现场的混乱无序将影响事件处置、产生安全隐患、引发次生灾害。同时，要对现场的拍摄进行管理，防止不适合公开的图片和视频上网发布，造成公众特别是青少年心理创伤。要管好采访秩序，按照"总量控制、持证进入、划区采访、依法管理"的原则，及时划定现场采访区域、制发采访证件、设立新闻中心，寓管理于服务之中，为记者采访提供服务和便利。要管好发布秩序，精心选择新闻发布场地、布置发布环境，并充分考虑到各种突发情况的发生，作出应急预案准备。一般情况下，突发事件的发布会现场既要方便记者，又要不影响指挥和组织救援行动。

要掌控发布的主动权，做好充分的发布准备是前提。这其中一个重要的内容，就是发布前要加强与媒体记者的沟通，即使时间再紧，也要尽量了解和掌握社会公众在想什么、希望知道什么，新闻舆论关心什么、打算问什么。在这个基础上对发布会发布材料和问答口径进行针对性的准备，哪怕现场临时准备，也要努力做到有备无患。

有准备的发布和没准备的发布，产生的效果完全不一样。"3·21"东航客机失事事件中，第一场新闻发布会因为准备不充分，就引发了次生舆情。当时，失事飞机所属的东航云南分公司负责人面对路透社记者关于"失事飞机维修情况、事发时天气情况、机组有没有与空管联系、会不会请美国国家运输委员会帮助调查"等国内外关心内容的提问，因为事前没有准备相关的口径，被打了个措手不及，只能自顾自地低头念自己准备的其他口径，介绍东航正在开展安全隐患大检查等工作信息，完全答非所问，引发舆论批评，被网友讥讽为"问了一个硬核，回答了一个核桃""回答了一个寂寞"[①]。人民网就此评论称："出席新闻发布会的相关人员有责任提前做好充足的准备，才能在有限时间内，有的放矢地回答各种刁钻提问。哪怕实在不掌握详情，也不宜敷衍塞责，更不能顾左右而言他。"[②]

对此，国家应急处置指挥部及时进行统筹指导和改进，在"3·21"东航客机失事后续的新闻发布过程中，精准分析社会公众和舆论关注的问题，提前对发布内容、时机和可能产生的舆论效果进行认真评估，特别是针对重要敏感问题，采取了发布人通报情况加主持人主动设问的形式进行正面引导，主动回应了涉及事发时天气状况、"黑匣子"寻找、飞行员状况、事发时是否有紧急呼救、是否邀请美方参与调查、遇难人员善后等公众关注的热点敏感问题，及时正面澄清各类谣言，既保障了公众的知情权，又为处置调查工作赢得了理解与支持。

（四）要健全工作机制

突发事件信息发布和舆论引导的考验在现场、功夫在平常，

---

① 张丰：《东航云南公司董事长答记者问，网友为什么打0分》，观察者网，2022年3月23日。

② 秦川：《人民热评：回应社会关切，少一些"答非所问"》，人民网，2022年3月24日。

是对常态化情况下新闻舆论工作机制建设和基础工作的综合检验。这些年来，很多地方党委、政府和相关部门都制定了专门的突发事件信息发布和舆论引导工作预案，从建立完善机制、夯实应急基础等方面进行了充分的准备，也收到了良好的成效。总的来看，凡是突发事件发生时新闻舆论应急处置做得好的地方和部门，都是平时在"四个机制"建设上下了功夫的。

统筹协调机制：新闻舆论工作不是宣传部门一家之事，不能让宣传部门"单打独斗"，必须坚持"一盘棋"、形成"大合唱"。特别是突发事件的信息发布和舆论引导更是个系统工程，涉及方方面面。要完成好任务、避免打乱仗，最重要的就是应急处置指挥部领导要加强统筹协调，确定信息发布和舆情引导的领导指挥和执行体系，明确责任层级、督促落实落地。一旦发生突发事件，大家都能各明其责、各司其职，防止出现相互推诿、无人负责的局面。这一套应急机制的熟练运用，要靠平时的演练和实战的磨合。总的来看，建立一套党委和政府统一领导、实际工作部门分工负责、宣传部门组织协调、新闻媒体积极参与、社会各方共同配合的协调机制，确保实体处置和舆论引导有机衔接、协同推进，是面对突发事件时必要和必需的。

新闻发布机制：党委、政府发言人既是形象传播大使，也是危机公关大使，发言人的阵地既在会场也在现场。要建立健全常态化新闻发布制度，并逐步改变过去机关化、程式化的发布模式，加强动态发布、应急发布，培养各级领导干部的新闻发布意识和素养，加强演练培训和口径库准备，确保一旦发生突发事件，发言人能迅速到位开展工作。值得强调的是，在突发事件现场，最好由具体负责指挥处置的领导同志来进行发布，确保权威高效。

研判预警机制：突发事件信息同时也是舆情风险信息。在应急处置过程中，要建立舆情监测预警机制，加强对境内境外、网上网下舆情的实时监测，及时掌握热点敏感舆情态势和社会心理变化，做到耳聪目明、心里有数。同时，要建立舆情会商研判机制，准确分析研判，把握好群众关注点、舆论聚焦点和舆情风险点，预判到舆情影响范围、发酵路径和发展趋势，建立舆情风险清单，为应急处置指挥部决策提供专业化建议，做到出现问题有预警、处置应对有预案。此外，要做好突发事件信息发布和舆论引导预案，加强实战练兵和应急演练。

在这里，我想重点强调一下突发事件应对处置过程中通过媒体网络掌握社情、舆情和实情，服务突发事件实体处置的重要性。

习近平总书记指出："网民来自老百姓，老百姓上了网，民意也就上了网。""各级党政机关和领导干部要学会通过网络走群众路线，经常上网看看，潜潜水、聊聊天、发发声，了解群众所思所愿。"① 我在这些年处置突发事件的过程中，形成了一个习惯：在接到指挥中心报送突发事件信息的同时，会要求指挥中心全面搜索一下相关事件的网上信息，要求相关地方信息员报告基层信息，自己也同步搜索查看媒体和网络相关报道，了解网络舆情动态。为什么要这么做？因为很多时候往往下面的情况还没报上来，网络上就已经有了。我通过几个方面的渠道，用来把握工作全局、

① 《论党的宣传思想工作》，中央文献出版社 2020 年版，第 195 页。

了解事件全貌，帮助在指挥决策中找准焦点、看到盲点、部署重点，既避免机关化坐等地方报材料耽误时间贻误战机，也避免报送的材料不全面或不准确，误导指挥决策。

比如，2021 年 7 月 20 日郑州特大暴雨灾害，我当天傍晚就感觉到郑州出大事了。为什么呢？我主要是根据三个方面的信息来作出判断：一是消防 119 接警情况，当时警情太集中都已经接不过来了；二是指挥系统传过来的现场视频，显示城市干道已经泡水、交通瘫痪；三是网上网民求助呼救情况，已经是此起彼伏，特别是地铁、隧道等几个点上的受淹情况紧急，让人揪心。

基于以上情况，我们连夜调派河南周边几个省的国家综合性消防救援队伍和安全生产应急救援队伍 4000 多人携专业救援设备赶赴河南增援。果不其然，面对百年未遇之特大暴雨灾害，郑州应急指挥系统基本瘫痪，救援力量严重不足且难以应对，网上舆情汹涌澎湃，河南全省乃至全国人民都十分揪心。这个时候，我们通过媒体发布调派专业救援力量增援河南的消息，立即受到高度关注，网民纷纷留言点赞"中国式救援再一次震撼登场""看到了雷厉风行的中国力量""看到国家力量的介入，我们可以放心了"。

后来，经过各方面几天的全力救援救灾，郑州水灾最艰难的时段过去了，城市总体恢复了正常。但新的情况又出现了：因前期郑州受灾最重、情况最紧急，所以全社会的聚焦点和关注点都在郑州，各方救援力量也主要集中在郑州，而河南北部的卫辉大半个城区还泡在洪水中，没有更多的力量及时救援，老百姓持续在网上呼救。我当时正在郑州指导防汛救灾，从网络舆情中了解到这些情况后，立即赶赴卫辉实地察看，在现场就与省领导商量，鉴于郑州的情况已经好转了，要立即把集中在郑州的专业救援队伍和大功率抽排水设备调往卫辉等地，昼夜不停排水排涝、救助灾民，尽快恢复正常生活，让老百姓亲身感受到党和政府的有力帮助。

说起网络舆情在突发事件应对处置中的重要作用，在河南郑州"7·20"特大暴雨灾害调查结果公布之时也得到了充分的体现。郑州特大暴雨灾害发生时，地铁五号线和京广快速路北隧道被淹、郭家咀水库漫坝、王宗店村山洪等造成重大人员伤亡和险情的几个点上事件，以及郑州死亡人数突然大幅上升等问题，引发的舆情最为集中、社会最为关注。因此，我们在组织开展灾害调查工作时，没有回避矛盾和热点，一件事成立一个小组，明确责任、明确要求，强调一定要把每一起事件的过程和责任都调查清楚，给人民群众一个负责任的交代。后来我们在调查报告中把这几起事件的调查情况，以及地方在死亡人数上存在迟报瞒报情况，逐一进行了详细公布和问责追责，获得社会充分认可和媒体高度评价，被称作"教科书式"且"人人看得懂"的调查报告[1]；有媒体评论称："这释放出一种鲜明的调查和问责伦理——灾害的归灾害，问题的归问题。"[2]

---

[1] 斯远：《快评：应急管理部这份报告，何以被称作"教科书式的报告"》，《新京报》2022年1月22日。

[2] 《郑州"7·20"特大暴雨灾害调查报告公布：警钟长鸣，警醒更多"梦中人"》，《红星新闻》2022年1月22日。

　　综合引导机制。新闻发布会是突发事件信息发布和舆情引导的重要方式，但并不是唯一的方式。突发事件应对中，是否需要召开新闻发布会、什么时候召开新闻发布会，也需要视情而定。比如，有的新闻发布会如果组织安排不专业、提供的有效信息不足、与媒体的互动不够、不能坦诚回答大家关心的问题，则不但无法有效引导舆论、稳定舆情，还有可能激化公众情绪、引发次生舆情，那这样的新闻发布会还不如不开。在突发事件信息发布和舆情引导中，除了发布会之外，还可以综合运用新闻通气会或媒体吹风会、组织现场采访或安排媒体专访、组织专家解读、提供新闻素材、用好官方新媒体平台等方式，及时充分、多管齐下开展发布引导。特别是在发挥专家专业引导作用时，要精心组织、加强统筹、求真务实，切实提升引导的针对性、科学性、权威性和有效性，不讲没有事实依据的话、不做没有科学论证的推断，防止前后矛盾、左右冲突，尤其要防止陷入专家越引导、公信力越低的恶性循环。

　　需要强调的是，突发事件应对处置的过程是动态的、变化的，我们的新闻发布工作也应随之调整，不能墨守成规，机械地延续之前的做法。特别是当形势和决策发生大的变化时，应该制订专题的宣传方案，还要有防止出现意外的极端情况的应对预案，客观上我们对自然灾害的认识在许多方面是有限的，必须坚持底线思维，及时地、实事求是地把情况和影响告诉社会，把需要老百姓掌握的常识和响应配合的事项讲清楚，提前做好社会动员和正面引导，赢得理解支持，不能简单化、"硬着陆"，造成内伤，影响公信力。

（五）要加强议题设置

在突发事件应对处置中，既要高度重视社会舆论和网络舆情，也要结合应对处置的实际保持定力，跳出"答"和"守"的惯性思维，善于设置议题话题，强化"受众意识"和"互联网思维"，把党和政府想说的、媒体记者关注的、社会公众关心的话题有机结合起来，让该热的热起来、该冷的冷下去、该说的说到位，精准有效引导，防止被社会舆论牵着鼻子走。

提高议题设置能力和水平，既要紧扣新闻事实、善于挖掘故事，也要善于提出概念、形成标识；既要面向普通群体，也要兼顾特殊群体，要通过扎实丰富的新闻事实、引人入胜的话语表达，吸引关注、激发兴趣、聚拢流量，取得理想的引导和传播效果。

一要解疑释惑。充分考虑不同群体的利益诉求和认知水平，讲清楚党和政府采取的政策措施，讲清楚群众利益安排和工作进展，既阐明"怎么看"又回答"怎么办"，及时解疑释惑、有效疏导情绪，寻求"最大公约数"。可以多请主管部门、专业机构和权威专家出来说话，加强与公众和受众的互动交流，引导大家看本质、看趋势、看主流，在多样中谋共识、在多元中立主导。在2022年四川泸定地震中，就网上议论多的"旱震理论"等敏感问题，中国地震局邀请地震专家进行专业解读引导，也有助于及时消除误解和疑虑。

二要精心引导。要善于在突发事件应急处置过程中挖掘打动人心的细节和亮点，从"微故事"中展现大气象，让人民群众在感同身受中体会到党委政府关心关怀、生活美好生命可贵。例如，在2020年初新冠疫情最严峻时，中国电信与央视频合作推出"疫情24小时"，对雷神山、火神山两座医院的建设进行全程高清直播，被称为史上最强"云监工"，同时在线观看的全球网友超过了8000万，[①] 让全世界见证了"中国速度"，极大增强了全国人民同心抗疫的信心。在"3·21"东航飞机失事事件应对处置中，指挥部充分考虑遇难者家属的心理，有针对性地进行细节安排。比如，指挥部针对遇难者家属希望了解救援进展、祭奠缅怀亲人等诉求，在安排专人做心理疏导的同时，专门组织遇难者家属到救援现场实地了解和察看救援情况，并于"头七"当天再次组织家属到现场举行祭奠活动，有效抚慰了家属的情绪。

三要讲好故事。要善于运用群众喜闻乐见、容易亲近的表现形式，挖掘、塑造和讲述鲜活生动的身边故事和人物形象。在2021年春天西双版纳野象北迁事件中，云南迅速成立北移野生亚洲象安全防范指挥部，宣传部门会同森林消防、林草等职能部门和大象北迁沿途政府和群众全体动员，一方面保护大象安全、防止人象冲突；另一方面因势利导、对大象移动情况进行直播展示和跟踪采访，向全世界讲述中国人民追象护象的故事。参与报道的海内外媒体超过3000家，覆盖全球190个国家和地区，网络阅

---

① 刘鹏飞、翟薇、吴汉华：《新冠肺炎疫情中的新闻发布与舆论引导》，《青年记者》2020年第15期。

读量 110 多亿人次，^① 成为一次展示环保中国、生态中国的现代文明国家形象的经典策划。在 2022 年 8 月重庆连续多起突发山火，加之罕见高温干旱，在短时间内难以全部扑灭的情况下，重庆市把群众组织发动起来，支持配合专业灭火队伍开展山火扑救。在宣传报道中，通过讲好摩托车骑手、棒棒军等志愿者群体的"凡人壮举"故事，把山城人民众志成城决战山火、军民携手保卫家园的英雄气概讲得既生动又出彩。同样，在 2022 年 9 月四川泸定地震中，刷屏全网的"汶川哥哥"（一个臂章上带有"汶川"字样的消防员将救出来的 2 个月大婴儿抱在怀中，被媒体拍下来。媒体追踪发现，这位消防员在 2008 年汶川地震时作为一年级小学生就是被消防员救下的，而这次救出来的婴儿的爸爸也是一位正在其他地方参与救援的消防员），还有点击量超千万的"飞夺泸定桥式救援"（记者拍摄发布一段 19 秒的视频，显示救援人员在救援过程中为尽快打通生命通道，靠一根绳子攀爬过大渡河的场景，网民联想到 87 年前红军飞夺泸定桥的情景），都是很好的故事。

四要防谣辟谣。突发事件往往伴随着谣言滋生，"真相还在穿鞋，谣言已经跑遍天下"，例如天津港火灾爆炸事故发生后，当时流传的各类网络谣言就多达 70 余条。这种情况下，如果辟谣不及时，将会严重影响社会公众对事件的判断，严重干扰事件的应对处置。这就要求我们在突发事件发生后，要保持高度的敏锐性，及时发现和梳理网络谣言，第一时间进行有针对性的回应，用权

---

① 杨雁：《"大象案例"获评"十大优秀"，启示如何讲好"云南故事"》，昆明信息港网站，2022 年 2 月 16 日。

威发布来澄清事实真相；对恶意造谣传谣的，该出手时就出手，坚决依法查处，不能让互联网成为"谣言中心"和"法治盲区"。在这里，我特别提出要"防谣"，说的就是一个坦诚的态度，把社会公众想知道的、我们该说的和能说的都说清楚，暂时未掌握的情况也要向老百姓真诚说明白，以坦诚的态度赢得公众理解，消减谣言传播的空间。2021 年 12 月 30 日凌晨，江苏淮安发生 1.5 级地震，许多南京市民早上上班时发现大片"奇怪的云"，马上联想到"地震云"，担心南京会不会也发生地震。江苏反应很快，立即组织地震、气象方面的专家现身说法，解释是由弱冷空气产生的高积云，所谓"地震云"是谣传，及时普及了科学常识、安定了人心。

（六）要借鉴国外经验

在突发事件的信息发布和舆论引导方面，西方国家有一套娴熟的做法。但他们往往是从选举角度考虑，习惯于把突发事件现场当作领导作秀的"秀场"，借机造势拉选票。最典型的，如2021 年 7 月美国佛罗里达州一住宅楼倒塌，100 多人被埋压。救援人员担心二次坍塌影响自身安全，整天围着倒塌楼体打转转，10 天时间里一个活人也没救出，只找到了 18 具尸体，被舆论讥讽为"考古式救援"，但这丝毫不影响州长、部长直至总统纷纷亲临现场对媒体表示各自发挥的作用。

西方这种借突发事件"作秀"的做法当然不可取。但从另一个角度来说，他们在突发事件发生时的一些处理方式，也有值得我们借鉴之处。比如：反应迅速，第一时间启动危机应对、及时发布信息；领导上阵，面对媒体亲临现场发布信息；贴近现场，划设媒体专区动态发布、有效管理；突出共情，注重与媒体和公众的沟通互动；法制规范，通过立法保障公众知情权和监管媒体传播行为等。

事实上，对于西方发达国家的一些经验做法，这些年来我们结合中国国情民情实际和突发事件应对处置实践进行学习借鉴，在许多成功案例中得到很好运用，并且形成了我们自己的特色，这一点我们有自信。

在全媒体时代，传播力决定影响力，引导力决定公信力，话语权决定主动权。做好突发事件信息发布和舆论引导工作，是一件政治性、专业性、实践性都非常强的工作，也是一件难度大、挑战强、风险高的工作。做好这项工作，虽然有一定的规律和经验可循，但一个总的前提就是，事件的实体处置始终是第一位的，实情决定舆情、线下决定线上，正确的处置才是最好的引导。总而言之，应对处置突发事件时，做好才能说好，不做好是说不好的，这个前提必须始终明确，不能本末倒置。当然，做好的同时也要同步说好，光做好说不好，也会带来被动。只有既做好又说好，既遵循新闻传播规律又把握事件应对处置规律，一切为了人民、一切从实际出发，才能真正实现处置效果、社会效果和舆论效果的统一。

附 录

《人民日报》专访应急管理部党组书记黄明：
当好守夜人 筑牢安全线

我国灾害事故多发，面对应急管理的专业性复杂性，如何积极稳妥推进机构改革？此次改革的方向是什么？具体工作进展如何？近日，《人民日报》记者专访了应急管理部党组书记黄明，回应社会关切。

解读人：应急管理部党组书记　黄明

把分散的资源和力量整合起来，形成统一高效的应急管理体系。

记者：如何理解应急管理部的职责和定位？

黄明：应急管理部的职责定位很明确：防范化解重特大安全风险的主管部门，健全公共安全体系的牵头部门，整合优化应急力量和资源的组织部门，推动形成中国特色应急管理体制的支撑部门，承担提高国家应急管理水平、提高防灾减灾救灾能力，确保人民群众生命财产安全和社会稳定的重大任务。

机构改革能否如期到位、新组建部门何时步入正常运转，牵动社会各界的心。这是因为应急管理部负责的事务与群众生命财产安全息息相关，能不能经得住历史和现实考验，事关群众切身利益。此外，新组建的部门整合了9个单位相关职责及国家防汛抗旱总指挥部、国家减灾委员会、国务院抗震救灾指挥部、国家森林防火指挥部职责，牵涉面广、改革力度大。

记者：应急管理工作面临哪些新形势？对此，应急管理部有何动作？

黄明：主要是两个"前所未有"：

一是机遇前所未有。把分散于各有关部门的应急资源和力量整合起来，形成统一高效的应急管理体系，全面提升我国防灾减灾救灾能力，是我国应急管理战线几代人的梦想。通过深化改革形成这一体制，就是最大机遇。必须坚决支持改革、搞好改革，提高风险防控、抢险救援等各方面应急能力，实现应急管理体系和能力现代化，全力保护好群众生命财产安全和社会稳定。

二是挑战前所未有。在工业化、城镇化快速发展过程中，也会带来高风险。如果防范不力，就可能酿成重特大生产安全事故和重大经济损失。我国自然灾害频发多发，如果防灾减灾救灾不力，就会给群众生命财产带来不可挽回的重大损失。同时，我国安全生产基础薄弱，防灾减灾救灾体系不健全，全民防范意识不够强，应急救援整体能力水平不够高。因此，责任十分重大、任务十分繁重。

当前，应急管理工作进入"应急"状态。一是全面启动应急值守。由部领导带头，每天24小时轮流在岗值守，一旦遇到突发重特大安全事故或自然灾害，第一时间作出响应。二是研究制定应急管理部应急预案，明确系统如何操作运行，确保应急响应救援有力有序有效。三是抓紧实现应急信息互联互通。尽快把相关部门应急信息接入应急管理部，实现信息资源共享，抓紧规划建设全国统一的应急管理信息平台，在应急响应时形成高效联动的整体合力。

改革坚持优化、协同、高效原则，目前集中办公基本完成，人员转隶有序进行。

记者：应急管理部机构改革重点有哪些？与之前有什么不同？

黄明：组建应急管理部不是哪一个单位改名字、换牌子，而是一次全新的再造重建、脱胎换骨。此次机构改革与之前不同，原则是"优化、协同、高效"。

优化整个组织结构、应急体系、管理机制，研究内设机构设置，不能搞简单"物理相加"，必须起"化学反应"，努力把分散体系变成集中体系，把低效资源变成高效资源，全面提升国家应急管理综合能力和水平。

科学合理界定职责，既要勇挑重担，又不能大包大揽，要做到有主有次、有统有分，权责一致，与各有关部门形成合力。

高效对应急管理部非常重要，时间效率就是生命，必须从体制、机制、素质、作风上保障应急响应运行便捷通畅，处置有力有效，努力将应急管理部建设成高效率国家机关。

适应应急管理事业改革发展要坚持以防为主、防抗救相结合，坚持常态减灾和非常态救灾相统一，努力实现从注重灾后救助向注重灾前预防转变，从应对单一灾种向综合减灾转变，从减少灾害损失向减轻灾害风险转变。形成团结奋斗、雷厉风行的应急作风，应急管理工作人员应随时准备上前线保护群众生命财产安全。

记者：机构改革目前进度如何？在机构、人员等变更情况下，如何积极稳妥度过磨合期？

黄明：目前，集中办公基本完成，人员转隶有序进行，"三定"

方案正抓紧研究制定。

面对平稳过渡问题，主要从三方面着力。

一是坚持"先立后破"，分步实施。在新机构运行前，原有机构照常运作，职责照常承担。把能够接的先接过来，比如国务院应急办、国务院抗震救灾指挥部和国家减灾委员会等已转隶到位。而防汛抗旱指挥部职能，今年先由水利部承担。

二是统筹协调机构改革和各项重点工作。毫不放松地抓好安全生产，坚决遏制重特大生产安全事故。应急管理部每周一的工作例会都要研究安全生产问题。加强安全生产工作是重要职责，在任何时候都不能放松。统筹推进安全生产领域改革与机构改革，既要注重在推进安全生产领域改革中优化职能配置，又要通过机构改革为安全生产领域改革提供体制制度保障。

三是尽力缩短磨合期。加强与各有关部门沟通对接，制定转隶移交时间表，成熟一个，接收一个，指挥一个。尽快理顺内部各司局、各辖属单位职责，做到流程通畅，履职到位，形成整体工作能力。建强建好消防、森林、安全生产等应急救援国家队。

记者：您曾表示，应急管理部在出现突发情况时应第一时间响应、最快速度出发、有力有序有效应对处置，当好党和人民的"守夜人"。如何担起这份责任？

黄明：为党守夜、为百姓守夜，筑牢风险防控和应急救援防线，切实保障群众生命财产安全，为平安中国建设作出应有贡献，这是我对组建应急管理部的理解。

必须建设政治过硬、本领高强、能打胜仗的应急管理队伍。

应急管理系统干部、指战员要以习近平新时代中国特色社会主义思想为指引，增强"四个意识"，敢于担当、勇于负责，在灾害危难面前挺身而出，义无反顾地扛起责任。

组建应急管理部，整合各方面资源和力量加强应急管理，是全新的事业。只靠老经验、老办法、老思路，很难适应新时代应急管理工作需要。应急管理系统所有干部、指战员必须正视能力不足问题，切实来个大学习，学好习近平总书记关于应急管理的重要思想，学好应急管理法律法规预案，学好应急管理知识技能。深入实际调查研究，摸清资源底数、掌握风险隐患、总结先进经验、找准薄弱环节，增强工作针对性和有效性。

公安消防部队、武警森林部队转制后，和安全生产等应急救援队伍明确作为综合性常备应急骨干力量。要把这支应急救援国家队建强建好。加强预案演练，不断提高应急救援专业水平，做到随时拉得出、冲得上、打得赢。（记者丁怡婷）

《人民日报》2018 年 4 月 18 日

后 记

编辑出版这本书，一开始并没有想到。

我之前做公安工作，就对干部培训工作很重视，专门为公安、政法干部做过系列授课和讲座。到应急管理部工作后，一开始到中共中央党校（国家行政学院）讲课，主要是完成中组部交给的任务。自己原本工作就很紧张，接受讲课任务后压力挺大，认为总得讲出点有用的东西，让听课的同志真能有所收获和启发，因此每次讲课都要挤出时间认真调研思考和准备，一次备课时间前前后后加起来往往要几个月，讲完下来感觉很累很辛苦。

令人欣慰的是，每次讲课的效果是好的，受到中共中央党校（国家行政学院）领导和学员们的欢迎，自己也因此受到鼓励，增添了信心和动力，同时感到这也是一个宣传推介应急管理工作、增进理解支持的有效渠道和平台，为此付出一些辛苦和劳累是值得的，所以坚持了下来，4年多时间里一共讲了六讲，比较系统地梳理了自己从事应急管理工作的实践思考和心得，把防范灾害事故和应急处突的主要方面都讲到了，把自己想讲的一些东西和实际的感受也讲出来了。

2022年8月，我从一线领导岗位退下来，国务院分管领导同志明确要求认真总结应急管理部成立以来这几年在防范化解重大风险方面的实际经验，用于培训干部。为了完成这个任务，我考虑就以这几年在中共中央党校（国家行政学院）做的系列报告为基础编辑整理，因为六场报告都是围绕学习贯彻习近平总书记关于防范应对重大风险挑战重要论述这个主题来讲的，既集中反映了新时代应急管理工作，特别是防范应对重大风险的主要经验做法，也介绍了自己作为"第一责任人"挑担子的切身感受，对领导干部开展防范化解风险工作、对新的同志了解熟悉应急管理工作相信会有所帮助。这一想法得到领导同志的肯定，并批示要求认真完成好任务。这一想法也得到新任部长、党委书记王祥喜同志和部党委多位领导的支持，还得到中共中央党校（国家行政学院）应急管理培训中心和中共中央党校出版社的支持。于是，刚退下来后的一段时间，我的主要精力都用于整理讲稿上了。

这些讲稿，囿于每期听课的对象不同和规定的时间（通常为两个半小时）、特定的主题以及现场讲授的需要，一般都相对完整、独立成篇，但将它们集中到一起时，往往会有开头结尾、典型案例和主要观点的一些重复。因此，在编辑整理过程中，重点把握了三点。

一是重新布局谋篇。重点考虑防范化解重大风险工作的针对性、实操性要求和全流程、全要素特点，分为底线思维、防控风险、安全生产、应急处突、体系能力、舆论引导六个主要部分，既独立成章又整体合成，力求衔接自然、紧凑。

二是更新数据材料。由于讲稿有早有晚，前后达 4 年多时间，尤其是 2018 年、2019 年所讲的，一些数据、案例需要更新，一些观点想法经过几年的实践，也需要重新提炼完善，因此在整理过程中尽可能反映出新的情况和自己新的想法，以适应新形势需要、契合新时代要求。

三是符合公开标准。讲课的时候，为了结合世情国情党情讲深讲透，通常都会引用和列举一些内部的资料、素材和案例。编辑整理时，为符合公开出版的标准和保密要求，对不适合对外的内容进行了删改和调整。

在编辑整理过程中，重温这些讲稿，也有些许遗憾：这六讲内容主要是围绕应急管理承担的职责任务来讲的，侧重的是防控化解重大风险这个主要业务工作，对队伍建设和干部素质讲得不多。而这些年的实践下来，一个切身的体会就是，真正要做好应急管理工作，应急管理队伍建设和应急文化建设十分重要。队伍是根本，文化是灵魂，特别是作为一个新部门，队伍和文化建设更是一项培根铸魂、凝心聚力的重要工作，起到的是一种"成风化人""润物无声"的作用，对于凝聚人心、激励斗志、提升素质、树立形象，推动应急管理工作和队伍建设具有不可替代的作用。

回顾这几年来我们应急管理队伍涌现出一大批英雄模范和先进集体，既源自他们自身的对党忠诚信仰和无私奉献的品格，也是特殊的文化教育熏陶和精神力量支撑的结果。比如，"感动中国"的抗洪英雄、安徽庐江县消防救援大队原政治教导员陈陆，他的英雄壮举就与他的家庭教育密不可分。陈陆生长在军人家庭，外祖父是参加过抗美援朝的老战士，父亲也是一名边防军人，家里从小就教育他要爱国奉献。在2020年安徽抗洪最吃紧的阶段，他父亲给他发微信："抗洪形势非常严峻，你应该坚守在抗洪前沿，最近就不要回来了。"陈陆回答："放心，我会守好庐江"。"人民满意的公务员"、内蒙古呼和浩特玉泉区南二环路消防救援站站长巴特尔的父亲也是一名英勇的消防战士，在一次救援任务中壮烈牺牲后，母亲把他又送到了消防队伍，"我要沿着父亲没有走完的路继续走下去"，抱着这样的信念，巴特尔在急难险重任务中始终冲锋在前、屡立功勋。应急管理系统一级英模、天津滨海新区应急管理局局长单玉厚在工作岗位上牺牲后，我在慰问他的家属时，特地询问还有什么困难没有，家属自始至终都没有向组织提任何要求。还有我们的时代楷模、国家安全生产应急救援中心总工程师肖文儒，时刻牢记党的教育和人民嘱托，40年坚守在矿山救援一线，700多次生死营救，被誉为黑暗矿井中的生命之光。

我们这支队伍中，有一大批这样的英雄模范和先进典型，他们用忠诚、奉献和专业、敬业，书写着应急管理事业的时代乐章，他们的奋斗历程和精神境界丰富和拓展了我们应急文化的内涵和底蕴，也是我们开展应急文化建设的源泉。

说实话，这4年多来，自己虽然也很重视应急文化建设，但由于新部门刚组建和开局，应急任务繁重，理顺应急管理体制机制的工作千头万绪，这项工作还没有全面系统地展开，有些工作还没有来得及做，甚至还没有来得及细想。在这里，我想补述几点这方面的思考。

我认为，从应急文化的角度来说，从事应急管理工作的同志特别是领导干部，要真正胜任应急管理工作、扛起防控重大风险的政治责任，是需要有一股子特殊精气神的，很重要的是要有"三个好"。

一是要有一个好的精神特质。

毛泽东同志曾指出："人总是要有一点精神的。"有了精神，就有了追求、有了动力、有了脊梁骨。应急人肩负的是保民平安、为民造福的神圣职责，从事的是急难险重、赴汤蹈火的特殊工作，应该有一种什么样的精神特质，如何锻造自己的精神特质呢？

我想，最主要的就是牺牲奉献精神，是要有随时准备为党和人民牺牲一切的情怀和信念，是要发自内心感觉到为党和人民牺牲奉献、被事业所需要是快乐和幸福的。从事应急管理工作，只有把党的信仰作为自己一生的信仰，把党的初心使命融入灵魂深处，把甘于为人民牺牲奉献植根于精神内核，才能锤炼出忠诚于党、忠诚于人民、忠诚于事业，不畏艰难、勇往直前、赴汤蹈火、竭诚为民的应急人精神特质。

应急管理部成立以来，虽然我们边组建、边应急、边建设，但思想政治工作一直抓得很紧。我经常跟同志们讲，为什么我们这几年能成功应对处置一系列重大灾害事故、打赢一场又一场硬仗？最根本的是得益于以习近平同志为核心的党中央亲切关怀和坚强领导，得益于我们赶上了这个大好时代。

特别是，建部 4 年多来，我们紧紧抓住了四个宝贵的机遇，不断锤炼、锻造和升华我们应急人的精神特质：第一年习近平总书记就为我们授旗致训词，对应急管理工作专门发表重要讲话，第二年迎来中央部署开展"不忘初心、牢记使命"主题教育，第三年接受中央巡视，第四年建党100周年开展党史学习教育，习近平总书记等中央领导同志又亲切接见全国应急管理系统功臣模范和先进集体。对我们这支新生的人民队伍来说，这都是极为难得的机遇：习近平总书记授旗致训词、发表重要讲话、亲切接见，为我们的队伍举旗定向、为我们踏上征程注入强大动力；"不忘初心、牢记使命"主题教育、中央巡视和党史学习教育，帮助我们在新时代应急管理新征程上进一步坚定信仰信念、检视校准方向、汲取精神力量。

这些年来，我们之所以要下大力气培养和选树肖文儒、单玉厚、陈陆、蔡瑞、张在贵、李隆、侯正超、江永木等一批应急管理系统英模人物，并将他们的大幅照片挂在应急管理部大楼里，就是要在全系统树立一种崇尚英雄、激励奉献的鲜明导向和浓厚氛围，引导广大应急人像英模人物那样坚守信念、奋斗奉献，攻坚克难、勇毅前行。

二是要有一个好的工作作风。

应急管理是人命关天的事，是救民于水火、助民于危难的事业，是代表国家给人民以力量的事业。特殊的工作性质决定了特殊的工作要求，那就是既要有牺牲奉献精神，又要有极端认真负责的工作作风，有"时时放心不下"的责任心，来不得丝毫松懈和半点马虎。特别是当前我们正处于各类灾害事故风险交织叠加的特殊阶段，如果没有对国家安全、公共安全和人民安危极端认真负责的精神，是做不好应急管理工作的。

极端认真负责，就得求真务实、敢于斗争，与各类灾害事故风险斗，与各种矛盾困难问题斗，与各种错误思想、歪风邪气斗，在斗争中护安全、谋发展。特别是对于各类风险隐患和矛盾问题，该报告的要报告、该反映的要反映、该呼吁的要呼吁，不能怕得罪人。为国家和人民守住安全底线是应急人的初心使命和职责所在，对党忠诚要通过实际行动和工作实效来体现，如果不实事求是、没有斗争精神、不敢动真碰硬，只想当老好人，任凭隐患酿成事故、小灾酿成大祸，那我们就真正对不起党、对不起人民，也对不起这份事业。

极端认真负责，还要有宽广的胸怀。应急管理部门是综合管理部门，发挥的是统筹协调作用。应急处突相关单位大都是平级部门，如何来统呢？我认为，既要用党中央的精神和决策部署来统、用指挥机制和国家法律法规来统、用急难险重任务来统，也要用我们主动的服务支持来统。这既要有立足大局、出于公心开展工作的勇气、底气，还要有兼顾各方关切、主动服务支持的大气。2018年10月至11月金沙江和雅鲁藏布江接连发生四次堰塞湖险情时，因为处置工作跨部门、跨地域，相关地方和部门都很着急、都怕出大事，但又都难以单一出手，那就由我们应急管理部牵头主持会商研判，统筹协调上下游、左右岸，调集各方资源力量，提供解决问题的服务指挥平台，顺利化解了危机，也赢得了各方尊重和中央领导的充分肯定。

三是要有一个好的身心状态。

由于我长期从事公安工作，可以说一直在应急，一直与突发事件打交道。尤其是这几年在应急管理部，更是天天面对灾害事故。几十年下来，深切感受到，要做好应急管理工作，一定要有一个好的身心状态。

记得应急管理部刚组建时，我们队伍的主体还没有转过来，但森林火灾、台风、泥石流、化工厂爆炸等灾害事故就先接踵而至了，多的时候我一天要应对处置五六件突发事件，后来还连续遭遇两个"3·30"森林火灾的"黑色三月"，中央领导同志批示不断，各方都很关心关注。那时候出差或外出开会，常有些领导同志开玩笑说："看到这里出事那里出事，我们都为你担心呢，没想到你的状态还蛮好的！"说实话，作为应急管理部主要负责人，压力确实很大。但是，我有承压负重的信心和底气。

这种信心和底气来自哪里？主要来自三个方面：第一，来自以习近平同志为核心的党中央掌舵领航、坚强领导。这些年每逢大灾大难、每到关键时刻，习近平总书记和其他中央领导同志都在第一时间作出指示批示、提出明确要求，为我们指明方向、提供遵循，这是我们干应急最大的自信和底气。第二，来自我们中国特色社会主义集中力量办大事的制度优势。各地方各部门绝对听从党中央的统一号令，一方有难、八方支援体现出的国家的力量、人民的力量，是我们战胜重大灾害事故的法宝。第三，来自我们这支队伍本身，我们应急管理干部队伍特别是国家综合性消防救援队伍是经过大战大考检验的，是训练有素、敢打善战、有坚强战斗力和过硬专业能力的。

当然，有信心底气也与自己的工作态度和心态有关。在我案头一直放着两句话，就是"人能克己身无患，事不欺心睡自安"，时时用以自勉自省。这些年工作再忙再累、压力再大、困难再多，我都能吃得下、睡得着，每天坚持锻炼，即使半夜里惊醒，也能想好了处理好了再继续睡。有人说，你怎么能睡得着？我说，睡不着就没法干了，睡得着是因为我已经竭尽全力想了、抓了、做准备了，包括各种大仗硬仗都准备了，心里是比较有底的，可以说做到"事不欺心"了。

我认为，干应急应在急时、备在平时，关键在于提前准备、提前预防，把抓关键、补短板、防风险真正落在平时、落到实处。一旦发生危机，只要我们准备充分了、措施到位了，就能够有备无患、化险为夷。

《大学》有云："静而后能安，安而后能虑，虑而后能得。"晚清两代帝师翁同龢教导弟子"每临大事有静气"。应急管理工作急难险重，大事、急事、难事是家常便饭，高负荷、高压力、高风险是工作常态，必须要有一个良好的心态、健康的身体和冷静的头脑，努力培养自己的"静气"，从被动中寻找主动，从不规律中把握规律，从拼搏奉献中体会快乐，辛苦心不苦，事急心不急，坚持学习、坚持锻炼，养成好习惯、练出好身体，扛得起大事、熬得住岁月。

这些是我离开应急岗位后的一些思考。我坚信，有以习近平同志为核心的党中央坚强领导，有我们这支"对党忠诚、纪律严明、赴汤蹈火、竭诚为民"的英雄队伍，再加上一个好的精神特质、工作作风和身心状态，我们的应急管理事业一定能够蒸蒸日上，我们的应急文化建设也一定会叶茂根深。这一点我们是充满信心的。

在整理编辑书稿的过程中，回首这些年的经历，我充满对党的培养、信任的感恩，对同志们的支持帮助的感谢，也还有对自己工作不足的遗憾，相信后来的同志会做得更好！

由于自己的理论水平有限，加之新时代应急管理事业刚刚开局，对一些问题的思考还不够全面深入，当时所讲的一些意见、要求也不一定都准确妥当，有的属一孔之见，讲的不当的地方请大家批评指正。在编写讲稿和此次编辑整理过程中，相关司局的同志给予了支持，尤其是殷本杰、吕红频、郭治武、陈胜、李豪文、石国胜、袁艺、王月平、来红州、李湖生、王东明、商冉、孔凡明等同志提供了很多的帮助，在这里一并表示谢忱！

是为记。

2023 年 5 月 30 日
于北京